日本経済の復活と再生

清 山 卓 郎

学 文 社

はしがき

一九九一年のバブル崩壊後、日本経済の新しい課題として、「内需主導型経済構造への転換」とか「日本経済の復活と再生」ということが主張されるようになって久しい。本書は、一方で、バブル崩壊後の日本経済の推移をフォローしながら、他方で、その時その時の経済政策を分析・検証しながら、どこに政策のミスマッチがあり、なぜ日本経済が復活・再生できないままに今日に至っているか、またどうすれば日本経済がよみがえるかを明らかにすることを目的としている。

バブル崩壊後の日本経済は、長期にわたって構造性不況と停滞にあえぎ（＝「失われた一〇年」）、今また二〇〇一年初頭からは、バブル崩壊後のもっとも深刻な構造性不況であるトリプル不況（＝消費不況＋金融不況＋「IT不況」）が発生・展開している。そして、このトリプル不況の下でリストラがさらに進行して、国民生活のゆがみや崩壊は耐えがたいほど鮮明になっている。日本経済の「内需主導型経済構造への転換」、すなわち勤労者本位・個人消費主導型経済構造への転換はまさに一刻を争う急務であり、また、そうしなければ「日本経済の復活と再生」は不可能である。

以上のような目的と問題意識の下に、本書では以下のように章別編成を行った。第一章では、本書全体の総論的な問題提起を行うという立場から、第一には、世界的視野から日本経済の今日的な到達点を分析し、(1)その強さと弱さがどこにあるのかを解明すると同時に、(2)バブル崩壊後、日本の経済成長率は世界の先進国の中で最低のレベルにまで落ち込んで、日本経済の弱さが年とともに目立つようになっていること、(3)しかしながら、日本経済の対外パフォーマンスの良さという点からは、「個人消費主導型」内需拡大政策を実施できる余地は十分にあること、などを明らかにしている。

その上で、第二に、バブル崩壊後の日本経済の不況と停滞がモノ優先の「日本版」内需拡大政策によって人為的・政策的に作りだされたものであり、(4)設備投資・公共投資主導型の「日本版」内需拡大政策に固執する限り、不況と停滞は永遠に拡大再生していくこと、(5)当然のことながら、①こうしたミスマッチの政策のもとで、現在、国民生活の状況は耐えがたいほど悪化していること、②勤労者本位の内需拡大政策は、勤労者の具体的現実と意識・要求にフィットするような形で論理的な整合性をもって行われる必要があること、などを問題にしている。

次に、第二章、第三章では、バブル崩壊後の日本経済の具体的な推移を順序を追って分析し、(1)この間、日本経済には「景気後退の長期・深刻化、あるいは回復感なき景気上昇」が続き、この時期の日本経済を「バブル崩壊後の不況と停滞」とか「バブル崩壊後の構造性不況」という用語で表現し、特徴づけることが適切になっていること、したがってバブル崩壊後の一〇年（＝一九九〇年代）は「失われた一〇年」であること、(2)それだけでなく、この間、不況→企業業績の悪化→リストラ→個人消費の停滞・萎縮・縮小↓不況と企業業績の悪化、という悪循環が日本経済の体質にビルトインされるに至っていること、(3)九一―九三年の平成不況から九七年の「複合不況（＝消費不況＋金融不況）」へと、不況が回を重ねるにつれてより深刻になっているだけでなく、賃金デフレまでともなって日本経済のデフレ構造を作りだしていること、などを明らかにしている。

さらに、今の日本経済にとっては、個人消費の問題と財政再建の問題とが格段に重要なので、本書の各論的な問題としてこの二つを選択し、第四章「個人消費拡大による内需拡大への道筋」、第五章「財政破綻をどう克服するか」をそれぞれの分析に当てている。第四章では、個人消費拡大による内需拡大という場合、(1)勤労者への生活安全保障システムの形成・創出を通じて、勤労者の貯蓄への強迫観念を解消していくことが必要不可欠なこと、(2)また勤労者中層・下層部分に対する思い切った所得政策を実施して、その生活崩壊を阻止するとともに、少子化の進行に歯止めをかけることが急務であること、などを明らかにしている。

また第五章では、財政破綻の構図を描いた上で、(1)日本経済の復活・再生と財政再建の両立的達成という見地からは、勤労者中層・下層部分など、低所得諸階層の税負担や公共料金負担を増やして、勤労者中層・下層部分などに財政再建の財源を求めようとするのは論理矛盾であり、自家撞着《じかどうちゃく》であること、(2)二つの課題の両立的達成のためには、①所得税中心主義とその応能性原則の強化、②法人と個人との間の税負担比率を見直して、法人の負担比率を三五％程度に引き上げること、(3)中央と地方を合計して実質約八五〇兆円という現在の公的債務残高は、①年々の「フロー課税」では消し去ることが不可能な金額であること、②したがって、金融資産までふくめた政府資産の処理・縮小、一回限りの特別のストック課税が必要になってくること、などを明らかにしている。

なお本書執筆中に二一世紀最初の不況であるトリプル不況が発生・展開したので、当初の予定を変更して第六章「トリプル不況をどう克服するか」を設定し、(1)トリプル不況の発生・展開過程をフォローしながら、その本質的特徴を明らかにするとともに、(2)不況の克服のためには、勤労者本位・個人消費主導型経済構造への転換、国内需要産業の保護を主題とした積極的な輸入規制をセットで実施することが必要なこと、などを解明しておいた。

最終章「資本主義をどうする——いい資本主義と悪い資本主義」では、(1)近年、世界的に二一世紀論が悲観論として描かれていることが多すぎることへの批判と反省という意味合いで、筆者なりに二一世紀論を展開して、科学技術や生産力が高度に発展している現在、二一世紀論を楽観論として語り、二一世紀の豊かな国民生活を描くことが可能であること、(2)二一世紀が国民生活の向上と安定の実り多い世紀になるのか、あるいはその停滞・悪化と不安定になるのか、という点での決定的な「カギ」は資本主義的経済政策のありよう如何にかかっていること、などを問題にしている。

以上のような本書を刊行するに当たって、筆者は、できるだけ分かりやすい文章表現に努力したが、本書の課題との関係上、次々に様々な問題を分析しなければならず、そのため専門用語を使用することも必要になり、結構難しい本になったのではないかと心配している。とはいえ、本書が課題とした日本経済の「内需主導型経済構造への転換」や「日本経済の復活と再生」の問題は今の日本が直面している最重要課題であり、また財政再建の問題も緊急の急務である。そういう意味では、多くの方々、それもこれからの日本を担う若い方々に読んで頂きたい。多くの読者や研究者の方々がこれからの「日本と日本経済」を考えていかれる際に、本書がその「たたき台」の一つになることができれば、と念じている。

なお、本書の刊行に当たり、勤務先の近畿大学九州工学部の菊川清学部長、森正寿経営情報学科長はじめ同僚諸兄には、何かとご配慮やご援助を頂いた。また、本書執筆中にトリプル不況が発生・展開することになったので、初校ゲラのままで、本の完成を一時待って頂いた学文社の田中千津子社長には多大のご迷惑をおかけした上、一方ならぬご援助を頂いた。この場をかりて、改めて感謝申し上げておきたい。

二〇〇二年一月

清山卓郎

目次

第一章　日本経済の現状をどうみるか

——目立つ強さと弱さ

バブル崩壊（一九九一年二月）後、日本経済は高い壁にぶつかり、その後、現在まで深刻な構造性不況にあえいで、まだ壁を抜け出せないでいる。残念なことに、日本経済にとって九〇年代はまさに「失われた九〇年代」であったと表現するほかはない。この点は今さら筆者が強調するほどのこともないので、それは九〇年代以降、二一世紀初めにかけて日本経済の具体的な推移をあつかった第二章、第三章にゆずることにして、この第一章では、本書全体の総論的な問題提起を行っておこう。

冒頭のこの第一章で筆者がとくに分析課題にしたいのは、現時点で、日本経済の強さと弱さをどう整理するかということである。すなわち、(1)日本経済の到達点を整理し、望ましい今後の経済・社会政策の方向性をさぐるという意味からも、今の日本経済の強さがどこにあるのか明確にすると同時に、(2)日本経済の弱さが九〇年代から現在にかけて目立ってきているのを問題にしながら、現在の構造性不況の本質や特徴との関わりで、二一世紀最初の一〇年間における日本の経済・社会の様相を展望しておくこと、という二点である。そうすれば、本書全体の基本的な課題である日本の経済・社会政策のあり方や、また「大企業本位の経済政策か国民本位の経済政策か」という古くて新しい政策上の問題に対する考え方もおのずから鮮明になっていくだろう。

第一節　強い国際競争力と国際収支黒字体質——日本経済の到達点をどう整理するか

世界的な視野から日本経済を問題にすると、すぐ目につくことの一つは日本経済の強さである。「失われた九〇年代」を経過して二一世紀に入った現在でも、日本経済の強さを示す重要な経済諸指標を列挙していくのは簡単である。

それは、日本の基幹産業や戦略産業が強い国際競争力を保持し続けていることを背景に、またその結果として、(1)「日本経済の貿易黒字体質」、(2)「世界最大の債権国」である日本、そして国際収支面での投資収益黒字（これは第二の「貿易黒字」といっていい）、(3)今なお失われていない「日本経済の円高体質」と消費者物価の安定性、(4)そして、今や危なくなっているが、まだ主要先進諸国の中でナンバーワンの座をキープし続けている「国民一人当たりGDP＝国内総生産」、などの諸数値から簡単に確認できる。

今でも目立つ日本経済の高度な発展や国際競争力の強さを作り出したのは、言うまでもないことだが、日本の勤労者が勤勉に働き続けた結果である。近年、日本の内外で富や所得の能力主義的な配分を主張する傾向が強いが、しかし、そうした考えを拙速に提起する前に、これまで勤勉に働き続けてきた日本の勤労者が所得や生活面で十分に報われているのだろうか、と自問自答した上で議論する必要がある。

そこで、最初に、主要先進諸国の国際競争力を問題にして、その強さを確認するという見地から、一九九〇年以降の各国貿易収支、対外「投資収益」収支、対外純資産残高の推移を紹介した表一を挙げておこう。この表に見られるように、日本の貿易収支黒字は九〇年代を通じて年間ほぼ一〇〇〇億ドル台という突出した高水準で推移し、また対外「投資収益」収支や対外純資産残高もこの間コンスタントに増加している。今では、対外「投資収益」収支黒字は貿易黒字のほぼ半分、対外純資産残高も九九年〇・八三兆ドル（現在、日本円で言えば、GDPの二割一〇〇兆円から三割一五〇兆円の間で推移しているると見ておいていい）に達して、この二つの数値に関しても、他の諸国に比べて日本の水準の高さは際立っている。

ここで対外純資産と投資収益という経済用語の説明を兼ねて、九九年における日本の状況を紹介しておこう。この二つの用語はいずれも「国際収支表」に出てくるものであるが、九九年現在、日本の対外資産残高は公的部門〇・五九兆ドル、民間部門二・四二兆ドル、合計三・〇一兆ドルであり、他方、（世界各国から日本国内への投資＝日本側の負債）負債残高は公的部門〇・二四兆ドル、民間部門一・九四兆ドル、合計二・一八兆ドルで、両者を相殺して日本の対外純資産残高は〇・八三兆ドルになる。

次に、投資収益収支については、九八年の場合、直接投資収益一二四億ドル、証券投資収益一六二二億ドルなど、受取総額二〇九二億ドルであり、他方、世界各国側は日本から直接投資収益二五億ドル、証券投資収益一二〇〇億ドル、支払総額一五二七億ドルを得ている。(注1) 差し引きの「投資収益」収支（なお国際収支表では「投資収益」という用語で投資収益収支を表現している）は日本側の五六五億ドルの黒字となる。なお国際収支表で計上されている投資収益額は、対外投資からの利益、配当、利子収入のうち日本国内に還流、あるいは日本国外に流出した金額だけに限られる。すなわち、日本国外あるいは国内で再投資に振り向けられている「収益」部分は含まれていないので注意する必要がある。

近年、経済の好調や回復ぶりが喧伝《けんでん》されているアメリカの場合、依然として貿易収支の赤字基調という経済体質には改善が見られずに、貿易赤字額は九八年二四五〇億ドル、九九年三四四八億ドル、二〇〇〇年四五二二億ドルとむしろ顕著な拡大傾向が続いている。また「投資収益」収支は九七年から赤字基調に転落し、対外純資産残高にいたっては九九年現在、差し引きマイナスの一・四七兆ドルという巨額で、世界最大の債務国という状況が続いている。なお、アメリカの対外純資産残高の内訳は、資産が公的部門〇・二二兆ドル、民間部門六・九五兆ドル、合計七・一七兆ドル、負債が公的部門〇・八七兆ドル、その他部門七・七八兆ドル、合計八・六五兆ドル（アメリカの場合は時価評価ベース）である。明らかに、最近のアメリカ経済の繁栄や成長率の回復は世界各国からの資金流入に支えられたものであり、国民経済の対外パフォーマンスという点ではアメリカは最悪といってよい。

第二に、円高・ドル安など為替の問題に関わって、九〇年代に顕著だった円高基調が二一世紀の最

表 1　主要先進諸国の貿易収支，投資収益，対外純資産残高の推移（1990-2000 年）

（億ドル）

		1990	91	92	93	94	95	96	97	98	99	2000
日	貿易収支	636	1,031	1,246	1,392	1,441	1,312	836	1,017	1,221	1,230	1,165**
	投資収益	232	267	364	416	411	449	535	557	565	500	576**
	対外純資産	3,281	3,831	5,136	6,108	6,890	8,176 *	8,910	9,587	11,529	8,291	……
米	貿易収支	−1,088	−738	−961	−1,314	−1,643	−1,719	−1,894	−1,947	−2,450	−3,448	−4,522**
	投資収益	193	130	101	90	− 93	193	142	− 53	− 225	− 192	……
	対外純資産	−2,697	−3,964	−5,706	−1,780	−1,705	−4,186	−5,428	−10,655	−14,077	−14,737	−21,874**
独	貿易収支	716	240	221	400	483	651	712	718	832	705	537**
	投資収益	173	184	169	141	77	−2	−39	−14	−124	−118	—
	対外純資産	3,574	3,354	2,897	2,158	2,069	1,292	896	734	20	990	……
英	貿易収支	−327	−183	−234	−201	−161	−185	−202	−195	−341	−431	−437**
	投資収益	40	13	65	28	161	99	125	180	260	110	……
	対外純資産	−14	117	111	539	347	118	−32	−1,364	−1,965	−2,399	……
仏	貿易収支	−137	−102	24	75	81	110	149	281	262	201	5**
	投資収益	−29	−51	−74	−82	−99	−100	−41	15	31	32	……
	対外純資産	−703	−795	−950	−1,286	−605	−192	843	1,787	1,696	……	……

資料）日銀『日本経済を中心とする国際比較統計』1994，1996，1999，2000 年版から作成

注）＊日本は，95 年以降，国際収支統計の改定により不連続。なお，アメリカの対外純資産は時価評価ベースである。

＊＊は内閣府編「海外経済データ」2001．8，および総務省「日本統計月報」2001．8 から作成

初の一〇年間（以後〇〇年代と表現）にも引き継がれていく可能性、ないしは危険性があることを示唆しておきたい。いうまでもなく、世界各国の為替相場は、日々の需給関係や国際投機資金の動きにフレキシブルに反応し、月間・年間・数年間といった短・中期的な変動幅も大きいが、より基本的・かつ長期的にはその国の国民経済の国際競争力、貿易収支動向、物価動向によって規定されていく。そこで、九〇年代のアメリカ、EU諸国、東アジア諸国について、相手国の通貨単位当たり日本円の金額で表示した各国の為替相場の逐年ごとの推移を、それぞれ各国の消費者物価上昇率と併記して対照してみたのが表二―一、表二―二の二表である。

この表二―一、表二―二から読み取れることを整理すると、まず為替相場に関しては、①一九九〇年と二〇〇〇年を比較すると、日本円の相場はどの国に対してもかなり高くなっており、長期趨勢的には九〇年代も円高・円独歩高の傾向が続いたことになること、②日本以外の国々の為替相場の場合、ある時期、円安・自国通貨高へと動いている場合もあるが、しかし別のある時期、円に対して大幅に下落して、結局は自国の通貨高を帳消しにしてしまっていること、③円高・各国通貨安は九五年までの九〇年代前半に顕著で、九二―九五年は全面的な円独歩高という様相を呈していること（九五年四月には瞬間的に一ドル七九・八円の最高値を記録して八〇円台を突破した）、④九〇年代後半は円安への反転の動きで始まるが、しかし九七―九八年のアジア通貨危機、九八年からの円ドル相場の円高・ドル安への反転の動き、同じく九八年からのユーロ下落などが生じて、結局は九〇年代を終わってみればどの

表2－1　主要先進諸国の通貨でみた日本円の相場と各国消費者物価の推移（1990-2000年）

相手国通貨単位当たり円（年平均），下段カッコ内は消費者物価上昇率（%）

		1990	1991	1992	1993	1994	1995	1996	1997	1998	1999	2000*
日本	100円	100.0	100.0	100.0	100.0	100.0	100.0	100.0	100.0	100.0	100.0	100.0
		(3.1)	(3.3)	(1.7)	(1.2)	(0.7)	(−0.1)	(0.2)	(1.7)	(0.6)	(−0.3)	(−0.7)
アメリカ	ドル	144.8	134.7	126.7	111.2	102.2	94.06	108.8	121.0	130.9	113.9	107.8
		(5.4)	(4.2)	(3.0)	(3.0)	(2.6)	(2.8)	(2.9)	(2.3)	(1.6)	(2.2)	(3.4)
ユーロ圏	ユーロ	184.3	167.1	164.3	130.4	121.5	123.1	138.1	137.2	146.7	121.3	99.6
		(…)	(4.1)	(3.6)	(3.2)	(2.7)	(2.5)	(2.2)	(1.6)	(1.1)	(1.1)	(2.4)
ドイツ	マルク	89.6	81.1	81.1	67.3	63.0	65.6	72.3	69.8	74.4	62.1	50.9
		(2.6)	(3.9)	(5.0)	(4.5)	(2.7)	(1.7)	(1.4)	(1.9)	(1.0)	(0.6)	(2.0)
イギリス	ポンド	257.2	237.6	222.3	166.7	156.5	148.4	169.7	198.0	216.7	184.3	163.4
		(9.5)	(5.9)	(3.7)	(1.6)	(2.4)	(3.5)	(2.4)	(3.1)	(3.4)	(1.5)	(3.0)
フランス	10フラン	265.9	238.7	239.3	196.4	184.0	188.4	212.7	207.3	221.9	185.2	151.7
		(3.5)	(3.2)	(2.4)	(2.1)	(1.6)	(1.8)	(2.1)	(1.1)	(0.6)	(0.5)	(1.7)
イタリア	1000リラ	120.9	108.5	102.8	71.3	63.4	57.7	70.5	71.1	75.4	62.8	51.4
		(5.8)	(6.5)	(5.4)	(4.2)	(3.9)	(5.4)	(3.9)	(1.8)	(1.7)	(1.6)	(…)

資料）日銀『日本経済を中心とする国際比較統計』1994，1996，1999，2000年版
注）2000＊は内閣府編「海外経済データ」2001.8，および総務省「日本統計月報」2001.8から作成

表２－２　東アジア諸国の通貨でみた日本円の相場と各国消費者物価の推移（1990-2000 年）

相手国通貨単位当たり円（年平均），下段カッコ内は消費者物価上昇率（%）

		1990	1991	1992	1993	1994	1995	1996	1997	1998	1999	2000*
日本	100 円	100.0	100.0	100.0	100.0	100.0	100.0	100.0	100.0	100.0	100.0	100.0
		(3.1)	(3.3)	(1.7)	(1.2)	(0.7)	(−0.1)	(0.2)	(1.7)	(0.6)	(−0.3)	(−0.7)
シンガポール	S ドル	79.9	78.0	77.8	68.8	66.9	66.4	77.2	81.5	78.2	67.2	62.5
		(3.4)	(3.4)	(2.3)	(2.3)	(3.0)	(1.8)	(1.3)	(2.0)	(−0.3)	(0.0)	(1.4)
タイ	10 バーツ	56.6	52.8	49.9	43.9	40.6	37.7	42.9	38.6	31.7	30.1	26.9
		…	(5.7)	(4.1)	(3.4)	(5.1)	(5.8)	(5.9)	(5.6)	(8.1)	(0.3)	(1.5)
マレーシア	リンギット	53.5	49.0	49.7	43.2	38.9	37.6	43.2	43.0	33.4	30.0	28.4
		(3.1)	(4.4)	(4.7)	(3.6)	(3.7)	(5.3)	(3.6)	(2.7)	(5.3)	(3.8)	(1.5)
インドネシア	10000 ルピア	785.7	690.8	624.1	532.8	472.9	418.2	464.6	416.0	130.7	145.0	128.0
		(7.8)	(9.4)	(7.5)	(9.7)	(8.5)	(9.4)	(7.9)	(6.7)	(58.4)	(20.5)	(3.7)
フィリピン	10 ペソ	59.6	49.0	49.7	41.0	38.7	36.6	41.5	41.1	32.0	29.1	24.4
		(14.2)	(18.7)	(8.9)	(7.6)	(9.1)	(8.1)	(8.4)	(5.0)	(9.0)	(6.7)	(4.3)
韓国	1000 ウォン	204.6	183.7	162.3	138.5	127.2	121.9	135.2	127.2	93.4	96.0	95.0
		(8.6)	(9.3)	…	(4.8)	(6.2)	(4.5)	(4.9)	(4.4)	(7.5)	(0.8)	(2.3)
台湾	10 台湾元	53.8	50.5	50.3	41.7	38.6	35.5	39.6	42.0	39.1	35.3	34.5
		(4.1)	(3.6)	(4.5)	(2.9)	(4.1)	(3.7)	(3.1)	(0.9)	(1.7)	(0.2)	(1.3)
中国	10 元	302.7	253.0	229.7	169.5	118.6	112.6	130.8	145.9	158.1	137.6	130.2
		(3.1)	(3.5)	(6.3)	(14.6)	(24.2)	(16.9)	(8.3)	(2.8)	(−0.8)	(−1.4)	(0.4)

資料）表２－１参照

国の通貨も円に対して安くなっていること、などが特徴として指摘できる。

なお、日本に住んでいて円ドル相場の動きを見ると、七一年に一ドル三六〇円という固定相場制が崩れて以後、ドルが一方的に下落してきているのが目につくのだが、しかしながら、ドルは世界各国の通貨の中でむしろ強い通貨であり、多くの国々の通貨はドルに対して下落している場合が多いことに注意しておく必要がある。

他方、世界各国の消費者物価に関しては、①日本の消費者物価が各国とくらべて目立って安定しているのに対し、②日本以外の国々では、欧米の先進主要諸国まで含めてマイルド・インフレと表現されるコンスタントな上昇基調をたどっていること、③アセアン諸国のような開発途上国では、貿易・国際収支の悪化→通貨危機・自国通貨の激しい下落→消費者物価の上昇・賃上げ、という悪循環がしばしば突発的に表面化するため一般に先進国以上に物価の上昇基調は強いこと、などが指摘される。その結果、日本では、消費者物価は一九九〇—二〇〇〇年の九〇年代を合計して八・六％増、年率にして〇・八二％の上昇に止まっているが、アメリカでは、年率二・八〇％の上昇が続いて、消費者物価は一〇年間に三一・八％も上昇している。

二〇〇〇年から二一世紀幕開けの〇一年にかけて、原油価格が七九—八一年の第二次石油危機当時のピークの水準にまで急騰してきている。たとえば、ニューヨーク市場でのWTI原油スポット価格は一バーレル当たり九八年一四・四ドル、九九年一九・二ドルであったが、〇〇年後半からは三〇ドルを超えて、日本でも最近ガソリンや灯油の値上げが相次いでいる。原油価格の今後の動きにはなかなか予断しにくい点が多いが、もし三〇ドルを超えた水準で高止まりするようなことになると、多くの非産油国で、①原油値上がり→輸入金額の増加→貿易・国際収支の悪化→自国通貨相場の下落、②自国製品のコストアップ→製品価格の引き上げ→国内消費需要の低下→不況、③自国通貨安→輸入品価格の全般的な上昇、という動きが誘発されて、世界経済の沈滞を促していくことになる。

この点で、日本は、非産油国ではあるが、巨額の貿易・国際収支黒字をかかえ、また基幹産業や戦略産業の国際競争力が強く、原油価格の上昇による輸出金額の大きな落ち込みは考えにくい。したがって、原油価格の高騰→インフレという図式は、むしろ日本以外の国々でより強力に作用すると見ておいてよい。ともあれ、九〇年代末に世界的に落ちつきの兆しをみせていた各国消費者物価は、二一世紀幕開けという時点で、場合によっては、原油価格の上昇というインフレ懸念を抱え込むことになる。今後の原油価格の動向が注目される。(注2)

いずれにせよ、表二―一、表二―二の二表は、一方で、日本経済が依然として円高体質をもち、二一世紀〇〇年代といった長期的な円相場の見通しという点になると、円高基調が続くか、あるいは円相場は高水準で高止まりしたままではないかということを示唆するとともに、他方で、日本以外の国々の場合、その国の国民経済が強くインフレ体質をもち、また日本円に対しては、自国通貨安という為替面での弱い体質を抱えていること、を端的に示している。

次に、国民一人当たりのGDP＝国内総生産の国際比較という話になると、話の筋道はだいぶ違ってくる。これは各国の国民一人当たりのGDPをドルに換算して行うのが普通のやり方であるから、その数値は各国の経済成長率（名目）だけでなく、各国通貨のドル相場の変化によっても影響を受けていくことになる。日本の国民一人当たりのGDPが先進主要諸国の中でナンバーワンの座に躍り出たのは八七年であるが（八七年の年平均円相場は一ドル一四四・六円）、当時は、まだ日本経済が右肩上がりの成長を続け、また八五―八八年の第三次円高のさ中にあったことを思い起こして頂きたい。その後、九一年まで右肩上がりの成長が続き、また九二―九五年に第四次円高が生じたこともあって（九五年の年平均円相場は一ドル九四・一円）、表三に見られるように、日本の国民一人当たりのGDPは九五年にはアメリカやドイツを三割以上も上回るという異常な状況が起こっている。

しかし、九一年二月のバブルの崩壊を契機に、九〇年代の日本経済が長期構造性の不況に低迷し、主要先進諸国の実質成長率を比較した表四のように、一九九〇―二〇〇〇年の成長率は年率で一・三四％と各国の中では最低の部類に転落している。国民一人当たりのGDPの算出に直接関係する名目成長率で比較した場合には、他の主要諸国との成長率格差がもっと大きくなるのは言うまでもない。したがって、日本がいずれナンバーワンの座をアメリカに明け渡すことになるのは時間の問題になっている。

事実、円相場が円安・ドル高へと反落して、年平均円相場が一ドル一三〇・九円というボトムまで

表 3　ドルに換算した日本の国民一人当たりの国内総生産（名目，ドル基準）の推移（1987-99 年）

	一人当たり実額，ドル	年平均為替相場 1ドル当たり円	他の主要諸国との比較（日本＝100） 日	米	独	英	仏	伊
1987	19,564*	144.6	100.0	94.8	93.8	62.3	80.8	66.9
中略								
1995	41,009	94.1	100.0	68.0	72.5	44.3	64.8	46.5
1996	36,572	108.8	100.0	77.7	78.6	54.0	72.0	57.8
1997	33,412	121.0	100.0	92.9	77.1	66.9	71.8	60.6
1998	30,124	130.9	100.0	107.9	87.0	79.6	81.6	68.6
1999	34,359	113.9	100.0	99.1	74.9	71.5	70.5	59.4

資料）日銀『日本経済を中心とする国際比較統計』2000 年版などから作成
注）＊は国民総生産の数値

表 4　1990 年代における主要先進諸国の実質成長率の推移（1990-2000 年）

（%）

	91年	92年	93年	94年	95年	96年	97年	98年	99年**	2000年	平均成長率 1990-2000年，年率
日　本	3.8	1.0	0.3	0.6	1.5	5.0	1.6	-2.5	0.2	1.5	1.34
アメリカ	-0.5	3.0	2.7	4.0	2.7	3.6	4.4	4.4	4.2	4.1	3.24
ユーロ圏	…	2.0	-0.9	2.4	2.2	1.4	2.3	2.9	2.5	3.4	2.03*
ドイツ	…	2.2	-1.1	2.3	1.7	0.8	1.5	2.2	1.5	3.0	1.54*
イギリス	-1.5	0.1	2.3	4.4	2.8	2.6	3.5	2.6	2.1	3.1	2.20
フランス	1.0	1.5	-1.0	2.0	1.7	1.1	1.9	3.2	3.0	3.4	1.79

資料）日銀『日本経済を中心とする国際比較統計』2000年版から作成。なお2000年の数値は内閣府編「海外経済データ」2001. 8 などから算出
注）＊ユーロ圏およびドイツは1991-2000年の8年間の平均成長率

下落した九八年には、アメリカに首位の座を譲っている。もっとも、その後、円相場が円高・ドル安基調へと再転換し九九年には辛うじて首位の座を取り戻している（年平均円相場は九九年一ドル一一三・九円、二〇〇〇年

一〇七・八円)。妥当な見方としては、①日本は、現在、成長率の低迷や二一世紀に入ってからのトリプル不況・円安に起因して、首位の座を再びアメリカに譲っているであろうこと、②ただ、ドイツなど、西欧諸国との格差はまだまだ大きいこと、③アメリカも、貿易赤字が拡大して、成長率の高さが国際競争力の回復にはつながっていないだけに、その「首位快走」と言い切るには、大きな懸念が残ること、などの諸点が指摘される。

さらに、こうした日本の国民一人当たりのGDPの動きに関わって、次の二点を指摘しておきたい。それは、①九五年のように、日本だけが突出してアメリカやドイツの水準を三割以上も上回るという状況は異常だし、世界秩序の維持という点からも好ましいことではないが、②また他方、日本の対外経済援助が世界各国の中で突出しているという世界経済の現状の下で、日本が国民一人当たりのGDP・ナンバーワンの座から大きく滑り落ちることも異常だし、好ましいことではないという二点である。「日本をここまで発展させてきた」という誇りやプライドが傷つけられ、日本人の国民意識の中に「負け犬意識」「負け犬根性」が芽生えて、国民的なアイデンティティ(=一体感)が失われかねないからである。まだ日本がナンバーワンの座をめぐってアメリカと拮抗している間に、早急に日本経済を内需主導型の成長軌道に乗せていく必要がある。

ここで日本の物価問題について簡単に再論しておきたい。消費者物価の安定が日本経済の強さを支える一因になっていることを先に指摘したが、それだけでは一面的であり、不十分である。別の側面から見ると、物価の問題は「日本経済の弱さ」という問題とも深く大きくつながっているからである。物価をめぐる問題状況は次節以降で順次とりあげるが、ここでは重要な項目だけあらかじめ指摘しておきたい。すなわち、①円高にともなって、低価格の輸入品の増大が目立ち、農産物・雑貨・繊維品・機械部品・家電製品など、広範な分野でいわゆる「価格破壊」現象が生じて、日本の経済・産業・企業などに深刻な影響を及ぼしていること、②バブルの崩壊にともなって、土地・株式価格が大幅に下落して「資産目減り」が生じ、企業や国民は、不況下に大規模な「バランスシート調整」を迫られてきたこと、③九〇年代の構造性不況とリストラの進行過程で、雇用問題の深刻化というだけでなく、「賃金デフレ」まで起こっていること、④反面で、国民生活関連分野で「市場経済・受益者負担の原則」の強化がすすみ、「公共的生活・福祉サービス」諸料金の値上がりが生じて、国民生活を圧迫していること、などが挙げられる。

（注1）　日銀『日本経済を中心とする国際比較統計』一九九九年版、一六八ページ。
（注2）　二〇〇一年第二・四半期にはいって、アメリカの景気後退が表面化し、世界同時不況への懸念が深まるにつれて、原油価格の動きは急速に鎮静化している。原油価格については、世界的な景気後退↓原油需要の減少という要因が強まって、OPEC目標価格バーレル当たり二八〜二二ドルの下限をむしろ下回る可能性の方が大きくなっていると見ておいた方がいい。

第二節　九〇年代の構造性不況の激しさと「日本版」内需拡大政策

筆者は、前節で、突出した日本の貿易収支黒字、対外純資産残高や「投資収益」収支黒字の急増傾向などを紹介しながら、依然として、日本の基幹産業や戦略産業が強い国際競争力を保持し続けていることを指摘した。ところで、競争力の強さとは、経済学や経営学の理論が教えるところでは、「すぐれた品質の高機能商品・高サービス」ないしは、「品質・技術はそれほどではなくても低価格商品・低価格サービス」を相対的に小さい費用・低価格で提供できる能力があることを意味する。

したがって、競争力の強い産業や企業は経済的強者として、競争が激しければ激しいほど、競争力の強さ→成長力の大きさ→高成長の達成、という図式で高成長をとげていくことになるし、他方、競争力が弱い経済的弱者は、競争力の弱さ→成長力の小ささ→極端な場合には転廃業または倒産、という順序で「市場の世界」から退場し、消え去っていく。市場経済＝完全競争の世界や社会は、「弱肉強食」の社会であり、経済的弱者が淘汰され、消え去っていく世界である。

ところが、一九九〇年代以降の日本経済に関するかぎり、現実の事態は原理論の教科書どおりにはいっこうに進んでいない。すなわち、(1)日本経済は、二一世紀の現在まで長期構造性の深刻な不況にあえぎ続けて、先進主要諸国の中でもどん尻という低い成長率水準に低迷し、(2)また企業業績が急降下して、最近になればなるほど日本経済の弱さがいっそう目立つようになり、以下、本書全体で問題にするが、日本の経済・社会や国民生活をめぐってはたくさんの難問が次々と噴出している。

この節では、九〇年代における日本の企業業績の悪化の実態を確認した上で、構造性不況がなぜ長期・深刻化したのか、その理由をとりあげておきたい。まず企業業績の悪化を総括的に示す指標として、法人企業の売上高、営業利益、経常利益の推移をみた表五を参照していただきたい。この表から確認できる特徴として、①売上高については、ピークは製造業で九一年度、全産業、非製造業の場合は九二年度であるが、二〇〇〇年度になっても、まだピーク期の水準まで回復できないでいること、②営業利益、経常利益といった企業利益の場合、ピークは九〇年度であるが（非製造業の営業利益だけが九一年度）、売上高の場合と同様、ピーク期まで回復できないでいること、③不況の激しさという問題に関わって景気の後退局面を見ておくと、(a)製造業の場合、売上高・利益ともに九三年度に一番底、九八年度に二番底を記録しているが、とくに利益の落ち込みがきつく、景気の「谷」に位置する九三年度、九八年度の利益水準は、二〇年以上も前の七〇年代の水準にまで低下していること、(b)また非製造業の場合、一番底は一年おくれて九四年度、二番底は一応九八年度であるが、利益の落ち込みがきついことは製造業と同様であり、景気の落ち込みの激しさという点では九八年度の方が格段に激しいこと、(c)売上高の減少が九九年度以降も続いていること、などが指摘される。

表 5　法人企業の売上高と経常利益の推移（1990-2000 年度）

（兆円）

	全産業			製造業			非製造業		
	売上高	営業利益	経常利益	売上高	営業利益	経常利益	売上高	営業利益	経常利益
1980	820	28.9	19.7	262.6	13.4	9.5	557.4	15.5	10.2
85	1,059	29.5	21.5	333.8	13.1	10.8	725.2	16.4	10.7
1990	1,428	49.7	38.2	408.6	19.5	17.4	1,019.4	30.2	20.8
91	1,475	49.0	33.7	424.7	17.7	14.6	1,050.3	31.3	19.1
92	1,460	41.0	26.1	408.0	13.4	10.6	1,052.0	27.6	15.5
93	1,439	32.0	20.5	394.7	9.7	7.6	1,044.3	22.3	12.9
94	1,439	32.9	21.9	401.8	11.8	9.5	1,037.2	21.1	12.4
95	1,485	35.5	26.3	407.7	13.6	12.0	1,077.3	21.9	14.3
96	1,448	34.4	27.8	408.4	14.7	13.8	1,039.6	19.7	14.0
97	1,467	33.1	27.8	419.2	14.5	13.8	1,047.8	18.6	14.0
98	1,381	25.3	21.2	386.5	9.7	9.0	994.5	15.6	12.2
99	1,383	29.3	26.9	395.3	11.6	11.3	987.7	17.5	15.6
2000*	1,341	43.0	39.7	399.0	17.3	16.8	942.0	25.7	22.9

資料）『経済統計年鑑 2001』東洋統計新報社による。なお原資料は，大蔵省『法人企業統計年報』

注）非製造業の数値は，全産業の数値から製造業のそれを差し引いて算出した。なお，2000 年* は年度ではなく暦年の数値である。

そこで、九〇年代以降の深刻な構造性不況や人員削減・賃下げを基調とする広範な「リストラ」を引き起こすことになった理由や原因という問題になってくるのだが、筆者は、二つの角度からとくに以下の二点を考えている。すなわち、第一は、世界資本主義に「ゼロ・サム社会」「ゼロ・サム・ゲーム」的な状況が発生し、(注3)世界各国間に貿易・経済摩擦が頻発・激化し、世界経済秩序も変化しているという条件を無視して、小手先の円高回避政策に走って、日本一国だけ突出的な経済成長を図ろうとした日本政府の状況判断の甘さと経済政策上の誤りである。また第二は、内需拡大政策の柱を相も変わらず民間設備投資と生産・企業関連公共投資において、生活・福祉関連公共投資や個人消費の重要性を軽視するという、これまた経済政策上の誤りをおかしたことである。明らかに、九〇年代以降の不況やリストラは、政府の経済政策上の誤りや政策運営のまずさに起因して、人為的に引き起こされたものといえるだろう。以下、順を追って説明しよう。

まず、問題にしなければならないのは、日本を含めた世界経済の側の状況が大きく変化していることである。この点では、①世界経済・世界資本主義の側から八〇年代以降、新しい世界経済秩序ができて、これまでのように先進主要諸国の中で日本一国だけが突出して高い成長率を確保しつづけることが不可能になっただけでなく、②並行して「大競争」の発生・激化と「大競争」時代への移行、科学技術の急激な発展などが進んだため、③日本国内でも、巨大企業までふくめて日本の企業経営はその存在の根幹をはげしく揺さぶられて、海外生産、技術開発・技術革新的設備投資、大企業間合併・

企業再編、人員削減・賃下げなどを主な内容とするリストラに本格的に取り組んだこと、などが指摘される。

さらに立ち入って説明すると、古く七〇年代から八〇年代初めまでにかけて、それまでの世界経済の成長基調が停滞基調へと変化し、世界的に設備過剰・生産過剰問題が深刻・表面化し、世界各国間に貿易・経済摩擦問題が頻発・激化したことなどを背景に、次のような一連の重要事件が頻発して、八〇年代以降、保護貿易・ブロック経済、変動相場制、資本自由化・海外投資・海外生産などを主な内容とする新しい経済秩序が、もはや動かすことのできない世界新秩序として成立していることがとくに注目される。

以上と関連して、当時の一連の重要事件、すなわち、①七一年、七三年と相次いだ二回にわたるドル切り下げ実施と世界各国為替相場の変動相場制への転換（＝同じく七三年）、②七三年、七九―八一年のこれまた二回にわたる石油危機と七四―七五年、八〇―八三年の石油危機不況、③七〇年代の世界経済を特徴づけることになった主要先進諸国におけるスタグフレーション（＝不況とインフレの同時発生）と七〇年代末における同じく主要先進諸国における財政危機の表面化、④メキシコ、ブラジルなど一部の新興工業国まで巻き込んだ、多数の開発途上国での累積債務問題の表面化やデフォルト（＝債務不履行）状態、⑤米・レーガン政権の登場（＝八一年）で頂点に達した世界的な高金利、などをあげておこう。

こうした世界新秩序の下では、かつて「日本列島改造政策」が構想し・夢想したような、日本を「世界の重化学工業基地」にして、日本から世界中に「メイド・イン・ジャパン」の輸出拡大を図っていくという考えは、現実味のない夢物語と化してしまう。保護貿易・輸入数量制限、変動相場制下のたとえば円高・ドル安などによって、国境や経済ブロック（たとえばEU）の壁が高く乗り越えにくいものになっているからである。

そこで当然のことだが、世界各国の巨大企業は、新しい世界経済秩序に対応して、八〇年代以降、重要な海外市場をターゲットにいっせいに海外生産＝海外拠点づくりに乗り出すことになる。その結果、現在に近づけば近づくほど、世界各地・世界各国で内外の大企業が「市場《しじょう》制覇《せいは》」を目指して、入り乱れてきびしい競争を繰り広げているという状況が生じている。こうした事態の含意は、①海外生産によって、従来まで外国品として扱われていた商品が新たに国産品として処理されることになるので、競争は以前とはケタ違いに激烈・深刻なものになったことであり、②先進国国内市場の基調も、従来の国内大企業相互間の協調的寡占体制から新たに内外の大企業が入り乱れての競争的寡占体制へと変化してきていること、という二点である。世界経済におけるこのような八〇年代以後的状況に関わって、「グローバル企業」(注4)「大競争（＝メガコンペティション）」という新しい用語が使われるようになっていることも重要である。(注5)

ところで、八〇年代は「ハイテク（＝高度科学技術、先端技術）」、九〇年代は「マルチメディア」「I

T（＝インフォーメーション・テクノロジー）」という用語で科学技術の進歩が語られてきたことに明らかなように、八〇年代以降は、世界経済秩序の変化→大競争、という動きと並行して、「科学技術革命」と表現していい科学技術の急激な発展が進み、競争の帰趨が当該企業の品質・技術面での優位性如何によって左右される度合いが年とともに強くなっていることも重要である。当然、企業は日頃から研究開発に力を入れて、技術的な側面から新商品・高機能製品の開発や生産コストの引き下げを実現することに努力するとともに、もし技術開発に後れをとった場合でも、日頃からの技術集積を活用して「クロス・ライセンス」(注6)で対応して、被害の発生を食いとめることが必要になっている。

以上から明らかなように、八〇年代以降、日本の大企業にとって、よりいっそうの資本蓄積の達成のためにはグローバル企業化、国内市場の防衛、研究開発競争などの面で成果をあげることが必要不可欠になっている。その場合、大競争を戦い抜く上で、巨額の低利資金の調達力が強く、またマーケティングの「ノウハウ」や商品開発力・技術開発力をより集積している企業の方が決定的に有利である。このため、今では一口に大企業といっても、グローバル企業化に成功している巨大企業と、その他の大企業の間では質的な力の開きが生じて、これら二つのグループへの大企業の分極化が起こっていることも、関連して重要である。

次に、九〇年代の構造性不況などの原因を説明する第二の、しかもより基本的な要因として、日本経済内部の側からの特殊・日本的な要因があげられる。これを、要点的に示すと、①八〇年代における世界のハイテク競争に日本が一人勝ちして、ハイテク商品輸出を大きく増加させて、日本経済の貿易黒字体質や円高体質はいっそう確固になっているのに、②八五―八八年の第三次円高・ドル暴落を契機に、八〇年代後半から現在まで、民間設備投資と生産・企業関連の大型公共投資の増加を二本柱とする「日本版」内需拡大政策に狂奔《きょうほん》し、八〇年代のハイテク商品から現在はＩＴ機器・ＩＴ関連商品まで、事実上、輸出重点主義・輸出主導型の経済成長政策に固執して、バブルの発生と崩壊、九二―九五年の第四次円高、などを引き起こしただけでなく、九〇年代の不況を長期・構造的なものにするという経済政策上の誤りをおかしたこと、が指摘される。

また、③円高・円独歩高に直面した日本企業が円高対応策として、一方で技術革新的な設備投資に基礎をおいた「合理化」投資を推進するとともに、他方で、雇用調整（＝人員削減）・賃金抑制、欧米先進諸国での海外生産、東アジア諸国などへの生産の転移（＝労働力立地）とこれら諸国からの機械類部品・製品輸入、さらには国内拠点工場の閉鎖・縮小までの広範囲な動きが年々激しくなっていること、④政府の労働力政策や社会政策・社会保障政策が企業の円高対応策に積極的に協力・奉仕し、よ り勤労者抑制的な政策展開を実施しているが、それは個人消費や生活・福祉関連公共投資の軽視につながって、国民本位で真の意味の内需拡大政策の実施を難しくしていること、などにも注目しておく必要がある。

ともあれ、第三次円高、バブルの発生と崩壊、第四次円高などについては、さらに立ち入った分析が必要なので、節をあらためて論議していこう。

（注3）レスター・C・サロー著『ゼロ・サム社会』TBSブリタニカ、一九八一年参照。なお、ゼロ・サム社会とは、誰かが伸びれば、他の誰かがその分だけ不振に陥らざるをえないような経済的に停滞した社会のことを指している。

（注4）従来から使用されてきた「多国籍企業」に代わって、最近は、「グローバル企業」という用語が好んで使用されるようになっている。「多国籍企業」の場合、単純に六カ国以上に「製造子会社」を持つ世界的な大企業と定義されてきたが、「グローバル企業」の場合、多国籍企業の発展形態と位置づけられて、本国親会社を中心に置きながらも、海外子会社間にも多元的なネットワーク関係が成立している点を重視する（塩次・高橋・小林『経営管理』有斐閣、一九九九年、第一一章、参照）。

（注5）一国の国内市場で世界の大企業が入り乱れて競争することから生じた競争の激しさを特徴づける用語として、メガコンペティションという言葉が使われ、日本では「大競争」と訳されている。これは、従来からの中小・零細企業分野での競争の激しさを表現する用語である「過当競争＝オーバー・コンペティション」と区別するためである。

（注6）技術使用料を支払って他社技術を使用することが次第に困難になるという状況の下で、相互に自社の重要技術の使用権を認め合うという手法が増えている。

第三節　「日本版」内需拡大政策が九〇年代不況を激しくした

日本の国民意識に見られる重要な特徴の一つに、それが意識的か無意識的であるかは問わず、今でも「設備投資・公共投資信仰」が根強いことがある。いうまでもなく、①日本経済が一九五五年から九一年のバブルの崩壊まで、ダイナミックに右肩上がりの成長をつづけたこと、②日本資本主義が明治維新（一八六八年）以後のわずかな期間で欧米の先進資本主義国をとらえて、「GDPナンバーツー（一九六八年）」「国民一人当たりGDPナンバーワン（一九八七年）」の座を次々と手に入れたことが、この信仰を支えている。この考えは理論的にも根拠のあることだが、それが「モノよりヒト」ではなく「ヒトよりモノ」というところまで行き着くと、危険で間違った発想ということになってしまう。[注7]

筆者は、前著『日本経済を読む――〈生活優先社会の条件〉』（一九九四年）、の中で、今では押しも押されもしない経済大国になった日本では、「モノゴト」に対する価値観や判断基準を切り換えることが必要になっている場合が多いことを具体的に指摘しながら、①「日本版」内需拡大政策が民間設備投資、生産・企業関連「大型公共投資」重点主義の「国民不在」の成長政策であることを指摘するとともに、②「モノよりヒト」優先に切り換えて、国民生活・福祉主導型に転換していかないと、これからの日本経済は成長できないことを強調した。筆者のこの考えは今も変わっていない。むしろ、よりいっそう強調される必要があると考えている。

そこで、この節では、以上のような問題意識と分析視角で、とくに「バブル崩壊」前後の八〇年代後半から九〇年代前半にかけて、日本経済と経済政策（＝「日本版」内需拡大政策）に何が起こったかということに注意を集中して分析を進めていこう。

日本の国民意識にみられる「投資＝モノ信仰」の根強さと関わって、輸出増加の経済成長促進効果、および輸出・輸入増加の日本経済「攪乱《かくらん》」作用という二点を意識して作成した表六を参照していただきたい。この表には、米ドル一ドル当たりでみた日本の円相場、ドル基準・円基準の双方でみた輸出金額・輸入金額、貿易依存度について、八〇年から二〇〇〇年まで年次ごとに記している。

なお貿易・国際収支の不安定や赤字に悩まされ続けている世界の多くの国々の場合は、輸出増加の経済成長促進効果と並んで、その「貿易・国際収支」安定効果についても強く意識しておく必要があるが、日本の場合、経済大国といわれるようになった六五年から現在まで、貿易収支が赤字になったのは二回にわたる石油危機の影響をうけた七三―七五年、七九―八〇年のわずか五年だけである。したがって、世界各国とは違って、輸出の「貿易・国際収支」安定効果を気にする必要はない。

日本は、一方で、原料やエネルギー面など、天然資源が乏しいいわゆる無資源国であるが、他方、資本や技術の集積が高い水準にまで到達している先進資本主義国で、原料・素材→部品類・中間製品

→完成品という何段階にもおよぶ迂回生産と付加価値形成の体系をつくりあげて、原料やエネルギー輸入に必要な外貨の確保をそう苦にしなくてすむ経済体質を作り上げている。それは、①とくに八〇年代に、世界のハイテク競争「日本一人勝ち」を実現して、表六に表示されているように、輸出額を八〇年一三・〇百億ドル、八五年一七・六百億ドル、九〇年二八・八百億ドルと一〇年間に二・二倍も増加させたこと、②また貿易収支黒字も飛躍的に増加させて（八〇年代の最高は八七年八・三百億ドル、九〇年代は九四年一四・四百億ドル）、現在まで強固な「貿易・国際収支」黒字体質を築き上げていること、などからも明らかである。

むしろ、日本の場合、ドル基準でみた輸出の増加→貿易収支黒字の増加→円高・円独歩高の発生、といった経路で輸出増加の日本経済「攪乱」作用を心配しなければならないところまで、状況は大きく変化している。事実、①八五―八八年には、第三次円高・ドル暴落が発生して、日本円は一ドル二三八・五円から一二八・二円まで、上げ幅で一一〇・三円、上げ率で八六・〇%と、すさまじい高騰ぶりを見せていること、②また九二―九五年には第四次円高が再発して、一ドル一二六・七円から九四・一円までさらに高騰し、上げ幅で三二・六円、上げ率では三四・六%に達していること、③八五―九五年の一〇年間を見ると、二三九円から九四円へと円高が進んで、上げ幅では一四五円、上げ率では実に一五四・三%になること、などが指摘される。

ところで、輸出増加の経済成長促進効果や、輸出数量の減少・輸入数量の増加による日本経済「攪

表 6　年平均為替相場と輸出入金額の推移（1980-2000 年）

（1 ドル当たり円，100 億ドル，兆円，%）

	為替相場	ドル基準		円基準		貿易依存度	
	年平均	輸出	輸入	輸出	輸入	輸出	輸入
1980	226.8	13.0	14.1	29.4	32.0	12.2	13.3
1981	220.5	15.2	14.3	33.5	31.5	13.0	12.3
1982	249.1	13.9	13.2	34.4	32.7	12.8	12.1
1983	237.5	14.7	12.6	34.9	30.0	12.4	10.7
1984	237.5	17.0	13.7	40.3	32.3	13.5	10.8
1985	238.5	17.6	13.0	42.0	31.1	13.2	9.8
1986	168.5	20.9	12.6	35.3	21.6	10.7	6.5
1987	144.6	22.9	15.0	33.3	21.7	9.6	6.3
1988	128.2	26.5	18.7	33.9	24.0	9.2	6.5
1989	138.0	27.5	21.1	37.8	29.0	9.5	7.3
1990	144.8	28.8	23.5	41.4	34.2	9.7	7.9
1991	134.7	31.5	23.7	42.4	31.9	9.3	7.0
1992	126.7	34.0	23.3	43.0	29.5	9.2	6.3
1993	111.2	36.2	24.2	40.2	26.8	8.5	5.6
1994	102.2	39.7	27.5	40.5	28.1	8.4	5.9
1995	94.1	44.3	33.6	42.1	33.0	8.6	6.5
1996	108.8	41.1	34.9	44.7	38.0	8.9	7.6
1997	121.0	42.1	33.9	50.9	41.0	10.0	8.1
1998	130.9	38.8	28.0	50.6	36.7	10.2	7.4
1999	113.9	41.7	31.0	47.6	45.3	…	…
2000	107.8	48.1	38.1	51.7	40.9	…	…

資料）日銀『日本経済を中心とする国際比較統計』1986，1990，1994，1997，1999 年版，および『経済統計年鑑 2001』東洋統計新報社による
注）輸出入金額は通関実績

乱」作用を見る場合には、日本円基準の輸出入統計を併用する必要がある。日本円基準で見た方が輸出数量の動きをほぼ正確に見られることになるし、GDPなどの「国民経済計算」も自国通貨（＝円）で算出されているからである。そこで、円基準の輸出の動きを見ると、①第三次円高が始まった八五年には、輸出金額は四二・〇兆円に達して、八〇年代の最高水準を記録したが、以後、この水準を回復するのに九一年まで六年かかっていること、②第三次円高にともなって、輸出金額はボトムの八七年三三・三兆円まで、実に八・七兆円二〇・七％も落ち込んでいること、などが注目される。

また九〇年代にはいってからは、①九〇年代前半に第四次円高が再発したため、九〇年代前半の輸出金額は、ピークの九二年四三・〇兆円からボトムの九三年四〇・二兆円まで、差し引き二・八兆円という小幅な範囲での小動きに終始し、②その後、円相場が九五―九八年に円安に反転したため、九七年に輸出金額が前年比一三・九％増の五〇・九兆円と急増し、一三年かかってやっと五〇兆円台に台替わりしている。

そこで、日本の輸出金額が台替わりした年次を列挙してみてみると、七七年二一・七兆円、八一年三三・五兆円、八四年四〇・三兆円、九七年五〇・九兆円と並ぶ。八〇年代以降、前述したように世界経済秩序が様変わりして、「技術革新的」民間設備投資→輸出増加という経路で輸出金額を一〇兆円押し上げるためには、長期にわたってケタ違いに莫大《ばくだい》なエネルギーと資金の投入を必要とするようになっている。八五年以降、輸出増加の経済成長促進効果はもはや完全に失われていると判断してよく、加えて、その日本経済「攪乱」作用の方をより懸念しなければならなくなる。すなわち、輸出増加→貿易収支の黒字増加→円高、という経路を経て、①輸出企業の売上高の低下、輸出数量の減少、②輸入数量の増加、輸入品との価格競合の激化・「価格破壊」、③人員削減・賃下げを基調とするリストラ、産業解体につながりかねない「空洞化」現象など、日本経済にとってマイナスになる深刻な反作用が生ずるからである。

次に、八〇年代後半以降、民間設備投資の促進と「生産・企業関連」公共投資の拡大を二本柱とする「日本版」内需拡大政策が登場し、本格化した道筋を明らかにしておこう。この点で、①八五年九月にG5（=先進五カ国蔵相会議）で「ドル異常高修正・ドル軟着陸」を確認した国際的合意（=プラザ合意）と同時にドル暴落が始まり、日本経済も八五年六月から八六年一一月まで景気後退局面に移行したこと、②しかし、八六年一一月に景気の「谷」を抜け出してからは力強い景気上昇がつづき、実質GDP成長率は八六年二・五％、八七年四・六％、八八年六・二％、八九年四・七％と急激に上昇していること、③それにもかかわらず、日米独三カ国の「公定歩合」の推移をみた表七からも明らかなように、円高回避政策（=円高の進行緩和）→内需拡大政策→低金利政策、を大義名分に八六年一一月から九〇年八月まで日本の公定歩合は三カ国の中で最低といった低金利政策を実施して、民間設備投資の増加をあおり、バブルを発生させたこと、④また財政政策という側面からも、八〇年代後半からは内需拡大政策→財政支出の拡大→「生産・企業関連」公共投資の拡大→八九年の消費税の導入、という動きが進んでバブルがあおられたこと、が指摘される。

以上と関連して、八〇年代後半以降、低金利政策に円高回避の達成という新しい機能と役割が求められることになって、「金利の上げ・下げ」による景気調整（＝公定歩合の上げ・下げ）という金利政策本来の機能と役割との調整が難しくなっていることに注目しておく必要がある。すなわち、①第三次円高の発生と展開にともなって、円高回避→低金利誘導→資本輸出、という図式で、輸出で日本国内に流入した外貨を海外生産、海外証券投資、海外預金などの形で海外に再流出させようとして、金利水準を日本の従来の常識では考えられない低い水準にまで引き下げたこと、②そのため、日本の金利水準は日米独三カ国の中でも一番低い（したがって、世界一低い）という状態がつくり出されて、資本輸出が進んだが、③その結果、貿易黒字に追いつくのではないかという勢いで、九〇年代に「投資収益」収支黒字が増加し、日本経済の円高体質をいっそう強固なものにしていること、などの動きが注目される。

加えて、④金利が限りなくゼロに近く、しかも円高回避が「未完の永遠の課題」になっているから、金利が限りなくゼロに近い低金利政策からの転換も考えにくいというわけで、採算性や収益性に難点のある事業への投資が促されることになったため、九〇年代不況の深刻さが増幅することになって、不況の長期・構造化につながったこと、⑤多くの「公社」「公団」「公庫」などにみられる「赤字たれながし」「債務超過」状態から連想されるように、採算性に乏しい事業への投資は政府・地方自治体

表7　日・米・独三国の公定歩合の推移（1970-2000年）

（年利，%）

	日	米	独
1970	6.00	5.50	6.00
1971	4.75	4.50	4.00
1972	4.25	4.50	4.50
1973	9.00	7.50	7.00
1974	9.00	7.75	6.00
1975	6.50	6.00	3.50
1976	6.50	5.25	3.50
1977	4.25	6.00	3.00
1978	3.50	9.50	3.00
1979	6.25	12.00	6.00
1980	7.25	13.00	7.50
1981	5.50	12.00	7.50
1982	5.50	8.50	5.00
1983	5.00	8.50	4.00
1984	5.00	8.00	4.50
1985	5.00	7.50	4.00
1986	3.00	5.50	3.50
1987	2.50	6.00	2.50
1988	2.50	6.50	3.50
1989	4.25	7.00	6.00
1990	6.00	6.50	6.00
1991	4.50	3.50	8.00
1992	3.25	3.00	8.25
1993	1.75	3.00	5.75
1994	1.75	4.75	4.50
1995	0.50	5.25	3.00
1996	0.50	5.00	2.50
1997	0.50	5.00	2.50
1998	0.50	4.50	2.50
1999	0.50	5.00	3.00
2000	0.50	6.00	4.75

資料）日銀『日本経済を中心とする国際比較統計』1986，1990，2000年版などから作成

まで巻き込んで進行したこと、⑥貸付先の確保にやっきとなっていた金融機関が、土地の「永遠の値上り」を信じて、土地を担保に積極的に巨額の資金を融資したこと、なども重要である。

もちろん、日本の大企業も例外ではない。当時、①日本の大企業は、すでに資金調達の方法を従来までの「銀行借り入れ」などを中心とした間接金融・間接調達方式から、新たに「時価発行増資」「株式転換社債」「ワラント債」などを活用した直接金融・直接調達方式に切り換えて、「内部留保」だけでは不足する「追加」資金調達を行っていたが、②低金利政策と「株高・株値上がり」を活用して、巨額の「過剰資金調達」を実施して、バブルをあおっている。この点で、宮崎義一氏は、法人企業の必要資金調達額を七五―七九年度、八〇―八四年度の実績値から年間売上高の二・六%とし、こ

れを上回る調達分を過剰資金調達とした上で、八六―八九年度の累計過剰調達額は九四・四兆円と見積もり、そのうち三分の一が設備投資に、残り三分の二が土地・株などのバブルを求めて運用されたと推計している。(注8)

本節の最後に、公共投資の経済成長促進効果という視点から、この時期の日本の公共投資を問題にしておこう。表八は、内閣府の『国民経済計算』を使って、「国内総生産(=国内総支出)」「総固定資本減耗」、「総固定資本形成」とその内数である「民間設備投資」「民間住宅投資」「公的資本形成」、「家計最終消費支出」の八五年度以降の推移を名目値で紹介している。この表からは、①民間設備投資については、円高回避政策→低金利政策、に助けられて八〇年代後半には、九一年のバブルの崩壊まで驚異的な増加がつづいたが、以後かなり落ち込んだ状態で推移し、九六―九七年度にみられた若干の回復傾向も力強さに欠け、九八―九九年度に再度激しく低下していること、②地方自治体まで含めた政府公共投資とみていい「公的資本形成」については、八一年の『行革』答申をうけての公共投資への「禁欲」が八〇年代後半には次第に打破され、八九年四月の消費税導入(=税率三%)に前後して急増し、とくにバブル崩壊後は不況対策の「目玉商品」として急膨張し、さらに高水準に達したこと、などが見てとれる。

加えて、③マイホーム・民間賃貸マンションなどの民間住宅投資の場合、八〇年代後半以降、民間設備投資と同様に急増して、しかも九六年度まで高水準を維持していたが、九七年四月の消費税引き

表 8　国内総生産＝総支出と民間設備投資，公共投資，家計最終消費支出（名目値）の推移（1980-2000 年度）

（兆円，％）

	国内総生産A		国内総支出				
		固定資本減耗	総固定資本形成B B／C	民間企業設備	民間住宅	公的資本形成	家計最終消費支出C C／A
1980	248.6(…)	31.8*	80.3(32.3)	39.8	15.1	23.4	134.4(54.1)
1985	330.0(6.6)	44.4*	93.5(28.3)	55.1	14.8	21.5	176.9(53.6)
1986	344.9(4.5)	46.9*	95.0(27.5)	56.3	16.2	22.5	183.9(53.3)
1987	362.0(5.0)	49.7*	106.9(29.5)	60.2	20.8	24.6	192.6(53.2)
1988	387.8(7.1)	53.4*	119.8(30.9)	70.3	22.1	25.0	204.4(52.7)
1989	416.9(7.5)	60.0*	133.4(32.0)	80.1	23.4	26.6	218.5(52.4)
1990	450.5(8.1)	69.6	148.9(33.0)	91.3	25.5	29.1	233.7(51.8)
1991	474.6(5.3)	76.9	151.8(32.0)	94.0	23.1	31.5	246.9(52.0)
1992	483.2(1.8)	82.1	146.1(30.2)	85.8	22.8	37.3	254.8(52.7)
1993	487.5(0.9)	84.2	141.0(28.9)	75.5	24.2	41.2	261.7(53.6)
1994	492.3(1.0)	86.6	137.7(28.0)	71.1	26.0	40.5	268.5(54.5)
1995	502.0(2.0)	89.0	143.0(28.5)	72.8	24.2	43.4	272.7(54.3)
1996	515.2(2.6)	92.8	150.4(29.2)	77.4	27.9	42.0	279.5(54.3)
1997	520.2(1.0)	94.4	148.5(28.5)	83.6	22.3	39.6	279.6(53.7)
1998	514.5(-1.1)	96.0	136.5(26.5)	77.8	19.6	39.5	280.9(54.6)
1999	513.7(-0.2)	95.7	133.3(25.9)	75.1	20.5	38.4	282.9(55.1)
2000*	510.4(-0.6)	…	132.7(26.0)	77.0	20.1	35.6	… (…)

資料）内閣府経済社会総合研究所『国民経済計算年報 2001 年版』から作成。なお 2000 年度の数値は『経済統計年鑑 2001』東洋経済新報社による。

注）カッコ内の数値は国内総生産＝総支出に対する比率で，単位は％

＊は 2000 年版の数値を記載

上げ（＝税率二％アップ）などに起因する消費不況の広がりとともに、現在まで激しく落ち込んだ状態をつづけていること、④総じて、本節の冒頭から問題にしてきたように、民間設備投資と公共投資を二本柱とする「日本版」内需拡大政策は、八五年以降の日本経済の新しい局面を切り開いていくための「切り札」になることができず、かえって九〇年代不況の激しさや長期化を促し・増幅していること、⑤また、九〇年代後半以後、現在まで「総固定資本形成」（＝モノ投資）は顕著に減少して、九八年度以降の名目ＧＤＰのマイナス成長の大きな誘因となり、不況・マイナス成長→人員削減・賃下げ→不況・マイナス成長という経済体質が新たに定着していること、などを指摘しておく必要がある。

ここで、日本の設備投資優遇税制（＝企業減税）にふれておこう。日本では、民間設備投資の促進を目的に、さまざまに企業減税を実施しているが、設備投資優遇税制もその一つである。すなわち、機械・設備の耐用年数を短く設計して、節税効果を狙って民間設備投資の拡大を促そうというわけである。その結果、たとえば、ＧＤＰ総額に占める前記の「総固定資本減耗」の比率が九〇―九七年で例年一六・一～一四・六％の範囲にあるという極端な高さを示すことになる。同じ期間、アメリカでは一一・五～一〇・七％、ドイツでは一三・一～一二・五％という日本より低い水準におさまっている。(注9)

ここでの問題は、こうした企業減税をもってしても、民間設備投資が九〇年代を通じて落ち込んだ状態にあることである。すでに明らかなように、民間設備投資の盛り上がりは、個人消費が回復して、景気がぐっと上向きにならない限り期待できない。

日本の公共投資について強調したいのは、「モノ優先」の成長至上主義におちいって、「ヒトよりモノ」「ヒト不在」の誤りを冒していることである。一例をあげよう。介護保険法制定後、二年間の猶予期間をおいて、二〇〇〇年四月から鳴り物入りでスタートした介護保険制度である。九九年度末現在、介護認定審査会の審査判定で「特養（＝特別養護老人ホーム）入所適格」と判定された人々のうち、何と一〇万人を超える人々が施設未整備のため入所できず、そのうち自宅待機者が四・七万人にも達するという何とも慄然《りつぜん》とさせられる事態が起こっている。なお、「新ゴールドプラン」に基づいて進められた特養の収容定員は二九万人（予算措置は三〇万人）であり、たとえば九五年度から四年間に五・八万人分しか増加していない。（注10）

本来なら、厚生労働大臣〈元厚生大臣〉の「首」が二つや三つとんでもおかしくない。

（注7）清山卓郎『日本経済を読む――〈生活優先社会の条件〉』労働旬報社、一九九四年、一八―一九ページ、参照。
（注8）宮崎義一『複合不況』中公新書、一九九二年、一五二―一五四ページ、参照。
（注9）日銀『日本経済を中心とする国際比較統計』一九九九年版から算出。
（注10）『厚生白書』一九九九年版、二〇三ページ。

第四節　勤労者生活の全般的な悪化と「国民生活優先型」内需拡大政策への構想

これまでの分析から明らかなように、「日本版」内需拡大政策が経済成長促進効果をもつことができたのは贔屓目《ひいきめ》に見ても一九九一年二月のバブルの崩壊までである。それも、激しいバブルの発生・展開と九〇年代不況の激しさをともなってである。筆者のいわゆる日本経済「攪乱」作用、という「日本版」内需拡大政策からの反作用を考慮に入れれば、必要なことは、個人消費の拡大に柱を据えて、その安定的な拡大を図っていくことであった筈である。九〇年代の日本経済の実状に即していえば、個人消費（＝家計最終消費支出）を年々一〇―一五兆円押し上げることを最優先していれば、三％程度の実質成長率の確保はそう難しいことではなかったと筆者は考えている。

ここで、個人消費の拡大に柱を据えた新しい内需拡大政策への転換にあたって、そこで基本的に重要になる考え方、政策の方向性や「組み立て」を提示しておこう。その際、最初に必要なことは、①日本国憲法に明示されている「国民の生存権保障」の規定を政府は最大限に尊重することを全国民、とくに勤労者に確約すること、②そして、国民生活のすべての分野・領域にわたって、たとえば「出産・子育て・夫婦共働き」「住宅・生活環境」「老後生活」などについて、すべての勤労者が最低限

「人並み」の「人間らしい暮らし」を安い費用負担で営めるよう、公的「生活・福祉サービス」の体系的なシステムの形成・構築に、政府が全力をあげていることを強く全国民に印象づけること、である。

こうした新しい政策構想を支える発想・政策理念という点では、①国民生活を取りまく外的環境として、「賃金がなかなか上がらない」「保育所料金、授業料などが高いので子育てには自信がもてない」「いつリストラがあるか不安である」「老後費用は一体いくらいるの、どんどん金額が上がってるんじゃない」「バブルがはじけて、マイホームの資産価値がずいぶん下がったから、もっと貯金しなくっちゃ」といった生活環境があること、したがって、勤労者の所得が貯蓄の方に向かって、消費の方にはなかなか向かわないこと、②また、「リストラで失業したので、貯金で食いつないでいる」「リストラで転職したが、賃金が安いので住宅ローンが払えない」「とにかく貯金どころではない」「個人破産した」という人々も多いこと、③日本全国の勤労者所得、したがってその消費購買力は〔賃金(=平均賃金)×雇用(=雇用者数)〕で規定されるから、「賃金が上がらない」「リストラで雇用も伸びない」という状況の下では、勤労者が貯蓄に狂奔しなくてすむ生活安全保障の「経済・社会システム」をつくりあげて、国民を貯蓄のしがらみから解き放たないことには、どうにも個人消費の伸ばしようがないこと、を強く意識しておくことである。

以上と関連して、さらに二点指摘しておきたい。一つは、「日本版」内需拡大政策に対する批判や反省として、①広く勤労者に対し、一方的に「市場経済・受益者負担の原則」を強制していくというやり方は以前から限界に達していること、②また「日本版」内需拡大政策が「仕事がきつい」「生活が苦しい」「明日（＝将来の）の見通しがたたない」「どうにでもなれ」「政治には期待できない」「ひとのことなど、どうでもいい」「世間がにくい」など、勤労者状態の悪化や「生活の見通しが立たない」ことに起因する不健全な国民意識を広く生み出して、「老人自殺」「蒸発・ホームレス」「一家心中」「教育の荒廃・子供の学力低下」「少年非行・少年犯罪」を多発させていること、を強く認識しておく必要がある。

いま一つは、国民生活「最優先」の個人消費主導型の内需拡大政策の政策的妥当性や可能性について、①一方で、「賃金が上がらない」「リストラで雇用も伸びない」という苦しい状況があるが、他方で、「不幸中の幸い」といってよいことに、これまで勤労者が貯蓄に狂奔しなければならない状態におかれてきたため、従来から日本の勤労者の貯蓄性向は欧米の先進主要諸国に比べて異常に高く、「バブルの崩壊」や九〇年代不況で相当痛んだが、今なおかなりの金融資産・不動産所有がみられること、②したがって、勤労者に対する生活安全保障の「経済・社会システム」を築き上げようとする新しい政策の内容や方向性が鮮明になれば、国民は貯蓄のしがらみから開放されることになるため、国民生活「最優先」の内需拡大政策は、想像以上に成長促進効果を発揮することになって、勤労者に対する生活安全保障→個人消費拡大→経済成長率上昇・日本経済活性化→長期的な安定成長、という大きな一連の動きが生じて、日本経済の安定的・自律的な成長構造の形成・成立が展望されること、という政策判断を持っておくことが重要である。

それでは国民本位の新しい内需拡大政策の具体的な内容はという場合、日本の勤労者・家族の現状を正確に把握しておくことが必要になる。この問題は、後に第四章で正面から取り上げるが、ここでは、さしあたり、二〇〇〇年二月に実施された総務庁『労働力調査特別調査報告』から作成した二つのショッキングな表を紹介しておきたい。二つとも、九〇年代の不況とリストラで痛んだ昨今の日本労働市場の状況や特徴を示す表である。

表九は、①日本では従来から「完全失業者」の認定基準が非常にきびしいため、(注11)政府発表の完全失業率は現実の失業率や雇用・失業問題の深刻さを反映するものになっていないので、この特別調査を活用して、正確な失業率を推計するとともに、②勤労者(＝就業者)の「仕事」に対する意識や求職活動などを探ることで、労働市場における労働力の需給関係を見ようとしたものである。そうすると、③失業者数や失業率について、(a)完全失業者三二七万人のほかに(完全失業率は四・九％)、(b)働いていない「無業者(＝非労働力人口)」の中に「求職希望者」が何と一〇二三万人も存在し(就業者総数は六三〇〇万人)、そのうち「適当な仕事がありそうにない」「仕事を探す余裕がない」と回答した人が四八八万人にも達していること、(c)この三二七万人と四八八万人の合計八一五万人を失業者として失業率を計算すると、控えめにみても失業率は一二・三％にはね上がってしまう。(注12)

表9　就業者，失業者，求職者など（2000年2月）

（万人）

	男女計	男子	女子
就業者	6,300	3,755	2,544
農林業	236	137	99
非農林業	6,063	3,618	2,445
自営業主	543	401	142
内職者	47	3	44
家族従業者	223	42	180
雇用者	5,231	3,519	2,072
完全失業者	327	204	123
〔参考〕			
無業者中の就業希望者＊	1,023	236	788
	(　488)	(106)	(384)
就業者中の転職希望者	810	459	351
就業者中の追加就業希望者	452	279	173
就業者中の時間数増加希望者	128	40	110

資料）総務庁『労働力調査特別調査報告 2000.2』から作成
注）＊カッコ内は,「適当な仕事がありそうにない」「仕事を探す余裕がない」と解答した人の合計

以上の他、自営業「業主・家族従業者」および内職者の中の転職希望者五〇万人を「潜在失業者」として加算すると、失業者数は八六五万人、失業率は一三・一％へとさらに上昇する。

また、この調査から析出《せきしゅつ》されるいま一つの特徴として、「仕事がきつすぎる」「賃金が安すぎる」「労働時間・労働日数が短いので生活できない」など、「不完全就業者」や「半失業・低所得階層」がすでに数多く堆積《たいせき》していることを反映して、「現在働いている」人々（＝就業者）の中で、「転職希望者」が八一〇万人もあり、他に、「追加就業希望者」が四五二万人、「労働時間数増加希望者」が一二八万人、両

者合計五八〇万人という多さに達していること、を指摘できる。

ともあれ、この表九から見てとれる結論は、①労働力を取引する労働市場が圧倒的な「供給過剰」基調を呈して、供給側が不利な立場に置かれていること、②「正規雇用」を減らして、「派遣」「パート」「臨時」など、より低賃金の労働力に切り換えようとする、企業側のリストラの動きがさらに大規模化するだろうということ、③失業と賃下げの悪循環が生じて、「賃金デフレ」が懸念されること、などである。

次に、表一〇は、同じ『労働力調査特別調査報告』を利用して、雇用形態別に労働者（＝雇用者）の賃金分布を見たものである。ここでは、さしあたり、「賃金が安いので、生活が苦しい」「将来が不安である」という状態に追い込まれている半失業・低所得階層の量的推計を意識している。

この表を見る場合の判断の一応の目安として、一つは、現在の労働者家族の標準的な姿（＝中位数）として、九九年の総務庁『家計調査』の中から、勤労者（＝労働者）家計の「世帯主の定期収入五分位別分類」中の第三分位世帯（世帯主年齢四二・四歳、世帯人員三・六九人）の数値、具体的には月間世帯実収入五五・二万円（うち世帯主の定期収入四五・三万円）、可処分所得四七・二万円、消費支出三二・九万円という金額を念頭において頂きたい。これは月間の数値であるから、一二倍すれば年間収入額、年間消費支出額が算出できる。年収で六五〇万円、年間消費支出額で四〇〇万円が標準的な勤労者家族の現在の姿とみていい。(注13)

表 10　雇用形態別にみた雇用者（＝職員・従業員）の男女別賃金分布（2000 年 2 月）

（万人，カッコ内は男子）

	正規雇用*		パート,アルバイト		派遣・嘱託		臨時・日雇		雇用者総数	
	男性	女性	男性	女性	男性	女性	男性	女性	男性	女性
合計	2,553	1,077	232	846	106	88	223	424	3,180	2,087
50 万円未満	10	13	59	169	6	9	48	111	77	194
50～149万円	63	47	103	554	26	30	81	246	273	730
150～299万円	411	450	49	103	39	36	56	53	519	608
300～399万円	456	211	11	6	15	6	17	6	506	234
400～499万円	431	103	3	2	10	2	10	2	476	114
500～699万円	554	98	1	1	9	2	4	1	620	109
700～999万円	444	56	1	0	5	0	3	0	510	61
1,000万円以上	159	4	0	0	1	0	0	0	248	10

資料）総務庁『労働力調査特別調査報告 2000.2』
注）正規雇用* は役員を除いた数字

いま一つは、学卒初任給である。九九年四月卒の学卒初任給は、男子大卒一九・七万円、女子短大・高専卒一六・二万円、男子高卒一五・八万円、女子高卒一四・八万円である。そうすると、就職一年後にはボーナス（年間五カ月）を加算して、「超勤・時間外」は計算に入れなくても、年間賃金は大卒男子で三三四・九万円、高卒男子で二六八・六万円に達していると見てよい。ただし、これは学卒初任給に関係する話であるから、就職試験に合格して運よく「正規雇用」で就職できて、一年間勤続できたら、という上での話である。(注14)

こうした判断基準で、二〇〇〇年二月の賃金分布をみると、①「正規雇用」の雇用者のうち男性の場合、(a)高卒初任給並みないしはそれ以下ということで三〇〇万円未満層を見ると、一四九万円以下が、七三万人二・九％、一五〇―二九九万円が四一一万人一六・一％、小計四八四万人一九・〇％、(b)また大卒初任給並みの三〇〇—三九九万円層は四五六万人一七・九％、両者（＝(a)＋(b)）を合計すると全体の三六・八％にも達するが、(d)これらの三〇〇万円台以下層は、低賃金・低所得階層ないしはその予備軍と見ていいこと、②「正規雇用」の女性雇用者合計一〇七七万人の場合、三〇〇万円未満層が五九一万人五四・九％、三〇〇万円台層が二一〇万人一九・五％にも達し、「正規雇用」に限定しても、四分の三弱が三〇〇万円台以下層（＝七三・四％）であること、③「非正規雇用」分野の「パート、アルバイト」「派遣・嘱託」「臨時・日雇」などの場合、三〇〇万円台層に入り込んでいるのはむしろ例外的なケースといってよいほど、圧倒的に三〇〇万円未満層に集中していること、を特徴として指摘できる。

このように見てくると、①九〇年代の構造性不況とリストラの下で、日本の勤労者全体が極度に消費支出を切り詰めて、「個人消費」の停滞をひき起こしているというだけでなく、②現在すでに失業者や低所得・不安定階層の大きな堆積が進んで、勤労者の中のこの層では、「日常の生活ができない」「子育てに自信がもてない」「老後の見通しがたたない」といった生活苦・生活崩壊の状態に落ち込んでいることは明らかである。そうすると、分かりきったことだが、こうした日本の勤労者生活の今日的特徴を背景とし、基盤として、③今後さらに少子化が進んで、この側面からも日本経済とその生産・再生産構造の「縮小不均衡」が促されることになって、不況とリストラの悪循環がいっそう強固に定着・構造化していくことが懸念されること、④また、国民意識・社会秩序・社会規範などの対立・混乱・荒廃なども、さらに進行すること、なども展望されることになる。

ここで、最後に、国民生活「最優先」の新しい内需拡大政策の基本的な骨組みや構成ということで、筆者は、以下の四点が重要と考えていることをあらかじめ述べておこう。すなわち、①大量の失業者層や低所得・不安定階層を主な対象に、最低所得（＝生活）保障のシステムを築き上げて、低所得階層に目立つ「生活苦・生活崩壊」の解消を図ること、②「子供とその親」の生活安定・向上を目的に、一方で、児童手当を抜本的に引き上げて、ヨーロッパ諸国のように「子育て実費」に近い金額を保障するとともに、他方で、良質の保育・教育サービスなどを低料金（義務教育など、場合によっては無償）で提供すること、③高齢者に対する社会保障や社会福祉サービスを整備して、高齢者とその家族を「生活苦・生活不安」から解放すること、④いわゆる「労働力の女性化」が二一世紀にはさらに進行し、また現実的に見て、大企業の「正規雇用」労働者でも「夫婦共働き」でないと、生活の安定は考えられなくなっているため、(a)女性が安心して働き続けることができるための条件整備や、(b)女性の経済的自立の促進、女性労働の家計寄与率の引き上げを目的に、(c)各種性差別の解消、最低賃金の引き上げ、育児休暇制度の充実・整備、ゼロ歳児保育・夜間保育・学童保育など保育サービス・システムの向上・整備など、女性労働をめぐる環境・条件面の整備を図ること、という四点である。

これらは、一つ一つが大きな問題であって、当然もっと議論の詰めを必要とするが、その点は後の諸章、とくに第四章でさらに分析を深めたい。

（注11）完全失業者の定義は、調査期間中の一週間に「仕事をしていない」、同じく「求職活動を行っているか、あるいは結果待ち」、「仕事があれば、すぐ就業できる」の三条件をすべて満たす者、とされる（総務庁『労働力調査特別調査報告、二〇〇〇年二月』四四二ページ、参照）。
（注12）失業率の計算方法は、〔(完全失業者)÷(労働力人口＝就業者＋完全失業者)×一〇〇〕である（前掲『労働力調査特別調査報告』二〇ページ、参照）。
（注13）総務庁『家計調査年報、一九九九年版』参照。
（注14）学卒初任給は、労働省『賃金構造基本調査、一九九九年版』からの数値である。ただし、生産性労働情報センター『活用労働統計、二〇〇〇年版』から引用。

第二章

平成不況から緩やかな回復へ
――九〇年代の失敗から何を学ぶか、その一

第一章で、一九九〇年代に入って、日本経済には年とともに弱さが目立つようになっていることを指摘しておいたが、それは、九〇年代の日本経済の動きを順序をおってフォローしていけば、すぐに確認できる。当然、この第二章では、次の第三章とともに、九〇年代の日本経済の動きを景気動向と関連させて具体的に説明しながら、そこで発生している深刻な諸問題を分析していくことになる。その際、次々に新しい深刻な問題が群発しているが、それらの問題に対してタイムリーに適切な手段が行使されるどころか、「ピンボケ」の施策が行われて、かえって「傷口」が大きくなっているのが明らかになる。

このため、「景気後退の長期・深刻化、あるいは回復感なき景気上昇」が続いて、「九〇年代の不況

と停滞」とか、あるいは「九〇年代の構造性不況」という表現で、この時期の日本経済を特徴づけることが必要になる。現在、日本経済の成長率が主要先進諸国の中で「どん尻」にまで転落し、製造業の生産水準も一九九一年のピークを回復できないままに二〇〇一年一月から二一世紀最初の景気後退局面を迎えているというだけでなく、この間、企業業績の悪化が進んでリストラが促され、企業業績の悪化→リストラ→個人消費の停滞→企業業績の悪化、という悪循環が生じている。この点で、筆者は、八〇年代の日本の経済・社会を「ハイテクとバブル」という言葉で特徴づけたが、九〇年代については「不況とリストラ」と表現していること、も付記しておきたい。

そこで、景気の動きに配慮しながら、八〇年代後半からの大型景気（正確には八六年一一月から九一年二月まで）崩壊後の九〇年代を時期区分しておくと、①九一年三月から九三年一〇月まで三二カ月つづいた景気下降・後退の第一局面（＝平成不況）、②九三年一一月から九七年三月まで四一カ月、思うようにははかばかしく回復しなかった景気上昇・回復の第二局面、③九七年四月から九九三月までの二三カ月、第一局面より期間こそ短かったけれども、消費不況と金融不況とが複合して、不況の激しさという点ではより激しく、四半期基準で「GDP」成長率が名目・実質とも五期連続マイナス（九七年一〇月から九八年一二月まで）と「日本GDP史」上、ワースト記録になった第三局面、④九九年四月から二〇〇〇年末まで、超短期間で終わった景気回復の第四局面、と整理できる。

なお、九九年四月からの景気回復の局面は二〇〇〇年末には終止符を打ち、二〇〇一年一月からは二一世紀最初の不況局面に移行している。この点で、①二〇〇〇年末に近づくにつれて急速に景気上昇への期待感がしぼみ、②事実、二〇〇〇年四月の森政権発足当時二万円台はあった日経平均株価も〇一年三月には一万二〇〇〇円を割り込んで、バブル崩壊後の安値を更新したこと、③〇一年四月に「構造改革による経済活性化→景気打開」を主張する小泉政権が登場し、日経平均株価は同年五月には一万四五〇〇円まで急回復するが、九月には一万円台に割り込む水準にまでさらに急下落して、小泉構造改革は市場から不信任を突きつけられた形になっていること、などが指摘される。

筆者は、この〇一年一月からの不況をＩＴ不況という要素が付け加わったトリプル不況（「消費不況」＋「金融不況」＋「ＩＴ不況」）と理解して、バブル崩壊後のもっとも深刻な構造性不況と受け止めている。そこで、本書執筆中に発生したこのトリプル不況に関しては、第六章で可能な限り論及しよう。

第一節　平成不況の九〇年代第一局面

平成不況について基本的に重要なことは、不況が一九八〇年代後半からの大規模な設備投資ブームと、それを支えた「日本版」内需拡大政策からの反動として生じたこれまた大規模な構造性の過剰生産恐慌であったという認識をもっておくことである。株価や地価の暴落という「バブル崩壊」の側面だけを意識しすぎていると、事態の本質を見失ってしまうことになる。

もちろん、資本主義であるかぎり、生産の増加に輸出の拡大や国内「個人（=家計）最終消費」の増加が追いつけずに不況や恐慌はおこる。しかし、普通、不況や恐慌は一時的な一過性のもので、短期間の不況期のあいだに生産過剰や設備過剰の問題は処理されて、次のより高い水準や次元に向かってダイナミックな成長や上昇が始まるものである。

ところが、平成不況がもつ問題性は、「景気動向関連指標」の推移を示した表一―一に明らかなように、①製造業生産指数が九一年の一〇一・七%から九三年九一・二%（九〇年基準）へと一〇・三%も落ち込み、それでも「モノ（=製品）作り過ぎ」のため製品在庫が増えていること、②加えて、大規模な設備過剰の存在を反映して稼働率指数も九〇年基準で九三年八四・三%と、一五%以上も低下し

表 11　景気動向関連指標の推移，その一（1990-97 年）

	1990	1991	1992	1993	1994	1995	1996	1997
製造業生産指数	100.0	101.7	95.5	91.2	92.0	95.1	97.7	101.6
同　出荷指数	100.0	101.5	96.3	92.7	93.9	96.4	99.2	103.8
同　在庫指数	100.0	107.6	112.9	108.7	104.3	106.6	108.7	112.9
同　稼働率指数	100.0	98.0	89.9	84.3	84.2	86.0	86.6	……****
輸出・通関・兆円	41.4	42.4	43.0	40.2	40.5	41.5	44.7	50.9
『国民経済計算』名目値・暦年（単位，兆円）								
民間設備投資	88.5	94.6	88.4	77.7	71.6	72.6	74.1	83.1
民間住宅投資	25.2	23.8	22.8	23.8	25.7	24.1	27.6	23.7
公共投資	28.5	30.6	35.6	40.6	41.3	41.5	43.8	39.8
家計最終消費	267.1	281.9	294.4	303.3	312.9	317.8	326.0	332.1
財貨サービス輸出	45.9	46.7	47.3	44.1	44.3	45.2	49.6	56.1
自動車生産・万台								
小型乗用車	736.1	684.4	615.0	515.2	441.2	414.1	428.8	449.0
普通乗用車	175.1	206.4	244.8	257.3	258.3	235.4	260.7	307.2
軽乗用車	83.6	84.4	78.1	76.9	80.7	91.6	97.0	93.0
軽トラックシャシー	98.6	94.9	85.7	79.8	81.5	80.4	74.0	69.1
機械受注・内需・需要者側（280 社分，単位，100 億円）								
製造業	729.0	678.6	552.6	465.8	467.2	501.6	543.3	578.4
非製造業***	709.8	724.1	666.1	600.5	626.0	666.1	768.7	723.1
新車登録・乗用車*	510.3	486.8	445.4	419.9	421.0	444.4	466.9	449.2
中古車販売**	424.9	435.1	453.2	449.6	461.4	483.9	498.4	503.3
大型小売店（百貨店，スーパー）販売額（兆円，前年比は店舗調整後の数値で%）								
販売額	20.9	22.2	22.2	21.5	21.7	22.3	23.0	23.4
前年比	6.5	3.9	−1.9	−4.9	−2.1	−1.9	−0.3	−1.5
マイホーム着工・マンション販売戸数（前年比，%）								
持家	−3.5	−9.6	8.5	11.2	7.9	−6.2	19.7	−25.6
分譲住宅	21.7	−19.8	−28.7	19.5	44.0	−5.6	−0.8	0.8
首都圏マンション	0.5	−34.5	1.3	68.7	80.5	6.2	−2.5	−14.9

資料）製造業生産指数，自動車生産は『通産統計』，新車登録は日本自動車工業会『自動車統計年報』，中古車販売は日本自動車販売協会連合会調べ，機械受注は経企庁『機械受注統計年報』，大型小売店販売額は『商業販売統計年報』で，いずれも『経済統計年鑑 2000』より作成，輸出は大蔵省『外国貿易概況』

注）*はシャシー・ベースで軽乗用車を含む。**は軽乗用車を除き，単位は万台，***非製造業は船舶・電力を除く，****統計上の整合性を欠くことになるので……とした。

ていることである。さらに、新規着工設備が次々と生産力化してくることを考えると、販売力を強化して、生産を二五%は増やさないと「経営」が成り立たないとされているのだから、これは気が遠くなる話である。

今日の「大競争」といわれるきびしい競争状況の下で、①一方で、「モノ余り（＝製品の作り過ぎ）」「モノが売れない」「もっと売らなきゃ」ということになって、「値引き・安売り」「出血販売」などの誘惑に駆られるが、②他方で、「モノ余り（＝設備過剰）」で折角の設備も遊んで（＝遊休化）いるし、しかも生産が落ち込んで従業員もかなり遊んでいるので、減価償却費や人件費といった「固定費」は変わらないから、③製品一個当たりの固定費が上昇して、「損益分岐点」が相当上がって「利幅（＝利益幅）」が小さくなっている。したがって、下手に「値引き・安売り」すると大赤字になってしまう、という深刻な状況があちこちの企業で広範に起こってしまったのである。

八〇年代後半の大型景気から九一—九三年の平成不況へ、企業側の景気・経済見通しが不況の長期・深刻化を予測せざるをえなくなるにつれて、企業は、①生産の新鋭設備への集中、非能率設備の廃棄、販売網のスリム化・効率化など、生産・販売体制の抜本的な再編を図るとともに、②人員削減に加えて、「社外工・派遣・パート」比率の引き上げなどで賃金抑制にも努力して、③全体として、生産コスト（＝生産原価）の中で大きなウェイトを占める固定費を引き下げて、競争力を回復しようとする。新しい経済環境に適合するよう「経営」をスリム化して、「減量経営」「少数精鋭能力主義」で乗り切っていこうという訳である。

かつて原油価格が円基準で一瞬にして四倍にもなった第一次石油危機後に、こうした経営手法が見られたのであるが、(注1)現在は労働関連立法が変化し、当時とは格段に「人員削減・賃金抑制」に基調をおいた「リストラ」が簡単に実施しやくなっていることにも注目しておく必要がある。

企業側のこうした措置は、企業にとっても痛みが大きく、企業の「財務体質」を悪化させ、長い目でみると競争力を弱めることにもなっていることに注意しておこう。すなわち、企業は、第一に、これらの遊休設備を永久に不要になった設備と位置づけて「価値廃棄」し、「企業会計」上、一方で、これまでため込んでいた利益（＝前期繰越利益）、蓄積（＝諸積立金＋諸準備金）、「含み利益」（＝自社所有の「他社株＋有価証券＋遊休地）などの一部を吐き出したり、売却・処分し、他方で、「価値廃棄」した遊休設備の「残存価格」を一挙に償却して、これを企業本来の「営業行為」以外の所から発生した「特別損失」として計上・処理することになるからである（会計上、「特損処理」という）。人員削減を実施して、割増退職金を支給した場合も「特損処理」を必要とする点は同じである。

加えて、①企業は、「日本版」内需拡大政策に誘導されて、超強気の「経営戦略」を策定し、有望な戦略的「成長分野へ」ということで、一斉に「新部門進出・経営多角化」を図っていたから、不況の長期・深刻化にともなって、進出部門からの撤退→遊休設備・廃棄設備の「価値廃棄」→「特損処理」、という順序での収拾策も必要になっていること、②また「日本版」内需拡大政策が全産業的な産業構造政策でもあったことから、「経済構造のサービス経済化」「ハイテクからマルチ・メディアへ」という主張や政策展開をともなって、非製造業部門でも大規模な設備投資を促し、大都市オフィス・ビルの構造的な過剰、大規模商業店舗の乱立と縮小・閉店、全国的な大規模リゾート開発とその破綻、ゴルフ場ブームとその破綻、などを結果したことも指摘しておきたい。

以上から明らかなように、「九〇年代の構造性不況」の下で、企業が「特損処理」に追い込まれた金額は非常に巨額である。その結果、①企業の「内部留保」の縮小や自己資本比率の低下が進み、前掲表五に見たように、九〇年代の企業収益は急減したまま悲惨ともいえる低水準で低位に停滞し、②また極端な場合には、「債務超過」→倒産に追いやられている。「ヒトよりモノ」優先の「日本版」内需拡大政策を立案・施行した「政・官・財トップ」の国民に対する責任、またそれに踊った個別企業の「トップ・マネージメント」の経営責任は大きい。

ところで、平成不況下の景気下降は、①八九年一二月二九日に史上最高の高値をつけた株価（東証一部上場「日経平均株価指数」二二五種、三万八九一五円）が九〇年年初から暴落し、株高を活用した銀行借入よりはるかに資金コストの低い「自己金融」が難しくなり、他方で、転換社債やワラント債の償還期限が近づいて、急速に設備投資ムードが冷却していったことを背景に（表一二参照）、②九一年春から、「新車買い控え」など勤労者の耐久消費財消費が急減し、製造業全体でみても減産と製品在庫増がいちじるしかったこと、③またマイホームの購入も減少したこと、④九〇年代にはいって円高基調

表 12　日経平均株価〈東証一部上場, 225 種〉の推移（1985-2001 年）

（円）

	年間			月間(月末)	
	高値	安値	終値	3 月	9 月
1985	13,128	11,545	13,113	12,472*	12,508*
86	18,936	12,881	18,701	14,561*	18,180*
87	26,646	18,544	21,564	21,433*	25,290*
88	30,159	21,217	30,159	25,703*	27,568*
89	38,915	30,183	38,915	31,955*	34,649*
90	38,712	20,221	23,848	32,305*	23,935*
91	27,146	21,456	22,983	26,292	23,916
92	23,801	14,309	16,924	19,346	17,399
93	21,148	16,078	17,417	18,591	20,106
94	21,552	17,369	19,723	19,112	19,564
95	20,011	14,485	19,868	16,140	17,913
96	22,666	19,161	19,361	21,407	21,566
97	20,681	14,775	15,258	18,003	17,888
98	17,264	12,879	13,842	16,527	13,406
99	18,934	13,232	18,934	16,701	17,605
2000	20,833	13,423	13,785	20,337	15,626
01**	14,529	9,504	10,542	13,000	9,774

資料）日本経済新聞社『日経会社情報』より作成
注）＊は月間の数値。＊＊は 1 ～11 月分

が続いているため、輸出数量の増加は期待できないこと、などを原因として九三年一〇月まで急な坂を転がり落ちるように進んでいる。改めて、表一一の「景気動向関連指標」などで九〇年、九一年と九三年の数値の違いを比較して頂きたい。景気の「山」と「谷」の落差の違いは歴然としている。

この平成不況の過程で、「株価暴落・地価暴落」という形でバブルの崩壊が進み、企業経営にはさらなる難問が付け加わっている。いうまでもなく、株価暴落・地価暴落にともなって、いわゆる「バランスシート（＝貸借対照表）調整」が必要になり、企業体質の弱体化が「株価と地価」という面からも促されたからである。

そこで、経済企画庁『国民経済計算』の「ストック編」を利用して、日本全体で、「株価暴落・地価暴落」によって金額的にどれだけの「バブル」が泡となって飛び散ったかを提示しておこう。表一三は、『国民経済計算・ストック編』に記載されている「貸借対照表」表示について、その左欄「資産の部」に計上されている土地資産、株式資産の年々の推移をしめすと同時に、あわせて同右欄「負債の部および資本の部（＝〔株式＋正味資産〕）＝国富」の株式、正味資産、国富の変化を見たものである。(注2)

この表で、バブルの「山」と平成不況の「谷（＝統計上、九三年年末）」と比較すると、土地資産の場合で、九〇年二四二〇兆円から一九三二兆円まで、差し引き四八八兆円、株式資産の場合で、八九年八九〇兆円から四〇八兆円まで、差し引き四八二兆円で、両者を合計すると九七〇兆円という巨額の金額が泡となって飛び散っている。

表 13　日本の国富（＝株式・正味資産）と株式・土地資産の推移（1980–99 年）

（兆円，期末現在）

	資産の部		株式・正味資産		
	土地など*	株式	国富総額	株式	正味資産
1980	744.7	122.0	1,465.1	125.4	1,239.6
1985	1,048.8	241.9	2,090.9	253.3	1,837.5
1989	2,189.1	889.9	4,100.5	910.3	3,190.1
1990	2,420.1	594.3	4,129.0	606.6	3,522.4
1991	2,230.8	586.5	4,015.0	603.3	3,411.8
1992	2,002.1	401.8	3,666.4	416.2	3,250.2
1993	1,931.5	407.6	3,649.4	425.7	3,223.7
1994	1,891.9	458.5	3,697.5	482.7	3,214.9
1995	1,843.3	455.6	3,689.6	487.1	3,202.6
1996	1,777.9	429.1	3,669.4	465.7	3,203.7
1997	1,750.3	334.4	3,634.7	370.7	3,264.0
1998	1,687.6	301.6	3,542.9	336.8	3,206.1
1999	1,613.9	501.2	3,587.6	596.6	2,991.0

資料）経済企画庁『国民経済計算年報 2000 年版』から作成。なお，1999 年分のみ 2001 年版の数値を記載

注）* は再生産不可能有形資産で，事実上，圧倒的に土地である。

こうしたバブルの崩壊ということも加わって、三年前には四一二九兆円もあった「国富」総額は、九三年末には三六四九兆円と、差し引きで四八〇兆円一一・六％も減少している。ここで、地価暴落についてさらに付言しておくと、全国市街地価格とあわせて六大都市の地価の推移を示した表一四に明らかなように、地価の動きは九一年三月を分岐点として、それまでの右肩上がりの上昇から右肩下がりの下落へと鮮明に変化しており、中でも六大都市のような大都市圏で、住宅地まで含めて激しく下落している。九一年三月を基準（＝一〇〇・〇％）にしていえば、二年半後の九三年九月の六大都市地価指

表 14　全国市街地価格指数の推移（1965-2001 年）

	六大都市			全国市街地	
	平均	商業地	住宅地	平均	住宅地
1965.3	6.3	5.4	5.0	11.4	8.6
70.3	9.8	8.3	8.7	20.7	17.0
75.3	18.4	13.3	18.2	39.9	35.9
80.3	23.8	16.2	27.8	47.8	48.0
85.3	32.6	24.8	37.2	61.9	66.3
90.3	97.1	96.8	97.9	90.6	91.2
91.3	100.0	100.0	100.0	100.0	100.0
9	95.1	95.7	93.5	100.1	99.7
92.3	84.4	84.7	82.1	98.2	97.5
9	76.6	74.2	74.2	95.1	95.1
93.3	69.3	65.7	66.7	92.7	92.7
9	65.1	59.4	63.5	90.5	91.2
94.3	61.4	53.5	61.0	88.5	90.0
9	57.9	47.7	59.0	86.9	89.2
95.3	53.1	40.6	56.2	85.2	88.6
9	49.9	35.8	54.6	83.5	87.9
96.3	47.2	32.0	52.9	81.5	87.0
97.3	43.6	27.6	50.9	78.2	85.6
98.3	41.4	24.8	49.8	75.5	84.5
99.3	38.4	22.0	47.5	71.8	82.2
2000.3	35.1	19.3	44.8	67.7	79.3
9	33.6	18.2	43.6	65.5	77.8
01.3	32.1	17.2	42.4	63.4	76.1

資料）日本不動産研究所「全国市街地価格指数」(『経済統計年鑑 2001』所収）から作成

注）六大都市とは，東京都区部，横浜，名古屋，京都，大阪，神戸

数は商業地で五九・四％、住宅地六三・五％、平均六五・一％に下落し、「バブルで増えた」「バブルで得した」と思った土地資産の四割前後があっというまに雲散霧消《うんさんむしょう》し、しかもなお下落への動きを見せているのである。

事実、前掲表一三の『国民経済計算』で見れば、日本の土地資産、株式資産は、五年後の九八年末（＝次の景気後退局面の「谷」とおおよそ合致する）には、土地で二四五兆円、株式一〇七兆円、合計三五二兆円もさらに「目減り」している。その結果、「国富」総額も同じ期間に一〇六兆円減少して、三五四三兆円にまで落ち込んでいる。(注3)

このように見てくると、こうした土地資産・株式資産の暴落は、日本の企業経営を根幹から揺さぶったといえる。すなわち、①たんに企業が所有する土地資産や株式資産が暴落して企業体質が弱まったというだけでなく、②企業本来の事業分野で収益を増やし、そこでの収益体質を強化していくことが決定的に重要なことを、改めて認識させたこと、③これまでのように、本業では目立った成果をあげなくても、株高や地価上昇があってカバーできたという状況はこれからは期待できないこと、④また、とくに非製造業の分野で、新店舗オープンや大規模施設開業の際に、あらかじめ周辺地を買収しておいて「値上がり益を稼ぐ」というデベロッパー（＝開発業者・土地開発業者）的機能や役割は成り立たなくなっているので、ここでも本業での収益力が問題になってくること、などを指摘しておこう。

以上から明らかなように、バブルの崩壊で雲散霧消した金額は九〇年代の第一局面で最大であり、その過程で、日本の企業経営のあり方（そして日本の経済・社会のあり方も）が根幹から問いかけられている。しかし、バブルの崩壊の影響が日本の「企業会計」面に非常に深刻な形で表面化してくるのは、むしろ九〇年代の第三局面である。それは、第一局面当時の日本の「企業会計」方式や金融機関の貸出方式とも深く関係する。この点で、当時の日本の「企業会計」について、①大半の企業は、所有株式・有価証券については「低価法」（取得原価と決算期末の時価を比較して、どちらか安い方の価格で記帳するやり方）、土地については「原価法」を採用していた、つまり「時価法」ではなかったので、せいぜいバブルの絶頂期に高値でつかんだ株式・有価証券の「値下がり損」が表面化してくる程度だったこと、②まだ「連結決算」が義務づけられていなかったので、「高値づかみの不良資産」を子会社に移したりして、企業体質の悪化をひた隠しにするいわゆる「不良資産隠し」が可能だったこと、などを念頭においておく必要がある。

また銀行などの金融機関の貸出方式については、①貸出は、土地を担保に、土地評価額の八〇%を極度額として行われるのが普通のやり方であること、②したがって、不良債権問題は、担保に提供している土地が二〇%以上下落して、しかも借り入れ側の金融機関に対する「元利」の返済が滞った場合に起こること、③貸出側の金融機関が、不良債権の発生を「放漫な貸出（＝放漫経営）」として、経営者責任を追求されることを恐れてひた隠しにし、借り入れ側の借入金の利子相当分を運転資金として「追加供給」し、かえって「傷口」を大きくしていること、④したがって、日本全体で不良債権・

不良債務の総額は一体いくらなのか、ということも明らかでなかったこと、などを指摘しておきたい。

したがって、第一局面当時としては、日本の金融機関の業種別貸出額の中から不動産・建設・ノンバンク・「サービス・レジャー関連」貸出額をみて、不良債権額を推計・試算したり、あるいは、株価や地価の動きをフォローしながら同じ試みをする他なかったのである。それでも、筆者は、七年前の旧著の中で、「日本の金融機関は、……国内でも、子会社のノンバンクまであらゆる手段を活用して、野放図に企業の「財テク」や土地・不動産への投機をあおってきた」と指摘した上で、その「不良債権は、現在六〇兆円を超えると推計」し、また「この不良債権問題の処理に、自力では五～一〇年かかるといわれるが、これは、基本的には無責任な融資をおこなってきた金融機関経営者の経営責任の問題であって、今後時間をかけて処理していくほかに途はない問題である（注4）」と述べている。筆者のこの考えは今も変わらない。

以上のような経緯で、第一局面当時は、今から考えると、土地は値下がりすることはないという「土地神話」を信じて、評価額の一〇〇％あるいはそれ以上を貸し込んだ「住専《じゅうせん》」「ノンバンク（注5）」、そして「関東大都市圏」「関西大都市圏」の地銀・第二地銀・信金・信組といった中小金融機関、農協系金融機関などの放漫貸出や経営破綻などが、表面的・部分的に問題になっていた程度である。

（注1）　清山卓郎、『日本経済を読む』労働旬報社、一九九四年、一〇一－一〇四ページ、参照。

（注2）『国民経済計算』では、政府部門と民間の各制度部門を合計して、国全体について「貸借対照表」を作成し、左欄「資産（＝「実物資産」＋「金融資産」）の部」に計上されている金額から、右欄の負債と株式を差し引いた金額を「正味資産」と表現して、この正味資産を国富と定義している。

しかし、①負債を差し引いた純資産＝自己資本という意味合いからは、右欄の「株式と正味資産の合計額」を国富と見た方が適切と判断されること、②また家計部門と企業部門、つまり個人と企業に対してストック課税を構想するような場合には、企業に対しては右欄の「株式」＋「正味資産」、つまり自己資本額に対する課税で考えないと公平性を欠くこと、などから、筆者は「株式」＋「正味資産」を国富と理解すべきと考えている。

（注3）現在、財政破綻の度合いがいっそう顕著になって、「財政再建」は待ったなしの大課題になっている。その際、第三章以降で詳しく述べるが、九七年の消費税二％引き上げが九七－九九年の深刻な消費不況を結果したことからも明らかだが、消費税引き上げのような「フロー課税」による「財政再建」という手法は現実性を失っている。そうした意味合いからも、フローだけでなく、ストック分析ももっと重視する必要がある。

（注4）清山『前掲書』二三七ページ。

（注5）預金業務は行わずに、もっぱら貸付業務のみを専門業務とする金融機関を「ノンバンク」という。日本のビッグ・ビジネスは、余剰資金の有効活用を目的に、ノンバンク子会社として所有している場合が多いが、バブルの最盛期には、自社の余剰資金だけでなく、金融機関から巨額の資金を調達して、「財テク」や土地・不動産への投機にのめり込んでいる。なお、「住専」については、次節で問題にする。

第二節　「緩やかな回復」の九〇年代第二局面

一九九三年一一月から九七年三月まで、九〇年代の第二局面は、思うようにははかばかしく回復しなかった景気回復・上昇局面なのであるが、この時期に、①「五五年体制」といわれた、長年の自民党単独政権の時代が終わって連立政権の時代へと移行し、この過程で、細川（当時、日本新党）・羽田（当時、新生党）→村山（当時、社会党）・橋本（自民党）と目まぐるしい政権交代が相次いだこと、②九〇年代前半の円高基調の下で、九二―九五年には、第三次円高当時をはるかに上回る水準にまで第四次円高が進行したが、これと交錯して「日米貿易・経済摩擦」問題が再燃したこと、③「はかばかしく回復しない景気」と関連して、一方で、消費税引き上げが提起されるとともに、他方で、勤労者に対する一〇兆円の所得税減税の大合唱が起こっていること、などが注目される。

そこで、この第二節では、第二局面における重要な論点として、(1)細川「連立政権」の成立と崩壊、(2)第四次円高の日本経済「攪乱《かくらん》」作用と日米貿易・経済摩擦、(3)自民党「主導型」連立政権の成立と消費税二％引き上げ、(4)「住専」乱脈経営・経営破綻の表面化と「住専」処理政策、という四つの論点を分析しておこう。

まずは第一の論点である。この論点に関係して、九〇年代の第二局面から現在までを特徴づけることの一つとして、政治の世界で、「自民党単独政権」時代の終焉《しゅうえん》と「連立政権」時代への移行が生じている。この点で、①九四年に政治改革四法が成立して、衆議院の選挙制度が「中選挙区制」から「小選挙区・比例代表制」に変化し、最大政党が安定多数をとりやすくなったが、しかし、自民党が衆参両院で安定多数を確保できる時代状況ではなくなったこと、②自民党の野党への転落は、一年足らずの九三年八月から九四年六月までのごく短期間にとどまり、その後、大まかに言って自民党中心の「連立政権」時代がつづいていること、③連立政権時代への移行にともなって、政界再編というよりは政治家の「離合集散」が目立って、政党→公約・選挙公約→選挙結果→政策というつながりが理解しづらくなっていること、などが指摘される。

以上と関連して、筆者は、かねがね以下の四点に注目している。すなわち、①六〇年代後半頃からすでに、一方で、大都市圏を中心に多党化現象が目立ち、他方で、自民党支持の長期・傾向的な低落傾向が見られたが、九〇年代の構造性不況を背景に、政治に「大企業離れの政策」を求める国民の意識や要求が急速に高まり、自民党支持の急落や既成保守政党の「革新政党化」（ともかく選挙のシーズンだけでも）が促されていること、②しかし、(a)政治の世界では、日本を含めた世界の先進諸国では、八〇年前後から国民経済の停滞や国家財政の悪化を背景に、一九世紀的な「自由主義思想への回帰」を主張して、一方で、「規制緩和・市場経済・設備投資」の経済成長促進効果を、そして他方では、

「国民の自立・自助原則」「受益者負担」「税制の消費税移行」を掲げて、全体として「福祉国家理念」を放棄するという動きが強まり、(b)日本でもこの影響を受けて、既成政党の政策・綱領には、「脱福祉国家＝保守化」への動きが強いが、(c)しかし、ヨーロッパでは一旦ぶれはあったが、むしろ「福祉国家」路線がなお主流であること、が指摘される。(注6)

また、③このように、国民の政治や政策に求める要求と既成政党側の政策・綱領などとの「ミスマッチ」が目立つことになった結果、九〇年代にはいって国民の政治に対する「しらけ現象」が強まり、「政治的無関心層」が目立って増加しているが、そのことは既成政党が、「選挙の洗礼」という形で、国民から手ひどいしっぺ返しを受ける現実的可能性がかつてなく高まっていることを意味すること、④国民生活と福祉を最優先しようとする共産党の支持率が高まり、その存在感が上昇していること、なども注目される。

そこで、九三年八月に成立した細川内閣に焦点をあてて、本書に必要な範囲で、政党→公約・選挙公約→選挙結果→「連立政権」の政策というつながりを意識して、細川内閣成立前後の状況を整理しておくと、以下の諸点が指摘できる。すなわち、①細川内閣は、平成不況下の九三年当時、「東京佐川急便事件」「ゼネコン汚職」など、「政・官・財」の一体・癒着《ゆちゃく》の構造から派生しがちな「政治腐敗・汚職・収賄」事件が大規模に表面化し、宮沢内閣不信任案可決・国会解散→総選挙→自民党の敗北、という経緯で成立していること、②この連立政権は、自民党・共産党を除いた、社会党・公明党・新生党・日本新党・民社党など「七党一会派」で構成されたこと、③細川内閣は、(a)連立政権の基本政策課題を政治改革において、それを衆議院選挙制度の小選挙区制への移行によって達成しようとしたこと、(b)また、政治改革以外の基本政策は自民党の政策を継承するということで合意していること、などである。

以上のように、細川内閣は、当初から「第二自民党内閣」的な性格を強くもち、政策面で、①九三年のコメ不作を逆用して、コメの二〇〇万トン緊急輸入を実施し、同年末にはあわせてコメ市場の部分開放に踏み切ったこと（初年度四〇万トン→六年後八〇万トンへ）、②年金給付開始年齢の六〇歳から六五歳への引き上げと厚生年金保険料・料率の二％引き上げ（標準報酬の一四・五％から一六・五％へ）など、「目白押し」の公共料金引き上げを日程にのせて、後述する「消費税引き上げ」計画と併せて、不況対策・経済政策などのための財源を捻出《ねんしゅつ》しようしていること、③九四年一月には、限りなく自民党案に近い政治改革法を成立させて、前述の「小選挙区・比例代表制」をスタートさせたこと、などの動きを見せている。

また、④同年二月には、当時ひろく国民のあいだから求められていた不況対策としての「所得税減税五―一〇兆円の要求」を逆手にとって、「税率七％の国民福祉税」新設（＝実質「消費税率四％引き上げ）と所得税減税のセットでの実施を発表したが、これはあまりの不人気さに「即時撤回」といっていい、発表の取り下げに追い込まれたこと、⑤日米貿易の黒字増加と円高が進行して、日米貿易・経済摩擦が再燃の気配を見せているのに対応して（米・クリントン大統領は三月にスーパー三〇一条の復活命令に署名）[注7]、歴代自民党政権の「日本版」内需拡大政策をそのまま継承して、大型公共投資をいっそう増加し、加えて、落ち込んでいる「マイホーム作り」を増加させようとしていること（前掲表八参照）、なども重要である。

こう見てくると、細川「連立政権」は、共産党を除くすべての「オール野党」を結集して非自民の「連立政権」を作り上げておきながら、いくつもの致命的な誤りを冒している。すなわち、①本書のこれまでの分析で明らかにしたように、(a)必要なことは勤労者支出関連の個人消費をいかに伸ばすかということであり、また公共投資のあり方を転換して、勤労者の「生活安全保障」のネット・ワークを築き上げる姿勢を鮮明にして、その貯蓄性向を引き下げるよう努力することだったのに、(b)自民党路線の基本政策を継承して、コメ市場の部分開放を皮切りに、公共料金や消費税の引き上げなどを通じて、「日本版」内需拡大政策を強化したこと、②九四年春闘が「春闘賃上げ史上最低」になることが明確になって、(a)財界からまで「所得税減税五兆円の要求」が出ていたのに、所得税減税を事実上拒否して、(b)所得税減税と消費税の引き上げとの「セットでの実施」という方向を打ち出して、かえって勤労者の「生活不安」をあおったこと、③勤労者消費を「まだまだ高い土地やマイホーム」以外の方向に誘導していく必要があるのに、持ち家政策を強化して勤労者家計に、さらなる「バランスシート調整」→個人消費の停滞、という動きを誘発させたこと、などである。

細川「連立政権」は、細川首相が「変革」「責任ある変革」「生活者主権」といった言葉を折にふれて口にし、(注8)国民もそこから「何となく先行きに明るいものを感じ」て、当初は国民からムード的な高い支持を受けていた。しかし、それもせいぜい三カ月止まりで、九三年末に近づくと支持ムードは急速に冷却していった。また、細川「連立政権」が事実上「第二自民党政権」であっただけに、当初から自民党以上に財界や高級官僚にすりよる姿勢が目立ち、その挙げ句のはて、細川首相自身も大蔵高級官僚の「税率七％の国民福祉税構想」に踊らされて（この構想は閣僚にも知らされないままに、深夜、テレビで抜き打ち的に発表された）、政権内部での求心力を失ったばかりでなく（「殿、御乱心」というわけである）、細川首相個人の政治生命も完全に絶たれている。九四年四月の細川「退陣」は当然の帰結といえる。

次に、九〇年代第二局面に関わる第二の論点は、第四次円高とそれにまつわる諸問題である。この点で、この頃の対米円相場の動きを整理しておくと（表一五参照）、①円相場は八八年三月までの第三次円高で一ドル一二〇円台にまで上昇し、以後、同年六月から反落に転じ、九〇年六月のボトムには一五〇円台にまで下落したが、そこで再び円高基調に転換して、九一年末には一二〇円台まで反転・上昇していること、②その後、九三年二月に一二〇円台を突破し、同年五月には一〇〇円台に達し、一旦そこで落ち着くように見えたが、③九四年六月には一〇〇円台を突破して、九五年九月まで二ケタの九〇円台で推移し（九五年四月は七九・七五円と瞬間的に八〇円台を抜いている）、④その後、九八年八

表 15　円相場の推移（1985-2001 年）

（1ドル当たり円）

	年間高値	年間安値	年平均
1985	⇩ 199.8	⇩ 263.7	⇩ 238.5
86	⇧ *152.6	⇧ *203.3	⇧ *168.5
87	⇧ *121.8	⇧ *159.2	⇧ *144.6
88	⇧ *120.5	⇧ *136.8	⇧ *128.2
89	⇧ 123.8	⇧ 151.4	⇧ 138.0
90	⇩ 124.1	⇩ 160.4	⇩ 144.8
91	⇩ 127.4	⇧ 142.0	⇧ 134.7
92	⇧ *118.6	⇧ *135.0	⇧ *126.7
93	⇧ *100.4	⇧ *126.0	⇧ *111.2
94	⇧ * 96.4	⇧ *113.6	⇧ *102.2
95	⇧ * 79.8	⇧ *104.7	⇧ * 94.1
96	⇩ 104.0	⇩ 116.2	⇩ 108.8
97	⇩ 110.7	⇩ 131.6	⇩ 121.0
98	⇩ 113.8	⇩ 147.6	⇩ 130.9
99	⇧ 101.4	⇧ 124.8	⇧ 113.9
2000	⇩ 101.5	⇧ 115.0	⇧ 107.8
01**	⇩ 113.6	⇩ 126.8	……

注）1．⇩は円安への流れ，⇧は円高への流れを示す。
　　2．*は円の新高値を示す。**は１～８月分

月まで円安方向へと推移していること、と要約できる。だから、正確には、対米円相場が第三次円高のピークを超えた九三年二月を新しい画期の始まりとして、九三年二月から九五年六月までの第四次円高と表現するのが妥当であろう。

この第四次円高にまつわる問題点を、さしあたり二点あげておこう。一つは、さきにも指摘したように、円高が単なる円高・ドル安ではなく、世界各国の通貨に対する全面高（＝円独歩高）であるため、当然、円高の日本経済・日本社会「攪乱」作用が深刻化していることである。すなわち、①東アジア諸国をはじめ、世界各国からの低価格「輸入品」が激増して、農産物・食料品、繊維・雑貨、在来型重化学品・機械類部品・家電製品などについてひろく「価格破壊」現象が発生して、農業と農村、地場産業・地域特産品・中小工業、企業城下町などの存在基盤が大きく揺さぶられ、いわゆる「セーフ・ガード条項」(注9)の発動が緊急に必要になっていること、②大企業を中心に、企業の円高対応策が「リストラ」という形をとって、一方で、海外生産の強化、在東アジア諸国の子会社・工場などからの機械類部品や製品輸入、国内生産の縮小・国内生産からの撤退、国内拠点工場の縮小・閉鎖の動きが進み、他方で、人員削減・賃金抑制、学卒の採用抑制も本格化していること、③前章第四節に見たように、失業・半失業層の堆積、低賃金層の肥大化が驚異的に進んで、後の諸章で分析するが、勤労者の上層部分まで含めて、生活抑制・消費抑制を迫られていること、などに注意しておく必要がある。

いま一つは、九二—九三年に日米貿易における日本側の黒字増加が見られたのを背景に、日米貿易・経済摩擦が再燃して、①アメリカ側からの働きかけで、日米貿易の不均衡是正をテーマに、九四年二月から「日米包括経済協議」が断続的に開催され、この協議の場合も「日本の対米輸出の規制」「日本市場のアメリカ資本への開放」「日本の内需拡大政策」だけが一方的にアメリカ側から問題にされていること、②「日米貿易の不均衡是正」の問題は基本的には八九―九〇年の日米構造協議で決着済みであり、本来、アメリカは自らの国際競争力強化への取り組み→輸出増加による日米貿易の不均衡是正、貿易赤字の解消、という経路で問題を処理する必要があるのに、理不尽にも日本側に責任があると強弁して日本を力でねじ伏せようとする方向性ばかりが目立つこと、③ともあれ、日米間のこうした動きを反映しながら、円相場は前述のように一〇〇円を超えて二ケタ台にまで上昇したこと、④日本政府が内需拡大の問題を「日本版」内需拡大政策にすり替えて、後述の村山内閣の頃には、「日本側は一〇年間六〇〇兆円に公共投資拡大を約束」ということが公然の秘密になっていること、などが起こっている。これらは、どれも重要な問題なのであるが、後に「日本版」公共投資を分析する第三章第一節などにゆずりたい。

さらに、第二局面の第三の論点は、自民党「主導型」連立政権の成立（九四年七月）と消費税二％引き上げ（九四年一一月決定、九七年四月実施）に関連する諸問題である。そこで、自民党が政権与党に復活することになった自民党「主導型」連立政権の成立をとりあげると、①それは、自民党・社会党・新党さきがけの三党が連立与党になって、与党第二党の社会党から総理を出して、村山内閣としてスタートしていること、②自民党は政権維持の必要上、人事面では気配りを見せたが、政策面では、社会党の政策立案・政策形成能力の弱さもあって強引な主導性を発揮し、宮沢内閣まで一貫してきた大企業本位の「日本版」内需拡大政策や対米追随的な外交政策・日米関係政策を固執・踏襲していること、③当然、国民の政治や政策に対する要求と現実の政治・政策とのギャップの問題が出てくることになるが、この問題には、たとえば九六年一〇月の総選挙の折には、政策論議は前面に出さずに、「新しい」「生まれ変わった」「(国民に)オープンな自民党」といった選挙キャンペーンなど小手先の対応で処理していること、などの特徴が指摘される。

そこで、村山内閣の経済・社会政策を問題にしておくと、①細川―羽田内閣から持ち越しの「日米包括経済協議」を逆手にとって、対外公約という形で「公共投資一〇年間六〇〇兆円」を既成事実化しながら、旧態依然の「日本版」内需拡大政策の強化を意図し、他方では、第四次円高と深く関係する「春闘賃上げ史上最低」「民間給与、初の減少」「製品輸入比率、過去最高」(いずれも九四年)、また突然ハプニング的に発生した戦後最悪の自然災害「神戸・淡路大震災」(九五年)など、国民生活に深く関わる日本の経済・社会の現実を無視・ないしは軽視していること、があげられる。

また、②九三年から本格化していた国民の側からの所得税減税への要求はその後スケール・アップして、一〇兆円要求の大合唱になっていたのであるが、この所得税減税については、国民の大合唱を無視する形で、政府・与党の「税制改革大綱」で、消費税率五%への引き上げと所得税減税の一体処理という、いわゆる「セット論」を明記した上で、九四年末の国会で、(a)九四年四月にさかのぼって、九四年度から規模五・五兆円の所得税・住民税減税、(b)九七年四月からの消費税二％引き上げ、という減税規模も方法も極端に縮小・歪曲した形で対応していること、③前述した「住専」の経営破綻をとうとう隠しきれなくなって、九五年末には「住専処理第一次損失案」を閣議決定し、その後、九六年一月発足の橋本内閣に引き継がれ、同年六月には住専法が成立し、公的資金六八五〇億円の投入が決定していること、なども注目される。

ここで、九〇年代から二〇〇一年現在までの日本の経済・社会を念頭において、不況対策（＝景気政策）や経済・社会政策はどうあるべきかという一つの「ケース・スタディ」という意味合いも兼ねて、村山内閣の諸政策の本質的な特徴を代表する「(a)規模五・五兆円の所得税・住民税減税の三年先行実施、(b)実質二年後からの消費税二％引き上げ」、を問題にしておこう。

すなわち、①九四年当時の日本の経済・社会については、(a)前掲表八のように、名目GDPは九四年度四九二・三兆円（九八年度は五一四・五兆円）、そのうち家計最終消費は二六八・五兆円（同二八〇・九兆円）、(b)所得税総額は九三年度二三・七兆円、九四年度二〇・四兆円（九八年度一七・〇兆円）、(c)さらに源泉所得税に特定して給与所得者（＝労働者・サラリーマン）の給与所得に対する所得税は九三年度一二・一兆円、九四年度一一・二兆円（九八年度九・五兆円）、(d)なお源泉分の給与所得者の給与所得総額九三年度一九三・四兆円、九四年度一九九・二兆円（九八年度二一一・二兆円）、(e)消費税は九三年度五・六兆円（九八年度一〇・一兆円）（注10）、という「フロー」の数値がえられる。

この問題に対する分析視角として意識しておく必要がある諸点は、②—(a)たとえば八〇年代の一〇年間に、日本の実質GDPが実に四八・〇%も増加しているのに、労働者の実質賃金（製造業）は、二〇・七%増にとどまっていること、(b)しかも、八一年からの「臨調・行革」路線の下で、長期にわたって「所得税課税最低限」「同累進税率」「同諸控除額」が据え置かれてきた結果、労働者にとっては所得税の「減税なし実質増税」が着々と進行して、その税負担感が大きく高まっていること、(c)事実、給与所得者からの所得税総額は八〇年代の一〇年間に実に九二・九%も増加し、同じ期間の名目GDPの増加率七九・一%さえも上回っていること、(d)このことは、一方で、労働者が経済成長からの成果配分には十分には預かることができずに、労働者と巨大企業や一部富裕層などとの間の所得格差がどんどん拡大し、また資産格差も大きくなっていることとともに、他方、労働者のあいだで、成長の成果配分に預かれないことからの不満感、資産格差がどんどん大きくなっていることからの疎外感、などが鬱積《うっせき》していくことになって、一部富裕層など上に手厚い「不公平税制是正」・所得税減税の大合唱を呼び起こしたこと、(e)したがって、九〇年代の構造性不況下において、個人消費の拡大を目的に所得税減税を行うという場合、上に手厚い減税を行うのか、逆に下に手厚い減税を行うのかでまったく違った結果が出てくることになるが、この際必要なことは、無条件で下に手厚い所得税減税を実施することであり、所得逆進性の強い消費税引き上げとのセットでの実施などは論外の沙汰であること、

(f) 事実、九七年四月から消費税二％引き上げとともに、深刻な消費不況が発生して、景気は急落していること、などである。

以上の分析結果から出てくる結論は、③―(a)所得税の源泉徴収の対象になる圧倒的大多数の給与所得者に対する所得税減税はせいぜい一兆円止まりで小規模なものであること、(b)所得税減税という場合、後に第五章第一節で問題にする所得税の所得捕捉性という問題もからむので、給与所得者の給与所得に特定して実施しなければ意味がないこと、(c)消費税引き上げ→消費不況、という今回の教訓から学ぶべき点は、経済成長(=個人消費の拡大)を阻害せずに財政再建を達成していくという視点からは、後に九九年度に行われている金持ち減税(所得税・最高累進税率の五〇%から三七%への引き下げ、同住民税の一五%から一三%への引き下げ)などはまったく無意味で、(d)資産所有から派生する所得捕捉(=課税強化)を徹底しながら、むしろ所得税・最高累進税率を引き上げる必要があること、などである。

九〇年代第二局面最後の第四の論点は、九五年九月になって、住専の放漫経営・経営破綻の実態がやっとまとまった形で明らかにされ、九六年六月に「住専法」が成立したことである。すなわち、①九五年九月に「住専」七社に対する大蔵省の第二次立入調査が一斉調査として実施され、この時点で、「住専」破綻の実態が公に「情報開示」されたこと、②住専処理に関しては、九五年一二月に「住専処理一次損失案」の閣議決定を経て、九六年六月に「住専法」が成立し、六八五〇億円の公的資金の投入を基礎に、「住専処理機構」を作り上げ、住専の解体・処理を行っていくことが決まったこと、

③この間、九六年一月、村山首相が突然ハプニング的に辞意を表明し、首相の座を自民党の橋本氏に譲っていること、が指摘される。

「住専」七社の資本系統と大蔵省の二度の立入調査の結果を要約した、表一六を見て頂きたい。この表からは以下の諸点が指摘される。すなわち、①住専には、市銀から第二地銀まで、そして信託・生保・証券各社と日本全国の目ぼしい金融機関はすべて出資していること、②もともと「個人向け住宅ローン」専門金融を目的に設立された住専各社は、八〇年代に市銀など出資各社（＝いわゆる母体行など）が「マイホーム向け住宅ローン」を積極化した時点で、「個人向け住宅ローン」の分野からはじき出され（この時点で解散するべきだった）、土地開発・土地分譲、ビル建設・ビル賃貸、マンション分譲業者など、「事業者向け融資」に事業内容の転換を図っていること、③その結果、「住専」七社は、母体行などが敬遠する「アブナイ業者」「アブナイ物件」「融資の担保掛け目の引き上げ」などに手を出して、「土地投機」「土地転がし」「地上げ」をあおる尖兵的な機能・役割を演じ、まだ土地価格がピークの状態にあった時期に実施された、九一年七月—九二年八月の大蔵省第一次立入調査の際には実質的に経営破綻の状態にあったこと、④また表には紹介していないが、農協系金融機関が住専各社の資金調達に手をかして、農協系からの借入総額は九一年三月現在四・九兆円（全体の三四・七％）に達している上、さらに二年後の九三年三月にはさらに〇・七兆円増加して、比率も四一・八％に上昇していること、などである。

表 16　住専（＝住宅金融専門会社）の放漫経営の実態

（100 億円，％）

	第一次調査 (91.7-92.8)	第二次調査 (95.6 末)	その他とも計
日本住宅金融（三和，さくら，ほか市銀・信託・地銀）			
貸付金総額	228.1(100.0)	193.1(100.0)	242.6(100.0)
不良資産額	66.2(29.1)	143.7(74.4)	178.0(73.4)
うち損失見込額	…	80.2(41.5)	112.9(46.5)
住宅ローンサービス（第一勧銀・富士・三菱・住友など市銀 7 行）			
貸付金総額	164.4(100.0)	142.0(100.0)	159.4(100.0)
不良資産額	43.3(26.4)	108.3(76.3)	123.6(77.5)
うち損失見込額	…	57.6(40.6)	70.6(44.3)
住総（信託 7 行）			
貸付金総額	186.9(100.0)	160.9(100.0)	198.0(100.0)
不良資産額	74.7(39.9)	129.1(80.2)	158.9(80.3)
うち損失見込額	…	88.0(54.7)	117.3(59.2)
総合住金（第二地銀加盟行）			
貸付金総額	136.6(100.0)	111.8(100.0)	134.1(100.0)
不良資産額	36.9(27.0)	96.1(85.9)	112.0(83.5)
うち損失見込額	…	50.4(45.0)	65.3(48.7)
第一住宅金融（長銀・野村証）			
貸付金総額	174.2(100.0)	150.6(100.0)	184.1(100.0)
不良資産額	54.4(30.9)	99.1(65.8)	115.2(62.5)
うち損失見込額	…	58.4(38.8)	71.8(39.0)
地銀生保住宅ローン（地銀 64 行，生保 25 社）			
貸付金総額	104.6(100.0)	87.8(100.0)	123.0(100.0)
不良資産額	62.5(59.8)	69.5(79.1)	83.3(67.7)
うち損失見込額	…	41.0(46.7)	53.6(43.0)
日本ハウジングローン（興銀・日債銀・大和証・日興証・山一証）			
貸付金総額	236.4(100.0)	225.7(100.0)	251.5(100.0)
不良資産額	126.9(53.7)	167.4(74.1)	185.3(73.7)
うち損失見込額	…	119.0(52.7)	135.9(54.0)
7 社合計			
貸付金総額	1,231.2(100.0)	1,072.0(100.0)	1,292.6(100.0)
不良資産額	464.8(37.8)	813.2(75.9)	956.3(74.0)
うち損失見込額	…	494.6(46.1)	627.4(48.5)

資料）「住専問題『基礎講座』――銀行から農協まで　住専処理影響度試算」（『金融ビジネス』東洋経済新報社，1996 年 4 月）30-31 ページの表から作成

注）不良資産額および損失見込額は「含み損」を表す。なおカッコ内は出資母体行

以上から明らかなように、大蔵省・同「高級官僚」は二重三重に誤りを冒している。すなわち、①八〇年代後半からのバブル期において、政府・大蔵省のいわゆる「護送船団行政」といわれる、金融機関に対する金融政策が、すでに存在意義を失っていた「住専」七社まで含んで強力に実施・固執され、結果的にしろバブル期の土地投機・土地高騰に手を貸していること、②今度はバブルの崩壊期において、土地・土地投機（「土地転がし」「地上げ」まで含めて）から大規模な土地開発・不動産開発まで、「土地・土地関連」融資にのめり込んだ金融機関（住専・ノンバンクに始まって、市銀・信託、地銀・第二地銀、信金・信組、生保・損保まで）の経営危機・経営破綻が表面化してくると、それをできるだけひた隠しにして、「情報開示」を怠っていること、③また大きな資金量をもつ農協系金融機関が直接の管轄外にあることを活用して、(a)農協系金融機関の「土地・土地関連」融資へののめり込みを黙認し、土地高騰をあおったばかりでなく、(b)今度は経営破綻状態にある住専・ノンバンクなどへの「救済融資」へと走らして、地価下落を食い止めようとし、かえって傷口を大きくしていること、などが指摘される。

（注6） 清山『前掲書』六二―七七ページ、参照。

（注7） 八八年制定の「包括通商法」三〇一条のことで、従来からの輸入激増商品に対する輸入数量規制に加えて、新たに、事実上の輸入禁止といえる「報復関税の賦課」を規定したものである。この点で、

たとえば、大森実、ジョージ・R・パッカード共著『日米衝突への道』講談社、一九九三年、一〇五―一一四ページ、参照。

（注8）細川護熙編『日本新党・責任ある変革』東洋経済新報社、一九九三年、参照。

（注9）輸入品が急増して、自国の産業や業種そのものの存続が危ぶまれるようになった場合に、緊急的な時限措置として、輸入数量を規制したり、あるいは極端な場合、関税面の措置にまで踏み込んで防衛措置をとるのは国家主権にかかわる当然の権利と考えておく必要がある。この点で、日本は、自国の基幹産業や戦略産業の輸出拡大に固執しすぎて、「セーフ・ガード」の発動を怠ってきたといえる。

（注10）税金については大蔵省『財政統計、二〇〇〇年度版』および国税庁『国税庁統計年報書、二〇〇〇年度版』から作成。

第三章 消費不況から消費萎縮へ

——九〇年代の失敗から何を学ぶか、その二

一九九〇年代後半からは第三章として、当時の日本経済の推移とともに、併せて「日本経済の現状と今日的特徴」を明らかにしていきたい。まず第一節で、九〇年代第二局面のピーク期に位置する一九九六年から九七年年初頃の日本経済に焦点を当てて、この時期の日本経済の景気回復力の弱さを改めて確認した上で、誤った経済認識・景気判断に基づいて強行された九七年四月からの「橋本改革」の政策的本質を解明する。

次に、第二節では、九七年四月から九九年三月まで、九〇年代第三局面の景気後退と不況を消費不況と金融不況との「複合」不況と理解して、その消費不況的側面を問題にし、この時期の勤労者状態や政府の経済・社会政策からは、個人消費の自律的な拡大は見えてこないことを改めて確認する。ま

た第三節では、九七―九八年不況の金融不況的側面を問題にして、金融不況の発生と広がりを分析し、①金融機関の経営危機・経営破綻という問題は今も解決されていないこと、②また、借り手側の巨額の「不良債務」問題→大型倒産という動きまで含んで、今なお広範な広がりを見せていること、などを明らかにする。

また第四節では、九九年四月から二〇〇〇年一二月までの九〇年代第四局面、つまり景気の回復局面をとりあげて、輸出や設備投資など、個人消費以外の需要要因からも大きな景気回復が見えてこないことから、回復局面とはいっても短期間のスケールの小さい上昇局面にとどまらざるをえなかったことを鮮明にする。あくまで、日本経済「復活・再生」のカギは、「個人消費と生活・福祉関連サービスの自律的な拡大」の道筋を作りだして、勤労者を「貯蓄の苦しみ」から解放する「生活安全保障のシステム」を作り上げることにかかっている。なお、第四節では、二〇〇〇年四月決算から本格化している「新会計基準」の内容と特徴も併せて紹介して、その影響や政策的本質を明らかにする。

第一節　「橋本改革」の誤りとその政策的本質

一九九三―九五年の第四次円高が正確には九五年六月で終息し、対ドル円相場が円安・ドル高へと反転し、八月には九〇円台、一〇月には三ケタの一〇〇円台、九六年九月には一一〇円台、さらに、九七年一月には一二〇円台へと円相場が下落していくにつれて、円基準で見た輸出が増加し、それまでの「鍋底《なべぞこ》」を這うようだった景気回復力に弾みがついたことは事実である。すなわち、①通関実績で見た輸出金額の対前年比増加額は九五年一・六兆円、九六年二・六兆円、九七年六・二兆円と、九六―九七年に目立って増加していること（前掲表六参照）、②経済成長率（実質）も九五年一・五％、九六年五・〇％、九七年一・四％と推移して（前掲表四参照）、とくに九六年に突出的に高い成長率を回復していること、などが指摘される。

そこで、『国民経済計算』の結果を示した前掲表八で九六年について、内需の対前年比増加額を見てみると、家計最終消費支出（＝個人消費）六・八兆円、民間設備投資四・六兆円、民間住宅投資三・七兆円の順序でプラスが並び、公共投資だけが一・四兆円のマイナスを記録している。

こうした九六年当時の景気回復・景気上昇過程に関わって、日本と日本経済にとって最大に不幸なことは、政府が景気・経済見通しを誤って強気の景気判断を下し、九七年四月からのいわゆる「橋本改革」に指標される、極端に個人消費抑圧型（抑制というのは生ぬるいので抑圧と表現したが、むしろ圧殺とした方が正しいだろう）・不況招来型の経済・社会政策を実施していることである。つまり、政策上の措置を行って個人消費を伸ばして景気回復を持続させ、日本経済を安定成長軌道に乗せる必要があるときに、消費税を引き上げるなどまったく逆の措置を行ったのである。

この九六年当時における政府の景気・経済見通しの「判断ミス」は、「二一世紀」日本経済の「復活・再生」という大きな課題と関係する大事な問題なので、以下の三点をあげておこう。一つは、輸出見通しと為替相場の変動予測に関わる問題である。この点で、①為替相場が円安に反転して、輸出が大きく増加している九六年当時のような場合、たんに輸出が伸びて企業の売り上げや利益が増加するだけでなく、相手国の通貨で表示されている海外資産からの「為替差益」が利益をさらに押し上げることになるので、政府の経済見通しなども楽観的・かつ過大なものになりがちであること、②しかし、いずれ、(a)輸出増加→円高→売り上げや利益の減少、(b)円高→海外資産からの「為替差損」、という二つの経路での「手ひどい反動」が起こること、などはこれまでの経験からも明らかである。

ところで、当時の場合、①反動は意外に早く、東アジア諸国において、九七年七月にタイでバーツ危機が発生し、それが東アジアの通貨危機としてあっという間にアセアン諸国や「アジア・ニーズ」諸国・経済群に連鎖反応的に広がり、鉄鋼・金属製品、化学製品など素材、そして自動車などの完成品の対東アジア輸出が激減し、(注1)②また東アジア諸国の通貨下落にともなって、(a)東アジアにおける海外資産からの巨額の「為替差損」が発生していること、(b)とくに、東アジアの企業や政府に大きく貸し込んでいた日本の大手金融機関については、単なる「為替差損」という範囲を超えて、融資先「現地企業」の経営破綻・企業倒産による不良債権問題が起こっていること、③九八年には、追い打ちをかけるようにアメリカのドルやEUのユーロが下落に転じて、円「全面高」が起こっていること、などが指摘される（前掲表二―一、表二―二、および表六、参照）。

第二のミスは民間設備投資についてである。すなわち、①第四次円高の下で円相場が一段と高い水準にまで上昇したため、企業の円高対応策として省力投資などが進み、九六―九七年に民間設備投資の増加傾向が見られたのを誤認して、②これまで通り、「日本版」内需拡大政策を強化して、民間設備投資に関しても、「日本版」内需拡大政策→民間設備投資促進→輸出拡大、という動きを誘発しようとしていることである。

この点で、民間設備投資促進という政策認識・政策判断は、①九〇年代の不況と停滞という九〇年代的な条件の下では、民間設備投資を九一年の九〇兆円という水準にまで引き上げるということ自体困難であること、②そもそも、個人消費の安定的な拡大を抜きにして、民間設備投資だけが「一人歩き」して、いつまでも独走できると発想していること、などから見ても明らかに判断ミスである。

第三の、そして最大の判断ミスは、個人消費についてである。すなわち、これまでに繰り返し強調してきたように、①一方で、第四次円高の進行にともなって、円高の日本経済「攪乱」作用→リストラ、価格破壊→「雇用・賃金」面からの個人消費の伸びに対するマイナスの影響、という動きが進み、②また他方で、「消費税引き上げ」「市場原理・受益者負担」→「公共料金・保険料引き上げ」を主張し、政府の行財政機構や公共的「生活・福祉サービス」のシステムを活用して、勤労者からビッグ・ビジネスや一部富裕層への、所得逆進的な所得の「二次的な再配分」を推進・強化して、勤労者からの所得吸い上げでもって、「日本版」内需拡大政策の財源を確保しようとする政府の政策展開の方向性が見られる限り、③個人消費の「安定的・持続的な伸び」は見えてこない。

この第三の論点とストレートに関係して、九七年四月からの消費税二％引き上げが九七—九九年の消費不況の直接の「引き金」になっているが、それは次節のテーマでもあるので、後に次節で分析する。

ともあれ、九六年年初に成立した橋本内閣は、景気回復を追い風に同年一〇月の総選挙に臨んだのであるが、その際、政権与党の自民党の選挙政策・選挙キャンペーンには次のような特徴が見られる。すなわち、①自民党は、国民からの支持取り付け、選挙後には社会党・新党さきがけの他に、民主党も政権与党に組み入れなければ連立政権が維持できないかもしれないという危機感を持って、国民に顔を向けた「新しい」「生まれ変わった」「オープンな」自民党のイメージづくりに狂奔していること、②橋本首相も、選挙中までは、積極的に景気回復とか内需拡大政策を強調し、九六年度補正予算についても「大型補正」を示唆して、経済に強い橋本のイメージづくりを図るとともに、他方で行財政改革を主張していること、③共産党以外の候補者が、一方で、消費税かくし（＝消費税二％引き上げ）に専念し（「自社さ」の連立三党の候補者でも、多くの候補者が個人的には「消費税引き上げ」見直しを主張していた）、他方、「行政改革」の徹底的な推進を強調していたこと、などが挙げられる。(注2)

この点で、共産党以外の各党は、行革を規制緩和、許認可制見直し、歳出抑制（＝財政再建）、政治・行政の「腐敗・汚職」打破、などと結びつけて理解し、行革がまさに「政治の万能薬」であるかのように位置づけていることに注目されたい。このため、九六年総選挙は「争点なき選挙」といわれ、選挙期間中を通じて「白けムード」がただよい、投票日一週間前の終盤戦頃には、自民党の勝利が予測される状況になっている。

この総選挙の結果、①自民党は、議席数を二八増やして、過半数に近い二三九議席を確保したが、②他方、社民党、新党さきがけは、大きく議席数を減らして、それまでの閣内協力から閣外協力へと姿勢を変えたため、③自民党少数単独政権の第二次橋本内閣が成立（九六年一一月）している。なお、この選挙で小選挙区制の弊害がハッキリと出てきたことも重要である。すなわち、このとき自民党の得票率は小選挙区三八・六％、比例代表三二・八％にとどまったが、小選挙区では議席数の五六・三％を獲得している。自民党の勝利とはいっても、「国民の過半数からの支持」からは程遠い状況にあることに注意しておく必要がある。

この第二次橋本内閣は、その後九八年七月の参議院選挙で自民党が記録的な大敗を喫するまで、二年近く続く。この間、財政再建を大義名分に、「橋本改革」として知られる不況招来型のデフレ政策が実施されるが、この「橋本改革」は、従来以上に「大企業・金持ち優遇、勤労者・国民生活抑圧型」の経済・社会政策という特徴が強い。この「大企業・金持ち優遇、勤労者・国民生活抑圧型」という「橋本改革」の特徴は、以後、小渕→森→小泉内閣の下でいっそう強化されていくので、そういう意味からも、第二次橋本内閣の経済・社会政策（=「橋本改革」）には注目して研究しておく必要がある。

ところで、「橋本改革」が日本の政治や政策の表舞台に登場してくる経緯は、具体的には以下の通りである。まず第一に、第二次橋本内閣は、選挙中までの景気回復→九六年度補正予算の「大型補正」、という選挙キャンペーンから一転して、総選挙後は支出抑制型の「財政・経済」運営へとその基本的な姿勢を一八〇度急転換している。このため、①選挙期間中に約束していた九六年度補正予算の「大型補正」見送りはもちろん、②九七年度を「財政構造改革」元年にして大胆な財政支出の抑制に取り組んで、一〇年後には財政再建のメドを達成するという財政政策を正面に押し出したこと、③とくに勤労者と国民生活にとっては、これからは、税収などの政府収入（=歳入）の増加、政府支出（=歳出）の抑制が正面に出てきて、勤労者状態の悪化や個人消費の萎縮などが展望されるという最悪の状況、などが生じている。

事実、第二に、勤労者と国民生活に対しては、財政再建を大義名分に、①九七年四月からの消費税二％引き上げがすでに決まった「既成事実」として実施されることになったのはもちろん、②同時に、従来からの所得税・住民税の「特別減税」も打ち切り、③さらに、九七年一〇月からは医療保険における患者の自己負担額の引き上げ、④一二月には、「介護保険法」を制定して（実施は二〇〇〇年四月から）、高齢者の医療・福祉に対する政府負担の大幅軽減の実現へ、などの動きが相次いでいる。これらは、勤労者と国民生活の側に、財政再建のための「費用負担」を全面的に押し付けるという第二次橋本内閣の姿勢や方向性を鮮明にしたものである。

さらに、第三に、「橋本改革」においては、九七年度を「二一世紀に向けた経済・社会システムの変革と創造」の初年度と位置づけて、「行政、財政、社会保障、経済、金融システム、教育の六つの改革の一体的断行」（橋本首相の九七年一月「施政方針」演説から）が意図されている。これは、日本の経済・社会の「活性化」のためには、日本の「経済・社会構造の改革」が必要という見地に立って、問題によっては期間一〇年を超えるタイム・スケジュールで、早急にさまざまな経済・社会システムの改革と関連諸立法の抜本「改正」を推進しようとすることに他ならない。

経済・社会の「活性化」のためには、「経済・社会構造の改革」が必要という見地には筆者も全面的に賛成だが、問題は、誰に顔を向けて、誰のために「改革」するのか、である。必要なことは、勤労者に顔を向けて、勤労者のために「改革」を断行することである。この点で、「橋本改革」の方向性を端的に示す指標として、第二次橋本内閣のスタート直後に、自民党首脳・政府閣僚などから、「所得税・住民税減税は今年かぎり」（三塚蔵相）、「九七年度税制改正で法人税率の五％引き下げ」（山崎自民党政調会長）などの重要発言がポンポン飛び出していたことを紹介しておこう。経済・社会の「活性化」のためには、一方で、規制緩和、労働者の権利破壊、「大企業・金持ち減税」などが、他方では、消費税引き上げなどが必要という訳である。

（注1）日本興業銀行産業調査部『アジア危機後の産業地図――復活シナリオと日本企業の課題』日本経済新聞社、一九九八年、第二章、および産業構造研究会『現代日本産業の構造と動態』新日本出版社、二〇〇〇年、第四章、参照。

（注2）清山卓郎「橋本行革と国民生活――国民本位の政治と行政とは何か」『賃金と社会保障』一九九六年一二月下旬号、および同「経済構造をどう『改革』するのか」『経済』一九九七年四月号、を参照されたい。

第二節　九〇年代第三局面における「複合不況」・消費不況の全面的な広がり

誤った景気判断（＝景気・経済見通し）と、誤った方向性で極端に個人消費を圧殺しようとした「橋本改革」の結果は、「日本の経済・社会の現実」から手ひどいしっぺ返しを受けて、散々な失敗に終わっている。一九九六年後半という景気回復が本格化し始めた時点で、橋本改革が、「個人消費を圧殺しようとすればするほど、日本の経済・社会は『活性』を強めて、結局は今後も『右肩上がり』の発展を続けていくことになる」と考えていたことは、前節で見たとおりである。極言すれば、生産や設備投資を何としてでも増やしさえすれば、個人消費は結局は「後からついてくる」という旧態依然とした発想であり、考え方であると言う他はない。

皮肉なことに、「橋本改革」が本番スタートした年度始めの九七年四月から九九年三月まで、九〇年代第三局面の「景気後退と不況」の深刻な下降・後退局面が生じている。この不況局面を、一方で、消費不況が急進展し、他方で、金融不況が深刻さと広がり増していく、深刻な九七―九八年の「複合」不況と理解していいだろう。

そこで、まず、九七―九八年「複合」不況について、その消費不況的な側面から分析していこう。

九〇年代後半の景気動向関連指標ということで作成した表一七を、同じ形式で九〇年から九七年までを紹介している前掲表一一と比較して見て頂きたい。この二つの表で、最初に注目する必要があるのは製造業の状態である。すなわち、①生産の落ち込みは、ボトムの九八年で、九〇年代後半ピークの九七年からマイナス七・一％でそれほど大きくないように見えるが、基準年度の九五年が九〇年に対して四・九％低下していたことを考えると、問題は深刻になってくること、②また、九九年の稼働率指数も九五年基準で九四・九％と、わずかな落ち込みのようだが、九五年の稼働率が九〇年基準に対して八六・〇％と大きく落ち込んでいたことを考えると、問題の深刻さは同様であること、③製造業が構造的設備過剰という大きな問題をかかえて、九七―九八年不況下に、リストラや余剰設備の廃棄を実施しなければならない状況に追い込まれていること、④二〇〇〇年にはかなりの回復傾向を示したものの、早くも翌〇一年には後述するトリプル不況に巻き込まれて生産、出荷、稼働率などが減少ないしは低下傾向に反転していること、などが浮かび上がってくる。

機械受注統計を見ても、内需の落ち込みがきついことは同様である。製造業からの受注金額は九七―九九年の間に二六・九％、同様に非製造業からは九六―九九年の間に二二・九％減少している。また百貨店・スーパーの売り上げが総額でも伸びず、店舗調整後の売り上げは九八年、九九年と対前年比四％台のマイナスを続けていることも注目される。なお、九七年度には消費税二％引き上げが実施されて、売り上げなどの数値を押し上げていることに注意されたい。

表 17　景気動向関連指標の推移，その二（1995-2000 年）

	1995	1996	1997	1998	1999	2000
製造業生産指数	100.0	102.3	106.0	98.5	99.3	105.2
同　出荷指数	100.0	102.7	107.1	99.9	101.2	107.4
同　在庫指数	100.0	102.5	104.1	105.2	96.2	94.6
同　稼働率指数	100.0	100.9	104.3	95.5	94.9	99.2
自動車生産・万台						
小型乗用車	414.1	428.8	449.0	404.7	368.4	370.0
普通乗用車	235.4	260.7	307.2	306.1	315.9	338.1
軽乗用車	91.6	97.0	93.0	94.8	125.7	128.3
軽トラックシャシー	80.4	74.0	69.1	58.3	64.5	59.4
機械受注・内需・需要者側（280 社分，単位，100 億円）						
製造業	501.6	543.3	578.4	465.8	422.6	514.2
非製造業***	666.1	768.7	723.1	626.5	593.0	692.7
新車登録・乗用車*	444.4	466.9	449.2	409.3	415.4	426.0
中古車販売**	483.9	498.4	503.3	480.3	467.9	479.3
大型小売店（百貨店，スーパー）販売額（兆円，前年比は店舗調整後の数値で%）						
販売額	22.3	23.0	23.4	23.3	23.1	22.6
前年比	−1.9	−0.3	−1.5	−4.4	−4.3	−2.1
輸出・通関・兆円	41.5	44.7	50.9	50.7	47.6	51.7
『国民経済計算』名目値，（単位，兆円）						
民間設備投資	72.8	77.4	83.6	77.8	75.1	77.0
民間住宅投資	24.2	27.9	22.3	19.6	20.5	20.1
公共投資	43.4	42.0	39.6	39.5	38.4	35.6
家計最終消費	272.7	279.5	279.6	280.9	282.9	…
財貨サービス輸出	46.2	51.1	56.4	53.5	52.2	55.3
マイホーム着工・マンション販売戸数（前年比，%）						
持家	−6.2	19.7	−25.6	−10.0	10.2	−4.9
分譲住宅	−5.6	−0.8	0.8	−17.1	3.3	−5.7
首都圏マンション	6.2	−2.5	−14.9	−6.0	30.1	10.8

資料）製造業生産指数，自動車生産は『通産統計』，新車登録は日本自動車工業会『自動車統計年報』，中古車販売は日本自動車販売協会連合会調べ，機械受注は経企庁『機械受注統計年報』，大型小売店販売額は『商業販売統計年報』で，いずれも『経済統計年鑑 2001』より作成，輸出は大蔵省『外国貿易概況』

注）＊はシャシー・ベースで軽乗用車を含む。**は軽乗用車を除き，単位は万台，***非製造業は船舶・電力を除く，****統計上の整合性を欠くことになるので……とした。

次に、『国民経済計算』欄の数値を見て頂きたい。これは名目値で歴年の数値を表示したものなので、九〇―九九年の九年間に消費者物価が一割弱の九・三%上昇していること、中でも九七年には消費税引き上げがあって消費者物価が前年比一・六%上昇していることに注意しておく必要がある。『国民経済計算』からは、①民間設備投資や民間住宅投資がやはり落ち込んで、落ち込んだままの水準で推移していること、②個人消費（＝家計最終消費）の場合、九〇―九五年の九〇年代前半にはまだ二五・八兆円増加（九一―九五年で見ても一七・九兆円増）しているのに、九五―九九年の増加額はせいぜい一〇・二兆円でしかなく、九七―九九年不況が消費不況であるのを端的に示唆していること、③公共投資は、九七年から三八―三九兆円水準に一割程度落ち込んではいるが、九〇―九一年の二八―三〇兆円水準に比べるとまだまだ高水準であること、などの動きが注目される。

このように、表一七の景気動向関連指標の分析からは、九七―九九年不況が消費不況であることが見てとれる。したがって、前回の平成不況と比較した場合、①生産・売り上げの減少や企業業績の落ち込みは、前回以上に非製造業を強く・大きく巻き込んで進行していること、②しかも後述するように、バブルの崩壊、中でも地価下落に起因する金融不況の広がりが格段に深刻な形で進行していること、③したがって、九九年四月からは景気の「谷」からは抜け出たとはいっても、景気の自律的な回復力は九三―九七年の場合以上に弱く、わずか二年たらずで早くもトリプル不況が発生していること、などが指摘される。以上と関連して、さきに前掲表五で見た法人企業の利益水準が、九八年度の二番底の時点では、二〇年前の八〇年前後の水準にまで低下していたこと、を併せて想起しておく必要がある。

なお、第二次橋本内閣の景気判断と経済・社会政策の誤りと関連して、九七年七月二五日発行の政府『経済白書、平成九年版』を引き合いに出しておきたい。近年の『経済白書』の景気・経済見通しが「すぐ外れる」「なかなか当たらない」ことには定評があるが、それにしても、平成九年版の場合はひどすぎる。この白書は、副題を「改革へ本格起動する日本経済」として、いつものように第一章で前年度の九六年度の景気・経済動向を分析しているのだが、その際、第一章の題名を「バブル後遺症の清算から自立回復へ」として、「つながってきた自律回復のリンク」「生産増が雇用増に結びつく」「雇用改善が所得・消費に結びつく」「生産増・企業収益増が設備投資増につながる」と威勢のいい節の題名を連ねている。

発行の時点では分析の誤りがハッキリしていたのだから、こういう場合は、発行日を遅らせて抜本的に「手直し」するという謙虚な態度を早く確立してもらいたい。関連することだが、例年の白書の発表に当たって、前年度の白書の分析や景気・経済見通しのどの点が正しく、どの点が間違っていたのかを分析・記述することから始めるくらいの態度がないと、白書の水準の質的な向上は望めない。本来、景気や経済動向の分析は、政治や政策とは一歩距離をおいて、「中立的・客観的」に見ていかないと不可能なのであえて記しておきたい。

表 18　家計部門における資産総額，資産構成，負債，正味資産の推移（1980-99 年）

（兆円，期末現在）

	資産の部				負債および正味資産の部	
	資産総額	純固定資産	土地資産	金融資産	負債	正味資産
1980 (A)	987.6	142.7	463.9	341.3	130.4	857.2
85	1,435.6	171.2	664.8	559.1	195.8	1,239.8
89	2,581.1	212.9	1,364.4	958.4	294.3	2,286.8
1990 (B)	2,704.6	228.3	1,480.2	948.7	326.3	2,378.3
1990*	2,735.9	229.9	1,485.4	990.4	321.7	2,414.2
91*	2,697.1	240.6	1,375.2	1,050.8	343.1	2,354.1
92*	2,579.0	246.9	1,244.1	1,057.6	346.4	2,332.6
93*	2,579.8	251.2	1,187.4	1,112.5	365.3	2,214.5
94*	2,620.5	254.8	1,152.3	1,185.0	373.1	2,247.3
95*	2,620.5	255.8	1,102.8	1,235.8	391.9	2,228.6
96*	2,654.4	265.9	1,085.1	1,275.9	380.6	2,273.8
97*	2,667.9	268.5	1,058.6	1,316.0	384.6	2,283.3
98*	2,657.8	259.9	1,059.7	1,314.5	388.6	2,269.3
1999 (C)*	2,692.3	255.8	1,005.2	1,408.2	384.1	2,308.1
B－A	1,717.0	85.6	1,016.3	607.4	195.5	1,521.1
C－B	－43.6	25.9	－469.1	417.8	62.4	－106.1

資料）経済企画庁『国民経済計算年報』1996，2000 および 2001 年版から作成
注）なお，＊は 2001 年版記載の数値である。

さて、ここで『国民経済計算』の制度部門別のストック統計の中から、家計部門のバランスシートの推移を見て、かつての八〇年代と現在との違いを提示して（表一八参照）、政府の持ち家政策や地価政策を問題にしておこう。家計部門のバランスシートを示したこの表には、左欄の「資産の部」には、資産総額、およびその構成部分である純固定資産（＝家屋）、土地資産、金融資産（＝貯蓄現在高）が、右欄の「負債および正味資産の部」には、負債および正味資産がそれぞれ記されている。なお、負債および正味資産の合計額は、左

欄の資産総額と一致する。この表に明らかなように、家計部門のバランスシートには、八〇年代と九〇年代とでは、以下のような対照的な差異が鮮明に生じている。

すなわち、①八〇年代には、地価上昇の恩恵に預かったこともあって、土地資産を一〇一六兆円も増やして（八〇年からの一〇年間で三・二倍）、資産総額も一七一七兆円増加し（同二・七倍）、負債を差し引いた正味資産は、一五二一兆円増加して（同二・八倍）、九〇年末には二三七八兆円に達していること、②しかし、逆に九〇年代には九九年までの九年間で、地価下落のため土地資産が四六九兆円減少して、資産総額も四四兆円減少し、負債を差し引いた正味資産は一〇六兆円減少していること、③土地資産の減少分を必死に金融資産の増加でカバーしようとしているが、その増加額は四一八兆円に止まっており（八〇年代は六〇七兆円増）、しかも九六―九八年だけに限れば、増加額は一九兆円と増加テンポは大きく鈍っていること、④また負債についても、八〇年代は一九六兆円も増加しているのに、九〇年代は六二兆円増と激減し、リストラと終身雇用制の崩壊、賃金上昇の停滞（定期昇給分を含めても）、賃金デフレという九〇年代的条件の下で、貯蓄ないしは長期性の住宅ローンに依拠してマイホームを取得できる層が極端に減少しているのが示唆されていること、などが新しい九〇年代的特徴としてあげられる。

この点で、地価は、バブル期のピークから見れば大きく下がったとはいっても、まだまだ高い。前掲表一四に見られるように、二〇〇〇年三月現在の住宅地価格は、六大都市でも全国市街地平均でも八五年前後の水準である。広い工場用地を必要とした重厚長大型の重化学工業を基幹産業にして、日本経済が右肩上がりの高成長を続けていた六〇年代当時とは違い、現在は、日本経済が構造性不況と消費停滞・消費不況に苦しみ、また少子化が進んで、人口急減が予見されている時代である。今でも、地価は住宅地価格まで含めて、下げ止まっていないと見ておくのが妥当である。そういう時期に、勤労者の限られた現金支出をまだまだ高い「土地とマイホーム」の方向に誘導していくのは有害無益である。

ところで、『国民経済計算』によると、土地をふくめたマイホームからの「営業余剰」(注3)は、九九年で二九・五兆円である。地価が「高い」、あるいは「まだまだ高い」ため、日本の勤労者がマイホーム取得に巨額の資金を投入して、年間三〇兆円程度しか家計支出の節約ができないというのなら、これは何とも効率の悪い、もったいない話である。もし、マイホーム取得に投じられてきた勤労者の現金支出が、それ以外の消費支出に振り向けられていたら、個人消費の拡大→個人消費・消費財部門の経済活性化→自律的な景気回復・経済成長、という経路でダイナミックな経済活動の活性化を引き出し、誘発していけた筈である。

いま一つ重要なのは、バブル崩壊にともなって、地価が右肩下がりの下落へと動き変えているため、地価が右肩上がりの上昇を示していた時代に存在した、マイホーム→安定的な資産所有→老後の安全保障、という経路でかつて勤労者の生活安心感・「安全概念」の構図が崩壊したことである。「リスト

表 19　不況のつめあと――伸びない個人消費，落ち込む設備投資（名目値）1997.1-2001 四半期

（兆円，カッコ内は前期比％）

年・四半期	国内総支出（＝生産）	民間最終消費支出	民間住宅	民間企業設備	公的資本形成	財貨・サービス輸出
1997.1	529.0(2.8)	295.4(4.5)	27.1(-6.2)	83.3(7.1)	39.8(-2.3)	54.6(5.0)
2	518.3(-2.0)	282.4(-4.4)	24.3(-10.2)	82.7(-0.7)	40.3(1.2)	56.6(3.6)
3	519.0(0.1)	284.8(0.8)	22.4(-8.0)	83.3(0.7)	40.2(-0.1)	54.9(-3.0)
4	522.7(0.7)	286.2(0.5)	21.4(-4.3)	83.5(0.2)	39.5(-1.7)	58.1(6.0)
98.1	519.8(-0.6)	285.6(-0.2)	21.1(-1.4)	84.4(1.1)	38.6(-2.3)	56.2(-3.3)
2	520.1(0.1)	287.6(0.7)	20.4(-3.3)	82.7(-2.0)	38.5(-0.2)	56.1(-0.2)
3	512.4(-1.5)	287.3(-0.1)	19.7(-3.5)	79.5(-3.8)	36.0(-6.7)	56.6(0.8)
4	513.0(0.1)	288.3(0.3)	19.1(-2.9)	74.5(-6.3)	40.8(13.4)	51.5(-9.0)
99.1	513.1(0.0)	286.1(-0.8)	19.3(0.7)	75.4(1.3)	42.1(3.2)	50.0(-2.7)
2	519.1(1.2)	291.7(2.0)	20.7(7.3)	74.2(-1.6)	42.8(1.6)	51.1(2.0)
3	514.4(-0.9)	293.1(0.5)	20.5(-0.8)	74.1(-0.2)	37.1(-13.3)	51.8(1.3)
4	506.0(-1.6)	284.0(-3.1)	20.1(-2.0)	74.9(1.1)	37.3(0.6)	51.7(-0.1)
2000.1	517.4(2.2)	289.4(1.9)	21.0(4.6)	76.8(2.4)	38.0(1.7)	54.2(4.9)
2	514.8(-0.5)	288.7(-0.3)	19.8(-5.6)	74.8(-2.6)	39.5(3.9)	54.9(1.1)
3	508.1(-1.3)	285.2(-1.2)	19.9(0.5)	75.2(0.5)	34.3(-13.0)	55.7(1.5)
4	508.6(0.1)	283.8(-0.5)	20.9(4.8)	78.8(4.8)	34.0(-1.0)	56.3(1.1)
01.1	511.6(0.6)	285.6(0.6)	19.8(-5.1)	78.8(0.0)	36.0(5.8)	55.8(-1.9)

資料）経済企画庁『国民経済計算年報』（『経済統計年鑑 2001』から引用）より作成

ラでローンの返済が滞って個人破産」「地価が下落して、マイホームを売るに売れない」といった話はあちこちにころがっている。地価が右肩上がりの上昇を示している時期には、持ち家政策は勤労者「財産形成」政策としても意味をもつことができたが、現在はそれも崩れている。

さらにもう一つ、巨視的な長い目で見れば、地価が安ければ安いほど「経済や社会」を活性化させやすい。そういう意味から、世界的な視野から日本の地価を見ると、日本の地価はまだまだ高い。

ともあれ、九七―九九年の消費不況は、景気の下降・後退局面は二三ヵ月（平成不況のときは三二ヵ月）と、前回に比べて期間こそ短かったものの、根っこに「個人消費の萎縮・縮小」が起因していただけに、不況の激しさという点では、平成不況の場合よりは格段に深刻であったといえる。この不況過程で、四半期基準で見た「GDP」成長率が名目・実質とも五期連続マイナス（九七年一〇月から九八年一二月まで）と、「日本GDP史」上、空前のワースト記録が生まれることになったのも、「けだし当然」と頷かせるものがある。ここでは、表一九として、九七年以降の四半期別の「GDP」統計を、名目値分だけ紹介しておこう。なお、この表の数値は『国民経済計算、二〇〇一年版』のものを使用したので、それ以前の二〇〇〇年版までのようには五期連続マイナスとはなっていないことに注意されたい。

（注3）これは、個人所有・自己居住の住宅（＝マイホーム）を独立の企業として取り扱って、マイホームの家賃相当額から、「修繕費」「減価償却費」「固定資産税」「住宅ローンの利子」「支払い地代」などの、マイホーム所有経費を差し引いて、余剰分を算出した「架空の」概念である。

第三節　金融不況の深刻化と広がりと

本節では、論点を四つにしぼって、①政府・大蔵省（現・財務省）の金融機関の不良債権問題に対する過小評価と「情報隠し」、②バブル崩壊にともなう金融機関のバランスシートの痛み、③金融不況の発生と広がり、④日本の金融機関のグローバル企業化をめぐる問題点と限界、という四点を分析しておこう。まずは第一の論点である。

バブル崩壊後、政府が、①一方で、企業経営の側では、地価や株価の下落に対応したバランスシート調整が進行していることを指摘し、②他方では、とくに地価が下げ止まり傾向にあることを強調して、③地価政策の基本を「地価下落の抑制」に据えて、住宅金融公庫の融資条件の緩和などを実施し、持ち家政策を強化したこと（実際には、政府の思うようにマイホームは建たなかったが）、などはこれまでにも機会あるごとに取り上げておいた。

また、金融機関の不良債権問題に関しても、これはとくに大蔵省の問題だが、①金融機関の「不良債権隠し」に協力して、組織だった一斉立入検査などは行わずに、金融機関側の自己申告の数字をそのまま計上して、②金融機関の不良債権に対する「引当金」処理は、大蔵省の直接管轄下にある大手

表 20　金融機関の不良債権，業務純益，含み利益などの状況（1996 年 9 月期）

（兆円）

	不良債権A	総資産	債権償却特別勘定B	カバー率B/A	業務純益96.9期	上場有価証券含み利益
全国銀行	23.00	1,085.38	8.82	38.4%	3.09	22.04
市銀・信託	17.41	815.33	6.93	39.8%	2.23	16.11
地銀・第二地銀	5.58	270.04	1.89	33.8%	0.86	5.92
信金・信組・農協系	6.23	260.29	1.13	18.1%	0.84	1.47
預金取扱金融機関計	29.23	1,345.67	9.95	34.0%	3.93	23.51

資料）大蔵省調べ。経済企画庁『経済白書 1997 年版』103 ページより作成
注）住専向け債権を除く。

金融機関の場合、概して健全に行われているし、③また、もし今後、不良債権が発生しても、年々の業務純益や株式などの含み資産で対応できるという態度をとっていたこと、などが特徴である。

こうした政府・大蔵省の金融機関の不良債権問題に対する過小評価と「情報隠し」の一例として、『経済白書、一九九七年版』一〇三ページ記載の表を簡略化した表二〇を紹介しておこう。政府・大蔵省は、この表二〇で、①日本全国の預金取扱金融機関の不良債権総額は、九六年九月期現在で二九・二兆円であるが（貸出総額に対する不良債権比率は二・二%）、不良債権に対する引当金のカバー率は三四・〇%ある上、年々の業務純益が八兆円近くになるのに加えて、上場有価証券の含み利益も二三・五兆円あるから、今後、不良債権が増えることになっても少々のことなら大丈夫、②ただ金融機関の業態別に言うと、大蔵省の直接管轄外にある信金・信組・農協系などの「協同組織金融機関」のカバー率の低さ、業務純益

の少なさ、含み利益の小ささが心配、と整理している。ところが、現実には、地価や株価が現在進行形の形で下落を続けているから、銀行借り入れに依存して土地投機や「財テク」に狂奔していた不動産、建設・ゼネコン、レジャー・観光、ノンバンク分野の企業の多くは経営破綻状態に追い込まれていく。九六年九月期時点では、全国市街地価格指数の動きを見た前掲表一四に明らかなように、バブルのピーク時を一〇〇とした地価指数は、六大都市の場合で、商業地二九・三、住宅地五一・七、平均四五・一に激しく下落し、全国平均の場合でも、六八・五、住宅地七七・一に下落している。したがって、土地融資にのめり込んでいた中小金融機関の経営破綻が発生するたびに、その不良債権額は破綻後の調査でさらに想像以上に膨らんでいくのが通例になっている。前述の『九七年版白書』の場合でも、注記で記されている破綻金融機関の不良債権額は、木津信組一・一九兆円、太平洋銀行〇・三三兆円、大阪信組〇・二七兆円という具合に、不良債権額は当該金融機関の経営規模の割には非常に大きい。政府公表の不良債権額は過少評価と見る所以である。

そこで、第二の論点として、金融機関のバランスシートの「傷み」の激しさを指摘しておきたい。『国民経済計算』の制度部門別のストック統計の中から、八〇―九九年の一九年間について、金融機関部門のバランスシートの推移を示した表二一に明らかなように、八〇年代と九〇年代とでは動きの違いが歴然としている。すなわち、八〇年代については、①負債（＝預金）残高は八〇年の五〇七・

表21　金融機関の株式・土地資産と負債・自己資本の推移（1980-99年）

（兆円，期末現在）

	資産の部			負債，資本の部			
	資産	土地	株式	負債	自己資本	株式	正味資産
1980(A)	564.7	10.7	36.0	507.5	57.2	15.4	41.8
85	963.9	17.3	87.0	849.6	114.3	57.4	56.9
89	1,705.9	57.2	312.1	1,391.2	314.7	184.0	130.7
90(B)	1,710.6	72.2	194.9	1,506.1	204.4	111.0	93.4
1990*	2,465.9	100.8	205.5	2,197.5	268.4	125.0	143.4
91*	2,573.3	97.7	197.3	2,312.1	261.2	129.5	131.7
92*	2,592.1	78.3	245.3	2,385.6	206.4	99.0	107.4
93*	2,666.1	58.4	157.5	2,461.9	204.2	112.7	91.5
94*	2,736.7	48.7	180.2	2,525.1	211.5	117.9	93.6
95*	2,790.6	38.3	180.3	2,607.7	182.9	121.9	61.0
96*	2,843.0	27.3	167.3	2,675.8	167.3	104.1	63.2
97*	2,961.6	24.6	139.2	2,814.9	146.7	79.0	67.7
98*	3,039.3	22.1	133.7	2,902.1	137.2	69.0	68.2
1999(C)*	3,110.5	18.9	197.7	2,937.7	172.9	92.5	80.4
B－A	1,145.9	61.7	158.9	998.6	147.2	95.6	51.6
C－B	644.4	−81.9	−46.6	740.2	−95.5	−32.5	−63.0

資料）経済企画庁『国民経済計算年報』2000年版および2001年版から作成
注）なお，＊は2001年版記載の数値であり，右欄の負債額は「株式・出資金」分を差し引いて記載している。

五兆円から九〇年には一五〇六・一兆円へと九九八・六兆円も増加して、一〇年間で三・〇倍になったが、バブルの発生と広がりもあって、右欄の株式と正味資産を合計した自己資本額は二〇四・四兆円で三・六倍へといっそう増加していること（八九年の自己資本額は実に三一四・七兆円に達している）、②この結果、資産総額に対する自己資本の比率は九〇年には一二・〇％に達し、③また、バランスシートには出てこない土地や株の「含み資産」も多かったこと、などが動きや特徴としてあげられる。
ところが、九〇年代になると動

きが逆転して、①九九年までの九年間に、負債残高は二一九七・五兆円から二九三七・七兆円へとさらに七四〇・二兆円増加しているが、②他方、自己資本額については、(a)融資先企業の経営破綻の増加、(b)年々の業務純益や「含み資産・含み利益」の吐き出しなどで、消しても消しても一向に減らない巨額の不良債権の存在を反映して、二六八・四兆円から一七二・九兆円へと九五・五兆円も激減していること、③その結果、九九年末現在、資産総額三一一〇・五兆円に対し、自己資本額は、わずか一七二・九兆円と急減し、自己資本比率はわずか五・六％に急落し、また株の「含み利益」も底をついて、期末の平均株価の動向を一喜一憂しなければならない状態に追い込まれていること、④明らかに、この表からも、金融機関の経営危機・経営破綻→金融不況の発生と広がり、という動きを確認できること、などが指摘される。

しかも、金融機関のバランスシートの悪化はとくに九七―九八年に目立って、それがなお進行中であることを示唆する。「産業・経済・社会」の健全な日常活動のためには、「潤滑油」として金融機関が必要不可欠の存在というその社会的役割を考慮したとき、この際、金融機関に対する金融政策を抜本的に見直して、金融機関の全面的な「国家管理・国営化」まで含めて検討する必要が生じているとさえ言うことができる。

なお、九〇年代における金融機関のバランスシートの変化、とくに九七―九九年におけるその悪化がいかに異常であるかを示すために、金融機関以外にいま一つの経済活動部門である非金融法人企業

表22　非金融法人企業の株式・土地資産と負債・自己資本の推移（1980-99年）

（兆円，期末現在）

	資産の部			負債，資本の部			
	資産	土地	株式	負債	自己資本	株式	正味資産
1980(A)	786.4	179.5	46.0	402.2	384.1	110.0	274.1
85	1,095.7	253.2	88.3	562.6	533.1	196.0	337.2
89	1,907.2	577.8	339.7	770.8	1,136.5	726.4	410.1
1990(B)*	1,962.7	632.0	178.1	981.5	981.2	446.0	535.2
91*	1,953.9	581.4	172.0	1,023.6	930.1	433.4	496.7
92*	1,853.0	534.1	120.8	1,047.8	832.4	324.6	507.8
93*	1,863.6	523.8	128.2	1,023.8	839.8	348.6	491.2
94*	1,869.9	512.5	154.0	1,033.8	836.1	428.0	408.1
95*	1,864.5	494.6	149.6	1,048.6	815.8	431.5	384.3
96*	1,843.1	489.0	132.5	1,049.8	793.3	415.3	378.0
97*	1,855.4	481.1	111.3	1,053.0	802.4	377.2	425.2
98*	1,745.0	432.6	87.3	977.9	767.1	329.9	437.2
1999(C)*	1,805.5	411.6	156.0	961.3	844.2	565.0	279.2
B－A	1,192.3	479.5	189.9	453.0	739.4	385.7	353.8
C－B	−157.2	−220.4	−22.1	−20.2	−241.8	119.0	−256.0

資料）経済企画庁『国民経済計算年報』2000年版および2001年版から作成
注）なお，*は2001年版記載の数値であり，右欄の負債額は「株式・出資金」分を差し引いて記載している。

について、その八〇―九九年におけるバランスシートの推移を、表二二として掲げておこう。非金融法人企業の場合、①他の金融機関や家計部門の場合と同様、八〇年代と九〇年代とでは動きの違いが歴然としており、②九〇年代には、「資産の部」で土地資産が二二〇・四兆円、株式資産が二二・一兆円それぞれ減少したことを反映して、自己資本も二四一・八兆円減少しているが、③しかし、総資産も一五七・二兆円減らして、いわゆる「バランスシート調整」を積極的に押し進め、自己資本比率は九〇年の五六・〇%から九九年の四六・八％へとそう悪化しておらず、また株や土地の「含み資産」もまだ大きいこと、④九七―九九年については、非金融法人企業全体としていえば、九九年になって負債（＝借り入れなど）削減→総資産削減、という動きが見られる程度で金融機関のようなバランスシートの悪化は確認できないこと、などが九〇年代の動きとして注目される。

以上から明らかなように、九七―九九年に目立つ、金融機関のバランスシートの悪化はまさに異常である。金融不況の発生と広がりが起こっている、と見る他はない。こうした第二の論点に関わっての分析は、政府・大蔵省が金融機関の不良債権問題をいかにひた隠しにし、また過小評価するという誤りを冒してきたかを示している。

そこで、本節の第三の論点は、九七年以降の金融不況の発生と広がりに関してである。ところで、金融不況の発生と広がりという場合、原則論として言えば、筆者はとくに以下の三点を懸念《けねん》し、心配しておかなければならないと考えている。すなわち、①金融機関の倒産が続出して、金融機関の金融機能が麻痺・崩壊して、金融機関の産業・経済・社会に対する潤滑油的な役割が失われてしまう事態への懸念と、そうした事態を防ぐことへの政策的な対応の問題、②預金者保護の問題、③金融機関への不良債務を大量にかかえた金融機関の融資先企業（これを民間の一般企業と表現するには無理がある）の経営破綻や倒産にともなって、それが一般の取引先企業・関連企業の連鎖倒産へと派生・拡大していくのをどう防止するかという問題、の三点である。ただ、今回の金融不況の場合、それが九七―九八年の消費不況との「複合不況」として展開しているだけに、金融機関の融資先企業経営破綻や倒産の中には、消費不況に起因する個人消費関連・消費財関連企業の倒産問題が含まれていることに留意しておく必要がある。

九七年一一月に発生した大手金融機関の北海道拓殖銀行（＝拓銀）と山一証券の経営破綻は、金融不況が住専・中小金融機関の経営破綻という域を超えて、大手金融機関の経営破綻にまで拡大してきていることを誰の目にも鮮明にさせ、以後、金融機関救済策が大手金融機関にターゲットを移して、ケタ違いのスケールで急進展していくことになる。したがって、九〇年代における金融機関救済策の推移という視点から、九六年六月の住専法以前→同法以後→九七年一一月の拓銀・山一の経営破綻以後、という順序で時期区分して、バブルの崩壊にともなう金融機関の不良債権問題の発生と広がり、政府の金融政策・金融機関救済策、政府の大手金融機関救済策・金融不況対策の本格化、などをめぐって問題の所在や動きを整理していくと分かりやすい。

そこで、拓銀・山一の経営破綻以前の金融政策や金融機関救済策をとりあげておくと、①九六年六月の住専法制定の際に、(a)同時に金融安定化三法を成立させて、「共同債権買取機構」を作り上げ、不良債権処理の促進を図るとともに、(b)預金者保護を目的に、預金保険法を改正して、預金保険料率を引き上げ、二〇〇一年三月まで預金の全額保護を約束したこと（これは、公的資金を住専処理のため投入することを国民に納得させるためには、是非とも必要だった）、②九七年四月からの「橋本改革」のスタートに当たって、第二次橋本内閣は、金融システム改革を六大改革の一つに掲げ、金融機関内の異業種間「参入規制」の撤廃・競争促進を軸に、大手市銀主導型の「金融再編（＝金融機関の再編・整理）」を促進するという、「日本版ビッグ・バン」政策をスタートさせ、(a)銀行の最低自己資本比率を国際決済銀行は八％、国内銀行は四％と設定すると同時に、(b)金融機関の監督業務を大蔵省銀行局から分離して、「金融監督庁」（九八年六月発足）の設立を決定したこと、などが指摘される。

そして、③前述の拓銀・山一の経営破綻が発生すると、橋本内閣は、(a)自民党内に九七年一二月設置された宮沢元首相を中心とする「緊急金融システム安定化対策本部」にリードされるような形で、総額三〇兆円の公的資金投入（金融機関の破綻回避に一三兆円、破綻処理に一七兆円）を決めて、九八年三月には、法整備・予算措置を含めて、資金支出を可能にするシステムを作り上げ、(b)直ちに、大手市銀・信託銀行を対象に、実際には資金投入の必要がない銀行から、すでに実質的に破綻している日本長期信用銀行（＝長銀）、日本債券信用銀行（＝日債銀）まで一律横並び方式で、株式や社債引受の形で二・一兆円の「資本注入」を行っていること、(c)また、従来からの「整理回収銀行」の業務機能を拡充して、大手破綻金融機関の不良債権部分の分離、その整理回収銀行による回収が行えるようにしていること（もちろん、全額が回収できる訳ではないが）、などの措置をとっている。(注4)

九八年三月の橋本内閣による資金枠三〇兆円の公的資金投入の決定とその執行開始をめぐって、いくつもの重大な論点が提起されてくる。すなわち、①いくら金融機関が産業・経済・社会に対する潤滑油的な役割を果たしていると言っても、問題の破綻金融機関が民間企業である限り、民間個別企業の倒産回避や倒産処理に巨額の公的資金を支出することは異常であり、問題性があること、②金融不況の広がりという異常事態に配慮したとしても、公的資金の支出は「預金額を限定しての預金者保護」に特定する必要があったこと、③それにしても、三〇兆円という公的資金の支出はあまりにも巨額であり、「公的資金の投入はなし」ということで構想・推進されてきた金融システム改革(「橋本改革」の重要な一構成部分である)の破綻を意味すること、④また、それは同時に「橋本改革」の財政構造改革=財政再建という改革路線の破綻を意味すること、⑤したがって、「橋本改革」がスタート後一年で、現実的な根拠を失って破綻したことを示すものでもあること、などである。

その後、橋本内閣は、九八年七月の参院選で、記録的な大敗を喫して退陣する。代わって、同年同月、同じ自民党の小渕内閣が成立し、同じ巨大企業本位ではあるが、緊縮型から放漫型の財政・経済政策へと完全に政策展開の方向を変えている。「橋本改革」路線の全面破綻と言ってよい。小渕内閣による放漫型路線への皮切りは、金融不況対策として、資金枠六〇兆円の公的資金の支出決定である。すなわち、小渕内閣は、①内閣成立直後の九八年七―九月のいわゆる「金融国会」で、まずは、破綻金融機関の破綻処理について、野党側の民主・公明(当時は新党平和)・自由の三党原案を丸飲みするようにして、「金融再生法」を成立させ、②次いで、(a)破綻前金融機関に対する「資本注入」などを扱う「金融機能早期健全化法」の成立、(b)および、資金枠六〇兆円の公的資金の支出を定めた補正予算案（内訳は早期健全化勘定に二五兆円、金融再生勘定に一八兆円、預金者保護に一七兆円）の国会通過に成功している。

なお、①九八年秋のこの「金融国会」のプロセスで、民主・公明・自由の三野党協調が崩れて、「自自公」連立の与党体制ができていること、②金融監督庁が九八年の金融再生・関連二法の成立を待つかのように、一〇月には長銀、一二月には日債銀の「破綻認定」を行い、両者は一時的に「国有化」されたこと、③九九年年末に、金融機関救済関連の公的資金支出はさらに一〇兆円追加され、合計七〇兆円に達したこと、も特記される。

ともあれ、九八年の金融再生・関連二法の成立を契機に、金融不況をめぐる政策面での新しい動きは、不良債務を大量にかかえた融資先企業に主題が移っていく。こうなってくると、それは、政府の不況対策や経済政策でもあることになるので、この点は次節で一括して問題にしたい。

ここで、本節の第四の論点として、日本の金融機関のグローバル企業化をめぐって、問題を提起しておきたい。それは、日本の金融機関の場合、金融機関のグローバル企業化という課題はもともと実現不可能であり、金融再編の問題にしても、国内のドメスティックな問題として把握しておいた方が適切と考えられるからである。

そう考える理論的な拠り所は、①前掲表二―一、二―二の二つの表で見たように、日本の場合、日本円は長期・趨勢的に世界各国の通貨に対して円高の方向に動いてきているから、(a)日本の金融機関については、「デリバティブ商品」（＝金融派生商品）の運用技術の巧拙《こうせつ》（＝上手下手）という以前に、(b)日本国内の預金者からの預金を資金源にして、世界各国で金融活動・金融業務にたずさわることになるから、非金融機関・非金融業種の場合に比較して為替差損の危険性や影響がケタはずれに大きくなること、②そうかといって、海外の国々で大規模に預金などをかき集めて、そこで金融業務をこれまた大規模に行おうとしても、海外の相手国からは、国家主権を脅かす「経済侵略」と受け止められることになりかねない産業であること、(注5)という二点である。

この点で、①早くから日本の巨大企業が、(a)多くの場合、「六大企業集団」のどこかに所属してヨコの結束を作り上げ、日本の「政・官・財」に対して圧倒的な影響力を行使するとともに、(b)子会社、孫会社、そしてそのまた子会社といったタテの企業系列を作り上げて、グローバル企業化を志向する企業展開・資本蓄積を図ってきたこと、②最近、とくに九七―九九年の不況過程以後で、「六大企業集団」から「四大企業集団」への再編成の進行が確認できること、③六大企業集団と言い、また四大企業集団と言う場合に、集団内部で金融機関が高い地位にたち、リーダシップを発揮してきていることも事実であるが、金融機関自体のグローバル企業化は前述のように難しく、大きな高い壁がたちはだかっていること、などを強く意識しておく必要がある。日本の金融政策が、金融再編を加速させて、四大金融グループのグローバル企業化を政策的課題としているだけに、その非現実性を指摘しておくことは重要と考える。

（注4）吉田和男『平成不況一〇年史』ＰＨＰ新書、一九九八年、一一八―一二〇ページ、参照。

（注5）世界各国の経済政策などと衝突して、グローバル企業化に制約が大きい産業や業種としては、筆者は、金融以外には、さしあたり鉄鋼、情報・通信、土地・不動産などを念頭においている。

第四節　九〇年代第四局面でも続く消費萎縮

この節の課題は、一九九九年四月から二〇〇〇年一二月までの九〇年代第四局面を対象に、この時期の日本経済の景気・経済動向を整理するとともに、小渕・森の両自民党連立政権の経済・社会政策の本質的特徴を具体的に明らかにすることである。

とはいえ、この課題は後続の諸章の課題でもあるので、本節では論点を三つにしぼって、問題を整理しておこう。すなわち、(1)この時期の日本経済の景気・経済動向とその特徴を明らかにすること、(2)国民生活に対する「犠牲転嫁」や個人消費の抑制を反発バネにして、景気回復や経済成長を図っていこうとする従来からの不況対策や経済・社会政策の方向性がいっそう鮮明になって、①一方で、人員削減や賃下げを容易にするリストラ関連立法や諸制度の整備が進み、②他方で、国民の「自立・自助原則」と市場原理・受益者負担の徹底が強化されていること、(3)二〇〇〇年三月期決算から本番スタートとなった「新会計基準」の内容・特徴をとりあげて、その経済・社会的影響や政策的本質を分析すること、の三点である。

そこで、本節の第一の論点は、九九年四月から二〇〇〇年一二月までの日本経済の景気・経済動向とその特徴に関してである。この点で、①九九年三月を景気の「谷」に、同年四月からは、日本経済は回復局面に移行したとはいっても、肝心の個人消費の萎縮・停滞基調はむしろ激しくなっており、個人消費の動向という重要な景気指標からは、とうてい景気の本格的な回復を示唆し、結論することはできない。

たとえば、(a)全産業の常用雇用指数の対前年比は九八年度マイナス〇・一%、九九年度マイナス〇・二%、二〇〇〇年度マイナス一・二%とマイナスを記録し続け、同じく全産業の現金給与総額の対前年比も九八年度マイナス一・七%、九九年度マイナス〇・九%、二〇〇〇年度プラス〇・五%と推移し、勤労者の所得や雇用面から個人消費の回復を予測することは不可能なこと、(b)事実、『家計調査』の全国・勤労者世帯の消費支出額の対前年比も九八年マイナス一・一%、九九年マイナス二・一%、二〇〇〇年マイナス一・五%と、消費の萎縮は九七―九八年の不況局面を引き継いで依然としてマイナス傾向を続けていること、(c)また『国民経済計算』の家計最終消費支出でも同じ傾向が確認できること、などが指摘される。

なお、②前節で分析した九七―九八年不況の金融不況的な側面に関わっても、(a)九〇年代後半になって、個人消費が停滞基調から萎縮基調へと消費不況的特徴を強めてきたため、非金融企業の不良債務問題や倒産問題は個人消費関連・消費財関連企業へとさらなる拡大を見せていること、(b)加えて、金融機関自体の破綻問題も銀行から生命保険へと業種面での広がりを見せ、二〇〇〇年には年末にかけて第百・大正・千代田・協栄の生保四社が破綻したが（それまでは日産・東邦の二社）、家計部門の金融資産の中で生命保険（＝保険・年金準備金）の比率は九九年末現在二七・〇％（九〇年末は一八・三％）と依然として高いだけに生保各社の経営破綻・経営危機は家計部門に対し、一方での金融資産の傷み・縮小、他方での消費縮小、貯蓄志向・貯蓄願望という動きを誘発していくこと、などが注目される。

以上のように、景気が回復局面に移っても、九七―九九年の不況局面の場合と同様に、〔（賃金デフレ）×（雇用停滞）→個人消費萎縮〕が続いていることの示す意味は大きい。ＩＴ投資などの民間設備投資の拡大や不況対策→公共投資拡大などが独り歩きして、それが起動力になって、結局は個人消費を大きく押し上げることになって、景気の本格的な回復が実現するとは到底考えられない。むしろ、個人消費の萎縮や停滞が続いていく限りは、景気回復の規模は前回以上に小さく、景気上昇期間も短くなると見ておくのが妥当である。

本節の第二の論点は、九〇年代第四局面における政府の経済・社会政策の内容や特徴を説明しながら、その政策的本質を明らかにすることである。この点で、第一に特徴的なことは、この時期には経済政策の主要な関心は、大手金融機関の破綻回避から大企業のリストラ促進、それも人員削減・賃下げに重点をおいた「後ろ向きの」リストラ促進へと重点が移ってきていることである。

すなわち、①九九年一〇月に「産業再生法」を成立させて、(a)設備能力の五％以上の過剰設備を廃棄して、リストラ計画を提出・認可された企業に対する税制・金融上の支援、(b)銀行債務の「株式化」による「借り入れ元本」の返済免除、(c)遊休地の公的機関による買い上げ、などへの道を開き、②次いで、二〇〇〇年五月に「会社分割法」を制定して、(a)不採算部門の分離、(b)企業の買収・合併を促進しようとしていること、③全体として、この二つの法律は、人員削減・賃下げに重点をおいたリストラを合法化し、一方で、大企業に対する手厚い政策的助成を行うとともに、他方で、正規雇用の従業員の出向・転籍・解雇をいっそう容易にするものと言ってよいこと、などが挙げられる。

事実、林直道教授は、新聞報道から試算して「産業再生法」以後、大企業のリストラ＝人員削減が広がって、一件一〇〇〇人以上の人員削減を行った企業は四四社、削減総数は一四・八万人と指摘している。(注6)その際、こうしたリストラ企業の中には日立、東芝、三菱電機、ＮＥＣ、ソニーといった日本屈指のグローバル企業が数多く含まれ、グローバル企業がリストラ＝人員削減の先頭にたっているのが印象的である。

以上に見たように、日本経済の現局面における政府の不況対策や経済政策は、非金融部門の大企業のリストラ促進、そしてリストラを実施した大企業に対する手厚い政策的助成へと重点を移してきている。この点で問題なのは、①大規模なリストラの進行にともなう雇用・失業問題の深刻化、賃金デフレ、勤労者の労働や生活の悲劇的な状況、そして個人消費の萎縮といった問題以外に、②加えて、金融機関に対して巨額の「不良債務」を抱えた大企業の破綻回避・破綻処理のために途方もなく巨額の国家資金が投入・浪費されて、第五章第一節で分析するように国家財政の破綻がさらに進んでいること、である。

さきに前掲表二二などで見たように、非金融法人企業の場合、バブルの崩壊で株や土地が値下がりして大きな打撃を受けたことは事実であるが、非金融法人企業全体としては、九〇年代の構造性不況の下で、各産業のリーディング企業が牽引するような形で積極的なリストラ「合理化」を推進して、構造性不況の影響を最小限に食い止め、自己資本比率も九〇年の五〇・〇%から九九年の四六・八%低下させた程度で納まっている。また、九〇年代後半以降、現在まで、個人消費関連・消費財関連企業の経営破綻が急速に目立つようになっていることは事実だが、もともと個人消費の停滞・萎縮や消費不況の発生は、九〇年代の景気・経済見通しからは当然予測されたことである。したがって、個人消費関連・消費財関連企業の場合も、その経営破綻はこれまで放漫経営を行ってきた経営者責任の問題である。経営破綻に陥っている非金融法人企業の場合、企業は、経営者責任への対応を人事面や、場合によっては損害賠償面にまで踏み込んで行うとともに、早急に本業で利益を出せる体制を自力で作り上げて、時間をかけて経営内容や財務体質を健全化していく他はない。

すでに明らかなように、非金融法人企業の一部に見られる巨額の「不良債務」・経営破綻という問題の場合も、金融機関の不良債権問題・経営破綻に関わって前節などで強調しておいたように、民間個別企業の倒産回避や倒産処理に多額の国家資金を投入することには、してはならないことである。

当然のことながら、非金融法人企業の経営危機・経営再建という場合、本業の収益性を回復し、時間をかけて経営再建を達成する以外に方法はない。また、個人消費関連・消費財関連企業の場合も同様である。

この点で、政府の不況対策や経済政策が配慮する必要があるのは、①問題企業に国費をストレートに投入するのではなく（こういうやり方をしていたらキリがないし、財政破綻が進むだけである）、②視点を個人消費とその拡大に集中して、これまで通りの「結果として個人消費の拡大がついてくる」という発想ではなく、個人消費の自律的でシステマティックな拡大をどうすれば達成できるのかというふうに視点や発想を転換して、個人消費の拡大→国内市場の拡大→非金融法人企業や個人消費関連・消費財関連企業を取り巻く経営環境の好転、という経路を作りだすことに政策課題の設定や政策展開の手法を全面的に転換すること、である。回りくどくても、「最初に個人消費ありき」というように、政策課題を転換しなければ、不況克服は不可能であるし日本経済の再生もありえない。

さらに、本節の第三の論点として、九八、九九年度に実施された大企業減税・金持ち減税、および二〇〇〇年三月期決算からスタートした「新会計基準」に関わる諸問題を分析しておこう。

最初に、九八、九九の両年度に実施された大企業減税・金持ち減税を問題にしよう。すなわち、その具体的な内容を紹介すると、①法人税制については、まず九八年度に、(a)法人税「課税ベース」の大幅見直し（＝引当金などの控除額の見直し）、(b)法人税率の三七・五％から三四・五％への引き下げ、

(c)法人事業税率の一二%から一一%への引き下げが実施されて（これは都道府県に納入する地方税）、(d)法人課税の実効税率は四九・九八%から四六・三六%に低下したこと、②続いて、(a)九九年度に、法人税率の三〇%への引き下げ、法人事業税率の九・六%への引き下げが実施されて、法人課税の実効税率は四〇・八七%へとさらに低下していること、(b)したがって、九八、九九の両年度の法人税制の変更を通じて、基本税率で九・九%、実効税率は一〇%近く減税されていること、③さらに、九九年度には、個人所得税制も変更されて、所得税の累進税率が上に行くほど大幅に引き下げられ（=税率のフラット化）、最高税率は住民税も合わせて六五%が五〇%へと実に一五%も引き下げられていること、などである。(注7)

このように大規模かつ大胆な大企業減税・金持ち減税の実施を見ていると、二〇年前の八〇年前後から八〇年代前半までの新保守主義的経済・社会政策「誕生期」、それもとくにアメリカのレーガン政策を彷彿《ほうふつ》と思い起こさせられる。(注8)周知のように、レーガン政策は、「強いアメリカ」をキャッチ・フレーズに、一方で、大企業減税・金持ち減税を実施し、他方で、低所得層の税負担を増加させて、設備投資や技術革新的設備投資を推進し、アメリカ産業の国際競争力強化→貿易・国際収支赤字の解消や、経済成長→財政再建の達成を意図したが、目的を達成できないで、あえなく挫折したことで知られている。その後、アメリカは、財政再建の問題こそ解決のメドがついてきたが、貿易・国際収支赤字問題の方は一向に解決されないまま現在に至っている。

表 23　新会計基準への変更スケジュール

2000 年 3 月期

①単独→連結決算主体に，連結基準を実質支配力基準に変更

株式公開全社の 00 年 3 月期の連結特損は前年比 1.8 倍の 12 兆円

上場・公開企業の連結対象企業は，00.6 現在で前年比 5,832 社増加して 53,680 社に

(a)連結損益計算書

(b)連結貸借対照表

(c)連結キャッシュフロー計算書の開示義務，

営業・投資・財務キャッシュフロー，期末現金残高が明確に表示される

②時価会計への移行

(a)税効果会計の導入

2001 年 3 月期

②—(b)売買目的の有価証券に適用

(c)販売用不動産の評価減厳格化

③退職給付会計の導入，退職金と企業年金の一本化

積立不足は上場企業で 10 兆円との試算も，15 年以内に積立不足の解消が必要

2002 年 3 月期

②—(c)持ち合い株式の時価評価

さらに予測される新会計基準

②—(d)負債時価会計

—(e)投資用不動産の時価会計

①—(d)企業結合会計，買収など企業結合を行う場合の会計処理法

—(e)連結納税制度

④環境会計

資料）『週刊東洋経済』の新会計基準特集号，2000 年 7 月 22 日および 2000 年 10 月 7 日から作成

税制問題の更なる分析は財政破綻・財政再建の問題をとりあげる第五章にゆずるが、ただ九八、九九の両年度に実施された大企業減税・金持ち減税が設備投資や個人消費の拡大にストレートにつながるものでないことは、現在の日本の経済・社会の現状に照らして明らかであり、まさに筋違いの有害な政策選択であったと言うほかはない。

次に、二〇〇〇年三月期決算からスタートした「新会計基準」への移行にふれておきたい。現在までに明らかになっている新基準への移行のタイム・スケジュールの具体的な内容については表二三として整理しておいたが、この新基準への完全な移行には一〇年以上の年月をかけて、最終的には「連結納税」にまで突き進んでいくものと判断される。その結果、「新会計基準」は企業経営を根幹から揺さぶることになるだけでなく、「新会計基準」を通じて大企業優遇・金持ち優遇を特徴とする不公平税制がいっそう鮮明になっていくことになる。

そこで、「新会計基準」の内容や特徴を見ると、以下のように整理できる。すなわち、①「新会計基準」は、大略して、日本の企業会計原則の「単独決算主義から連結決算主義への移行」「原価主義から時価主義への転換」「一〇〇%積立を必要とする退職給付会計の導入」として整理できること、②連結決算への移行にあたって、子会社の判定基準をきびしくして「実質支配力基準」を採用したため、次項の時価主義への転換と相まって、これまで横行してきた、不良債務や赤字部門の子会社「移管」による「不良債務隠し」「赤字隠し」の意味がなくなって、企業経営の透明性が一挙に高まることになったこと、③時価会計への移行は、(a)二〇〇〇年三月期決算からの「税効果会計」の導入（税務会計と企業会計の差異を、後者の考え方に統一して、企業の最終利益を算出する手法のこと）を手始めに、(b)二〇〇一年三月期決算からは、売買目的の有価証券（＝金融商品）に対する時価評価の適用による「強制評価減」、(c)また「販売用不動産」が簿価よりも五〇％以上値下がりしていた場合には、評価減の計上を義務づけられるいわゆる「減損会計」の導入、(d)二〇〇二年三月期決算からは、子会社株や取引先企業との「持ち合い株式」に対する時価評価の適用、(e)さらに、「負債時価会計」「投資用不動産の減損会計」などが待ち構えていること、が指摘される。

また、④二〇〇一年三月期決算から新設の「退職給付会計」は、賃金の後払い部分である退職金と企業年金について、従業員の既勤続年数相当分を企業の債務と見なして、従業員全員が一時に全員退職したと仮定して、その際、必要な退職給付額をあらかじめ一〇〇％積み立てておくことを企業に義務づけるものであるが（ただし、猶予期間は一五年）、(a)上場企業だけでも、積立不足額は一〇兆円超と試算されていること、(b)大企業に比べて収益力格差の大きい中小企業や零細企業の場合には、もともと達成が困難といってもいいくらい厳しい基準であること、も重要な変化として挙げられる。

ともあれ、「新会計基準」への移行は、二〇〇〇年三月期決算からスタートしたが、その結果、①二〇〇〇年三月期には、(a)連結基準の強化への対応、(b)退職給付の積立不足額の「前倒し」実施のために、株式を公開している全企業は「連結・特損」処理額として前年比一・八倍の一二兆円を計上していること、②二〇〇一年三月期にも、退職給付の積立不足額の一括全額処理などの動きを中心に、巨額の「特損」計上が前年度に引き続き実施されていること、③「大競争」時代のきびしい企業間競争を生き抜いてきた、いわゆる「勝ち組」の動きが起動力になって、「新会計基準」への移行の「前倒し」実施が当然の風潮になって、想像以上のスピードで新基準への移行が進んでいること、など企業経営に注目を必要とする重要な動きが生じている。

すでに明らかなように、「新会計基準」への移行は、日本の勤労者や国民にとっては、「諸刃《もろは》の刃《やいば》」という二つの側面を有している。すなわち、一方で、企業経営の透明性が高まって、企業の内外の利害関係者、たとえば投資家、取引先のビジネスマンや金融機関、労働組合や従業員などが企業経営の状態を正確に把握できるようになるため、適切な判断や選択を行うことが可能になって、日本経済の活性化や発展のために役立つという積極的な側面をもっている。しかし、他方で、「新会計基準」は、現行の他の諸制度、たとえば、税制、労働法制・労働慣行などとも結びつきながら、一握りのいわゆる「勝ち組」に属するグローバル企業にとって極端に有利な政策的措置であるという問題性の大きい危険な側面がある。

そこで、後者の問題性の大きい危険な側面を指摘しておくと、以下のように整理できる。すなわち、まず、①—(a)勤労者「家計」や個人所得税制の場合、減損会計・減損処理は認められておらず、所得税・住民税を支払った残りの「可処分所得」の中から「バランスシート」調整を余儀なくされているのに、(b)企業会計の場合、従来から減損会計・減損処理が認められて、有価証券や土地の「値下がり損」は所得控除額として認定されるという「不公平税制」が存在していたこと、(c)新会計基準は、この無税償却（＝特損処理）を、子会社の損失処理・倒産処理などにまで拡大していくことを可能にすること、(d)時価会計への移行を主張するとすれば（筆者も時価会計の方が適切と考えている）、有価証券や土地の「益金算入」を義務づけて、企業利益を押し上げる措置をとらないと不公平だが、この点での動きは鈍いこと（筆者は、とくに土地について一九五五年の第四次「土地再評価」以後、土地資産の再評価が行われていないので、今でも簿価と時価の開きが大きく、ここに巨額の「含み利益」が隠されていることを念頭においている）、が指摘される。

そのほか、②新会計基準の下で、(a)連結決算→子会社の不良債務解消・損失処理、時価会計→減損会計、退職給付会計→退職給付積立不足額の解消、などのために企業は「特損計上・特損処理」を迫られることになるが、(b)もし「期間利益」「内部留保」「含み利益」などで対応できなかった場合、当然、赤字発生→無配転落、財務体質の悪化→株価の下落・株価「額面」割れ、という事態が生じて、(c)その企業が大企業とはいっても、「負け組」のしかも「問題企業」であることが鮮明になること、も重要である。明らかに、新会計基準は、「問題企業」を炙《あぶ》りだして、一方で、企業に人員削減・リストラ→収益性の回復努力、を強く求めると同時に、他方では、当該企業を「問題企業」として、その「安楽死」を図っていく政策でもあるという側面を持っている。

さらに、③新会計基準が労働者（＝従業員）の雇用や賃金・労働条件などをいっそう不安定にし、悪化させていくことになる危険な側面を持っていることを指摘して、雇用保障や身分保障のための政策的措置を講じておく必要性があることを提起しておこう。すなわち、(a)「連結決算・グループ経営」の名の下に、今まで以上に子会社・孫会社への「出向」「転籍」などが「日常茶飯事《にちじょうさはんじ》」になり、「子会社に出向して、結局、定年まで親会社には戻れなかった」ということが常態化するのはもちろん、(b)新卒採用なども、グループで一括して行って、赤字企業や収益性の低い「ヤバイ危険な企業」に配属して、当該企業の経営破綻とともに「そのままポイ（＝解雇）」といったことが起こり兼ねないこと、(c)「大競争時代・競争激化」という条件の下で、新部門への進出（この場合も危険性は相当高い）や不採算部門の分離などもやはり常態化しているが、この場合も雇用保障や身分保障の確保という問題が重要なこと、などが挙げられる。

ここで、本節の最後に、この時期の家計部門・個人消費の状況をさらに整理しながら、本節第二の論点でふれなかった社会政策・社会保障政策の問題をとりあげておこう。

さきに一一六―一一七ページで、「景気が回復局面に移行しても、九七―九九年の不況局面の場合と同様に、〔(賃金デフレ)×(雇用停滞)→個人消費萎縮〕が続いていること」を指摘しておいたが、それは、日本の勤労者生活に見られる以下のような状態を背景としている。すなわち、①「リストラや老後が心配なので、もっと貯金したいが、思うように貯金できない」「賃金が上がらないので、住

表 24　家計部門の家計最終消費支出と貯蓄の推移（1990-99 年）

（兆円）

	1990	1991	1992	1993	1994	1995	1996	1997	1998	1999
家計部門										
家計可処分所得A	265.3	284.1	293.5	301.5	303.7	306.0	309.5	312.2	315.7	315.2
家計最終消費支出B	230.5	243.0	253.2	259.7	268.1	270.7	276.9	281.8	280.8	282.3
貯蓄	37.3	43.8	43.2	44.9	38.6	38.1	35.3	33.4	37.7	35.1
住宅ローン現在高*	133.8	142.9	150.6	159.7	169.6	178.5	183.7	190.7	193.4	…
金融資産純増額	-9.7	60.4	6.8	54.9	72.5	50.8	40.1	40.1	4.0	-4.5
負債純増額	32.0	21.4	3.3	18.9	7.8	18.8	-11.3	4.0	4.0	-4.5
消費性向**	75.3	74.5	74.5	74.3	73.4	72.5	72.0	72.0	71.3	71.5

資料）経企庁『国民経済計算年報 2001』より作成
注）住宅ローン現在高＊は 2000 年版の数値。消費性向＊＊は，消費支出／家計可処分所得で，『家計調査』から勤労者世帯の数値を使用

宅ローンの負担がきつい」「とにかく貯金ができない」など、勤労者全般に共通する傾向、②「夫婦共働きでないと、やっていけないけど、保育所の条件整備ができてない」「パートの賃金が安すぎる」など、現役世代の勤労者に共通する傾向、③「貯金どころか、家計が赤字になっている」「貯金もできない状態なので、子供どころではない」など、とくに勤労者の中層・下層に見られる傾向、④「医療費や施設利用料・介護保険など費用負担・自己負担がどんどん増えているので、それ以外の消費どころではない」という高齢者に共通する悩み、などが起因して深刻な個人消費の萎縮が続いている。

現在、日本の勤労者家計が傷みきっていることを数値で確認しよう。表二四は、『国民経済計算』の数値を利用して、家計の動きからその一般的な特徴を見ようとしたものである。この点で、第一に目立つことは、(a)九〇年代の構造性不況下に、必死に消費を切り詰めているこ

表 25　住宅の建設時期別にみた持ち家世帯の貯蓄・負債残高（勤労者世帯）

（1999 年末現在，100 万円）

住宅の建設時期	1999	1996	1993	1990	1989 以前
世帯主の年齢，歳	41.8	44.0	7.2	49.1	51.7
年間収入Ａ	8.39	8.25	8.68	9.20	8.67
貯蓄Ｂ	9.94	12.30	4.00	16.40	18.80
負債Ｃ	19.13	23.93	4.96	14.04	4.17
純貯蓄Ｄ	−9.19	−11.62	−0.96	2.36	14.63
貯蓄年収比，倍	1.18	1.49	1.62	1.78	2.17
負債年収比，倍	2.28	2.90	1.73	1.53	0.48
住宅ローン保有者比率，％	81.1	89.4	2.0	75.7	35.8

資料）総務庁『貯蓄動向調査』1999 年版から作成

とが見て取れるが（消費性向は八〇年代後半に比べると五％弱低下している）、(b)「家計可処分所得」はいっこうに増えず、貯蓄額は九三年をピークに減少気味に推移して、消費抑制→貯蓄増加とつながっていないことである。また第二に、九八年末現在、年間の家計可処分所得に対する負債の倍率は一・二三倍、同じく住宅ローンのそれは〇・六一倍にも達して、負債も住宅ローンもこれ以上は増やせないという「限界状況」にきていることが指摘される。

筆者は、七年前の著書で、「現実に、国民の持ち家比率は六割台であり、とくに雇用者世帯の世帯主年齢五〇歳代のところでは、持ち家比率が七五％という高水準に達している」として、①これまで、日本の標準的な勤労者（中層以上）は定年までにマイホームを取得していたことを指摘しながら、②しかし、八〇年代後半以降、地価が急騰して、多くの場合、マイホーム取得と貯蓄増加とは両立できなくなっていること、③しかも地価はまだまだ高いので、(a)家計の健全性を維持する上からも、(b)勤労者の個人消費を伸ばしていくという面からも、勤労者をマイホーム取得と住宅ローンの方向に誘導していることは適切ではないとして、政府の住宅政策の誤りを強調しておいた。(注9) マイホーム、個人消費、そして貯蓄をめぐる以上の論点は、七年前以上に重要な重みをもって、現在の勤労者生活に問題を投げかけている。

そこで、総務庁の『貯蓄動向調査一九九九年版』を利用して、勤労者のマイホーム取得をめぐる問題状況を分析しておくと、①現在、借家住まいの勤労者世帯の中で、「三年以内にマイホーム取得の計画がある世帯」は一〇・一%あるが、取得計画がある世帯となると一九・一%とさらに上昇して、今でも勤労者のマイホーム志向が根強いことを示している。(注10)

ところが、②現実にマイホームを取得した勤労者世帯の状況を見ると、表二五のように、とくに、八〇年代後半以降に取得した層の状況は悲惨の極みである。すなわち、(a)九〇年に取得した層の場合、世帯主の年齢は四九・一歳、世帯の年収は九二〇万円であるが、負債の年収比が一・五倍にもなって、純貯蓄額は二三六万円にすぎず（これは、あくまで平均値であって、住宅ローンのある世帯比率が七五・七%であることを考えると、住宅ローンが残っている世帯は純貯蓄額がマイナスになっていると十分想像できる）、(b)また九九年に取得した層の場合、住宅ローンがない世帯が一八・九%あるが（この場合は、全額自己資金で取得したと見ていい）、それでも「住宅ローンがない世帯」「住宅ローンがある世帯」を合計した平均値で見て、世帯主の年齢は四一・八歳、世帯の年収は八三九万円、負債総額一九一三万円（負債の年収比は二・三倍）と並んで、純貯蓄額はマイナス九一九万円に達すること（住宅ローンがある世帯では純貯蓄額のマイナスは軽く一〇〇〇万円を超えていると見ておいてよい）、(c)なお、マイホーム取得者の世帯年収額は、九〇年代を通じて平均値で八〇〇万円を超えていること、などが特徴である。

ところで、九〇年代におけるマイホーム取得者の世帯平均年収は八〇〇万円台という金額は、一方で、リストラ・人員削減が進行し、他方で、フリーターやパートが増加して、賃金デフレが生じている現状では、むしろ勤労者上層の所得金額に近い数値である。したがって、とくに地価が高い大都市圏では、世帯年収一〇〇〇万円以下の一部勤労者上層まで含めて、勤労者中層・下層部分では、定年後まで住宅ローンが残るマイホーム取得は生活崩壊に直結すると見ておいてよい。

当然のことながら、①とくに大都市圏では、住宅政策を良質・低家賃の公共住宅の供給に切り換えていく必要があること、②また、地価が高かった八〇年代後半以降にマイホームを取得した勤労者については、企業会計における「時価会計・減損会計」の論理を適用して、マイホームの「土地値下がり分」を所得控除の対象にすることが緊急のテーマになっていること、などの新しい重要な政策課題が提起されてくる。住宅ローンがある世帯について、住宅ローンの返済額が所得税や社会保障負担などの「公租公課」を差し引いた、可処分所得の二〇％（筆者は、これをエンゲル係数にちなんで、住宅ローン係数という用語で表現すべきだと考えている）に達するという現状はまさに異常である。

さらに、この時期の社会政策・社会保障政策についてであるが、その政策的本質を勤労者・老後勤労者（＝高齢者）とその家族に対する保護政策として理解し、具体的にいえば、勤労者の「所得・生活保障」や労働権・団結権の保護を達成していく政策と考えれば、まさに「社会政策」不在・「社会保障政策」不在と言う他はない。せいぜい、対症療法的に、①女性の地位向上、男女平等の実現という世界的な動きに対応して、(a)女性労働の領域で、「男女雇用機会均等法」改正（九七年、施行九九年）を通じて、均等法が男女性差別規制の法へと一歩前進したこと、(b)また「育児・介護休業法」改正（九七年、施行九九年）を通じて、育児・介護休業制度の定着への動きが進んだこと、(c)さらに、女性の地位向上に関わって、九九年に「男女共同参画社会基本法」が制定（施行も九九年）されて、(d)曲がりなりにも、男女平等運動は新しい段階に入ったと言えること、があげられる。[注11]

また、②「改正民事再生法」が二〇〇〇年一一月に成立して（施行は二〇〇一年四月）、その中の「小規模個人再生手続き」「給与所得者に対する特例」「住宅資金貸付債権に対する特別条項」の三項が柱になって、(a)債務総額三〇〇〇万円以下の個人債務を抱えて破産寸前の経済的苦境に陥っている個人債務者を対象に、「小規模個人再生手続き」を裁判所に申し立てできるようにして、「原則三年（最長五年）で、債務の二〇%以上の返済計画」「債権者の過半数の同意」という二条件を満たせば、残り債務は免除、(b)「給与所得者」の場合、手取り収入から一家が最低限度の生活を維持するのに必要な金額を控除した金額の二年分を三年で返済すれば、残り債務は免除、(c)右記、(b)項の「給与所得者」

が住宅ローンを持っていた場合、住宅ローンの返済額が「最低限度の生活を維持するのに必要な金額」に含まれる「家賃相当額」を大幅に上回っていたとき、前記「特別条項」を活用して、「住宅ローン滞納額については五年以内の支払い」「残り住宅ローンの返済期限の最大一〇年の延長」「返済期限は債務者の年齢が七〇歳を超えないこと」という条件を満たせば、マイホームを手放さないで済むようになったこと、などの対症療法的措置も特記される。(注12)

(注6) 林直道『恐慌・不況の経済学』新日本出版社、二〇〇〇年、一四一―一四六ページ、参照。
(注7) 『わが国税制の現状と課題』大蔵財務協会、二〇〇〇年、一〇二―一〇五および一六〇ページ、参照。
(注8) この時期の新保守主義的経済・社会政策をめぐる動きについては、清山「現局面における発達した資本主義国の経済政策の特質」経済一九八四・一〇号、所収、および同「経済危機の進行と経済・社会政策の変容――先進資本主義諸国における八〇年代の新しい動向と関連して」(社会政策学会『社会政策叢書』第一〇集、一九八六年、所収)の二論文を参照して頂きたい。
(注9) 清山『前掲書』一九七―二〇〇ページ。
(注10) 総務庁『貯蓄動向調査一九九九年版』三九ページ、参照。
(注11) 川口和子「グロバリゼーション下の女性労働――男女平等の新ステージ」労働運動総合研究所編『グロバリゼーションと「日本的労使関係」』新日本出版社、二〇〇〇年、所収、を参照されたい。
(注12) 織里季祥「ローン破綻してもマイホームを手放さない道が開けた」『エコノミスト』二〇〇一年一月二三日号、参照。

第四章　個人消費拡大による内需拡大への道筋

――勤労者状態の分析を通じて

これまでの諸章で、一九八〇年代後半から現在にかけての日本経済の諸過程や経済・社会政策の分析を行って、①「日本版」内需拡大政策→九〇年代の構造性不況（＝日本経済の対内不均衡）→消費停滞・消費萎縮（それも停滞から萎縮へ）、という政策不況の経路が生じていること、②それも現在に近づけば近づくほど政策不況という側面があらわになって、とくに第二次橋本内閣による九七年四月の「橋本行革」以降は、消費萎縮という末期的症状を引き起こしていることを具体的に明らかにしてきた。

そこで、おのずから明らかになってきたことは、これまでの発想や政策的手法とは一八〇度転換して、何としてでも個人消費を活性化させ、これを起動力にして、個人消費拡大→内需拡大→日本経済の再生・活性化（＝日本経済の拡大均衡）、の道筋を作り上げる以外に日本経済の活路はないということである。本章では、以上のような問題意識をもって、傷みに傷んでいる勤労者状態の分析を通じて、どこにポイントを置いて、論理的整合性のある勤労者本位（＝国民本位）・個人消費主体の内需拡大政策を設計するか、また政策展開の方法や方向性は如何といった論点を意識的に取り上げていきたい。

その際、個人消費主体の内需拡大政策は、当然、①勤労者に対する生活安全保障のシステムを整備して、勤労者が日常の労働や生活から「喜び」や「生き甲斐」を感じることができ、また安心して「子供を生み」「子供を育てる」ことができる状況（＝労働・生活環境）を整備すること、②また、生活・社会システムの側から、少なくとも最低限の快適な住生活・老後生活を保障して、勤労者をマイホームや老後問題という「責め苦（＝貯蓄への強迫観念）」から解放すること、が主題になる。また、③言うまでもないことだが、これまでの発想や政策的手法とは一八〇度転換して、何としてでも個人消費を刺激し、活性化させるということは、最初の第一歩として、しばしば政治・政策にありがちな「バラマキ型」ではなく、効果的にポイントをしぼってまずは無条件的に所得政策を実施して「経済・社会」を活性化させることである、という認識や問題意識をもっておくことが重要である。

別の言葉で言えば、①これまでのように、経済政策や経済成長に付随して第二義的に勤労者に対する所得政策や生活・社会システムが位置づけられるのではなく、②これからは、少なくとも日本の経済・社会に関するかぎりは、勤労者に対する所得政策や生活安全保障システムが第一義的に存在して、その上で日本経済のありようや経済成長の問題が位置づけられていく、ということである。こうした発想や政策展開が、現在の日本経済や日本社会にもっとも適合的であることは、これまでの諸章で述べた通りである。

なお、ここで念のため二点を付言しておきたい。一つは、経済政策と社会政策・社会保障との関係をめぐる問題である。経済政策では、勤労者とその所得・消費は、通常、次の二つの見地から問題にされる。すなわち、①どうすれば労働・労働力政策などを通じて、安い賃金コストで働く良質の労働力を大量的に整備・確保し、労働者から最大限の労働能率や生産性をひき出せるか、②また、勤労者に資本主義への「体制帰属意識」を持たせるため、たとえば生産性の上昇と関連させながら、完全雇用政策や所得（＝所得引き上げ）政策を前者①と整合的に実施していくこと、の二つである。これに対し、社会政策や社会保障政策では、どういう手を打てば「勤労者生活とその老後」が最小のエネルギー・費用で効果的に保護され・安定するのか、といった直接的な勤労者保護を政策課題・政策目的にしている。

したがって、個人消費の拡大という次元からも勤労者の状態を問題にしようという今回の場合、経済政策と社会政策・社会保障政策の整合性はという点では、経済政策の側では、所得政策・生活安全保障のシステム→経済政策の体制安定機能という、その後者の側面にさしあたり目線を置いて、所得政策・生活安全保障のシステム→消費刺激・内需拡大→経済成長の達成、という経路で結局は経済成長の達成という経済政策本来の目的も達成される、と理解しておけばよい。

いま一つは、傷みきっている日本の勤労者状態を安定・向上させていく、あるいは勤労者の労働力「再生産」の条件を整備し・保障するといういずれの場合でも、勤労者生活のフレームワーク（＝枠組み）を「夫婦共働き」を前提に構想することである。それは、①「二一世紀が男女共生・男女共同参画型社会」で、男女の平等・女性の自立促進という観点から、「共働き」が当然のこととして前提されているだけでなく、②前掲表九に見られるように、女性の就業者数は二〇〇〇年二月現在、二五四四万人四〇・四％にも達して、「共働き」はすでに現実のものになっていること、③しかし、女性労働の賃金・労働条件が劣悪で、「共働き」の家計寄与率は非常に小さいため、女性の賃金・労働条件を改善・向上するとともに、「夫や子を持つ」女性が「働き続けることができる条件」を作りだすことが、個人消費の拡大や生活安全保障のシステム構築を達成していくという点からも効果的だからである。

第一節　勤労者の個人消費のフレームワーク

最初に、論点を整理しておこう。こんにち、日本経済がかかえている問題の第一は、①日本経済の対外不均衡（＝（構造的な貿易収支黒字）＋（投資収益黒字））→（内需拡大政策）または（輸入促進・輸入優先政策）の必要性）という動かしがたい前提条件（＝与件）の下で、②ここ一〇年間、構造性不況（＝日本経済の対内不均衡）が激しくなるばかりで、「株式や地価の暴落」に始まって、「価格破壊」「賃金頭打ち・賃金デフレ」「消費萎縮」なども生じ、「不況とデフレの悪循環」が懸念される出口の見えない状況に陥っていること、③当然のことながら、ここ一〇年の実質成長率水準は通算して年率一％程度と先進主要諸国の中でも「どん尻」レベルにまで落ち込んでいること、である。

こうした日本経済の問題状況を解決するカギは勤労者の個人消費がにぎっている。勤労者に「生活安心感」を植えつけながら、その個人消費を刺激して、経済活性化の「好循環」を作りだす以外に方法はない。この点で、第三章第四節で見たように、一九九八―九九年度の法人税大幅引き下げ、九九年度の金持ち減税（「所得税・住民税の最高税率の大幅引き下げ」＋「累進税率のフラット化」）が実施されて、日本経済の対内不均衡の解消→日本経済の再生・活性化を意図しているが、こうした手法は見当違いで、有害無益である。

次に、本節の主題である勤労者の個人消費は、大まかにいって、(個人消費)=〔(所得)=(賃金)×(雇用)〕－〔(直接税)＋(社会保険・保険料掛金)＋(貯蓄)＋(ローン・借金返済)〕、という式で表現できる。ただし、ここで以下の二点に注意しておく必要がある。一つは、これまで多くの場合、(勤労者)=(労働者=雇用者)として議論してきたが、統計処理との関係で正確にいうと、①勤労者の中には、雇用者以外に、大量の(自営業層)=(自営業主)＋(家族従業者)が含まれており、②また、統計上は雇用者とは別枠で扱われている(内職者)や(完全失業者)は、実際問題として、(雇用者)として処理することが必要であること、③さらに、(雇用者)の内枠で表示されている(役員)は、所得金額などを参考にしながら、雇用者として扱ってよい層とそうでない層とに選別する必要があることと、などである。

以上を、前記二〇〇〇年二月の『労働力調査特別調査報告』の数値で示すと、①労働力人口六六二七万人は、就業者六三〇〇万人、九五・一%と完全失業者三二七万人、四・九%に大別されるが、②労働者階級は、雇用者五二六七万人、七九・五%、内職者四七万人、〇・七%の他に、完全失業者四・九%で構成されること、③また自営業層は、非農・自営業層七六六万人、一一・六%と農林・自営業層二〇〇万人、三・〇%に分かれること、④役員三六四万人、五・五%は雇用者の内数として計上されていること、と整理できる。(注1) なお、労働者階級ともっとも利害関係が対立する資本家階級は、官庁統計上は、自営業主と役員の中に含まれている。筆者は、最近は日本の資本家階級を「富裕層」と表現することにしているが、その人口や労働力人口に対する比率を三％弱と見ている。

いま一つ注意しておく必要があるのは、マイホーム取得の問題である。すなわち、マイホーム取得は、統計処理上、「家計部門」の投資として処理されて、消費（＝個人消費）とは区別される。ただ実態面からは、①マイホーム取得を消費と区別することが難しいこと（たとえば、「居住性や立地面で、快適な公共住宅がない」「借家の家賃が高すぎるので、ずっと借家住まいするのは馬鹿らしい」など）、②マイホーム所有者には、マイホームは「まさかのときに切り札となる資産」として意識されてきたが、地価が今なお値下がり傾向を示して、マイホームの資産価値が危なっかしくなってきていること、③マイホーム購入費のうち、地価相当分は「消費が消費を呼び起こす」といった、消費の「連鎖」という視点からはほとんど効果が期待しにくい部類に属すること、などが指摘される。筆者がさきに第三章第二節や同第四節などで、家計部門や個人消費をマイホーム取得に誘導することの誤りを強調してきたのは、②や③などのためである。

ここで、（個人消費）＝〔（所得）＝（賃金）×（雇用）〕－〔（直接税）＋（社会保険・保険料掛金）＋（貯蓄）＋（ローン・借金返済）〕、という式にもどって勤労者の貯蓄と貯蓄性向を問題にすると、表二四に見たように、①一〇年前に比べると、消費支出を抑えて、消費性向は五％弱低下しているけれども、②「家計可処分所得」が増えないため、消費抑制が貯蓄増加とはならずに、ローンの返済負担、それも住宅ローンの返済負担ばかりが目立って、個人金融資産の増加は極めて鈍いこと、③とくに、この一〇年余りの間にマイホームを取得した勤労者の消費や貯蓄をめぐる家計動向は悲惨の極みであること、などが指摘される。したがって、最近の勤労者家計における消費と貯蓄の動向を要約すると、一方で消費抑制・消費萎縮が、他方では貯蓄純増の停滞（＝金融資産純増の停滞）が進んで、「雇用不安」「生活不安」「老後不安」「貯蓄強迫感」が極度に高まっていると整理できる。

以上のように個人消費をめぐる論点を整理してくると、現在、勤労者の個人消費を刺激し・拡大していくという場合、必要なことは、①効果的に所得政策・所得保障政策を実施して、勤労者の所得水準の底上げを図るとともに、②併せて、勤労者意識に見られる「貯蓄への強迫観念」や「将来への不安感」を取り去ることを課題に、「生活安全保障」の経済的・社会的システムを構築して、家計可処分所得の増加がストレートに消費支出の増加に直結する経路を作りだすことである。そうすれば、個人消費拡大の「好循環」が作りだされることになって、「日本経済の再生・復活」という希望に満ちた明るい構図をデッサンすることが可能になる。

それでは、どこにポイントをおいて勤労者の所得水準の底上げを図れば、個人消費が拡大するのか問題の所在をさらに鮮明にするため、ここで総務庁の『家計調査』および『貯蓄動向調査』の調査結果を利用して、昨今の勤労者生活の実像にアプローチしておこう。いうまでもなく、一口に勤労者といっても、①わが国の場合、企業規模、年齢、勤続年数、男女、雇用形態の差異によって、労働者・

労働者家族の所得や貯蓄面には大きな格差構造が存在するし、(注2)②また農林・非農両部門を合計して、一〇%を超える自営層が存在するため、勤労者の所得や貯蓄を平均値で見て議論することは意味がない場合が多いからである。

そこで、少し乱暴だが、勤労者世帯について、『家計調査』の世帯主の定期収入五分位別分類と『貯蓄動向調査』の世帯収入五分位別分類の数値を、各分位ごとに家計と貯蓄をリンクした表二六を参照して頂きたい。まず『家計調査』の方から見ると、①家族数は、どの分位も四人には達しないが、概して言えば、所得金額が大きい第三分位以上が三・七〜三・八人と四人に近いのに対し、第二分位以下は三・五人にも達しないこと、②世帯主の年齢は、所得が最小の第一分位だけが五〇・九歳と五〇歳を超え、第一分位には高齢者世帯が多く含まれていること（事実、第一分位では、「他の経常収入」に区分されている「社会保障給付」が五・五万円と突出して多い）、③また世帯主の妻の「勤め先収入」は第二分位以上で五〜六万円台、第一分位ではわずか三・四万円と、各分位共通して、「共働き」の家計寄与率の小ささが問題であること（唯一の例外は、参考資料として掲げた世帯収入十分位別の第一〇分位で一七・九万円であるが、この場合でも寄与率の小ささという点では同じである）、などが特徴として指摘される。

さらに、④世帯主の「勤め先収入」を見ると、第一分位一五・六万円（年収で一八七・二万円）、第二分位三四・〇万円（同四〇八・〇万円）、第三分位四五・三万円（同五四三・六万円）、第四分位五八・二万円（同六九八・四万円）、第五分位八一・〇万円（同九七二・〇万円）と配列され、(a)世帯実収入の分位間

表 26　世帯主の定期収入五分位別にみた労働者家族の家計と貯蓄（1999 年）

（万円）

A．勤労者家計	世帯主の定期収入五分位基準 1分位	2分位	3分位	4分位	5分位	平均	世帯の年収十分位基準 1/10分位	10/10分位
世帯人員	3.02	3.40	3.69	3.78	3.73	3.52	2.98	3.93
世帯主の年齢	50.9	42.2	42.4	45.3	48.9	45.9	44.0	50.9
月間実収入①	28.3	44.2	55.2	67.2	89.6	57.5	＊300	＊1,549
勤め先収入	20.9	41.0	53.8	67.2	89.6	53.7	24.4	96.6
世帯主	15.6	34.0	45.3	58.2	81.0	38.2	20.6	58.6
妻の収入	3.4	5.9	6.1	6.8	5.6	5.6	1.2	17.9
社会保障給付	5.5	1.8	1.0	0.7	0.7	1.9	2.0	2.0
非消費支出②	2.9	5.6	8.0	11.2	17.7	9.1	3.0	19.8
可処分所得③（①－②）	25.4	38.6	47.2	57.4	73.3	48.4	24.8	81.9
消費支出④	25.1	28.8	32.9	38.1	48.2	34.6	18.6	50.6
家計黒字⑤（③－④）	0.3	9.8	14.3	19.3	25.1	13.7	4.1	29.0
貯蓄純増	−1.6	7.1	9.4	13.9	18.1	9.4	2.5	20.5
ローン・借金返済	3.1	4.4	6.1	7.6	9.6	6.2	2.4	10.6

B．貯蓄（年末現在）	世帯収入五分位基準						同十分位基準	
年間収入⑥	365	556	718	909	1,387	787	295	1,624
貯蓄残高⑦	656	1,070	1,267	1,611	2,359	1,393	620	2,874
生命保険⑧	266	371	460	529	649	455	264	798
負債残高⑨	258	459	713	756	980	633	174	1,213
純貯蓄⑩（⑦－⑨）	398	612	554	855	1,379	760	446	1,661
修正純貯蓄⑪（⑩－⑧）	132	241	94	326	730	305	182	863
修正純貯蓄／年間収入	0.36	0.43	0.13	0.36	0.53	0.39	0.62	0.53

資料）総務庁『家計調査年報』1999 年版，および同『貯蓄動向調査報告』1999 年版

格差は、第一―第二分位で一五・九万円、第二―第三分位で一一・〇万円、第三―第四分位で一二・〇万円、第四―第五分位二二・四万円であるが、(b)所得税・住民税、社会保険料などを差し引いた「可処分所得」の分位間格差となると、第一―第二分位で一三・二万円、第二―第三分位で八・六万円、第三―第四分位で一〇・二万円、第四―第五分位で一五・九万円と、どの分位間でも格差が縮小しているが、とくに勤労者上層の税・社会保障負担の重さを反映して、とくに第四―第五分位間格差の縮小が目立つこと、も特徴である。

ところが、⑤消費支出になると、(a)各分位ごとの消費支出は第一分位二五・一万円、第二分位二八・八万円、第三分位三二・九万円、第四分位三八・一万円、第五分位四八・二万円の順で、(b)同じく分位間格差は、第一―第二分位で三・七万円、第二―第三分位で四・一万円、第三―第四分位で五・二万円、第四―第五分位で一〇・一万円となり、その分位間格差はさらにぐっと縮小し、所得上位の分位ほど消費抑制が目立つこと、⑥しかし、こうした消費抑制にもかかわらず、いずれもローンや借金返済の負担が大きいため、貯蓄純増が目立つのは第五分位の一八・一万円（＝年二一七・二万円）くらいで、年間の貯蓄純増は第四分位で一六七万円、第二―第三分位で一〇〇万円前後にすぎず、第一分位にいたっては一九・二万円の貯蓄純減になっていること、が注目される。

次に、『貯蓄動向調査』で世帯収入五分位別の貯蓄状況を見ると、①第二分位以上は、第二分位の一〇七〇万円から第五分位の二三五九万円まで、いずれも一〇〇〇万円以上の貯蓄残高（＝金融資産）

を持つが、②負債残高が大きいため、(a)負債を差し引いた「純貯蓄」は、第一分位三九八万円、第二分位六一二万円、第三分位五五四万円、第四分位八五五万円、第五分位九八〇万円と並び、いずれも一〇〇〇万円を割り込んでしまうこと、(b)したがって、純貯蓄に対する世帯年収の倍率も第一分位一・〇九倍、第二分位一・一〇倍、第三分位〇・七七倍、第四分位〇・九四倍、第五分位〇・九九倍と、第一―第二分位では年収を一〇%程度上回っているが、第三分位以上はいずれも年収を下回り、とくに第三分位の〇・七七倍という低さが目につくこと、③また、貯蓄残高に占める生命保険の比率が平均で見て三二・七%と高いのが注目されるが、(a)とくに第三分位の場合、純貯蓄から生命保険を差し引いた「修正純貯蓄」は九四万円と一〇〇万円に満たないこと、(b)「修正純貯蓄」は第一分位でも一三二万円、第二分位二四一万円と、下層では金額がわずかなこと、が特徴として指摘される。

その結果、「リストラや倒産で失業→転職したため、賃金が下がった（あるいは転職先がない場合も含めて）」「子供の大学進学で入学金・授業料など仕送り負担が必要になったので、貯金を引き出さないと生活していけない」「高額医療費の自己負担分を家計では処理できない」「収入が少ないため、医療費の自己負担分や介護保険料が払えない」ような場合、貯蓄がどんどん減っていくばかりでなく、生命保険を解約しないと収拾できないことになる。明らかに、第三分位以下では、生命保険は貯蓄性預金としての性格を失っている。また、失業・賃下げ、子供の大学進学、高額医療費の自己負担、老親への仕送りなど、家計に大きな費用負担が求められた場合、それを機会に家計の不安定性が一段と高まり、生活崩壊が進んでいくことになる。

　ここで、以上の『家計調査』や『貯蓄動向調査』の数値などから、現在の労働者生活の「実像」を立体的に描いておくと、以下のように整理できる。第一に、労働者生活の「平均像」ということでは、『家計調査』の世帯主の定期収入五分位別分類の中位数である第三分位の数値を、労働者中層の具体的な実像ということで頭に描いておけばよい。すなわち、第三分位の「平均像」としては、①「世帯主年齢四〇代前半・男性」で、家族数・家族構成は夫婦と子供二人弱という「核家族」、②世帯主の年収は五五〇万円弱（月間賃金三七・二万円、年間ボーナス九五万円）、妻の「勤め先収入」などを含めた一家の年間実収入は六六二万円（月間で五五万円）で、月平均の「消費支出」額は三二・九万円、③家計は一応黒字にはなっているが、年間の貯蓄純増は一一二・八万円程度で、負債を差し引いた金融資産残高は五五四万円にしかすぎない。

　第三分位の月平均「消費支出」額三二・九万円という金額は、現在の標準的な労働者の「消費標準」として理解し、この構造性不況下に絶対に死守しなければならない支出として受け止めておく必要がある。また、第三分位（＝労働者中層）をさらに詰めれば、①「世帯主年齢三〇代後半・男性」「大企業正規雇用・労働者家族」と、②「世帯主年齢四五歳前後・男性」「非正規雇用・夫婦共働き・労働者家族」、との二つの層で構成されていると見ておいていいだろう。

　なお、こうした第三分位の平均的「労働者像」に対して、マイホーム政策→マイホーム所有、を働きかけることは酷というものであり、この層が住宅ローンでマイホームを取得した場合には、瞬時にして家計が崩壊状態に陥ることを再度付言しておきたい。この点で、①マイホーム取得者の世帯年収額は九〇年代を通じて八〇〇万円台を超えていること、②この一〇年間にマイホームを取得した人で、まだ住宅ローンが残っている家庭は、純貯蓄額がマイナスになっていること、を想起することが必要である。勤労者の消費刺激という見地からは、③とくに大都市圏では、遊休国有地などを活用して良質・低廉な「賃貸し」用の「公共住宅」を供給して、需給関係の面から家賃相場の下落を図り、④併せて、住宅地価格の更なる下落を促進することが効果的、と理解しておくことが重要である。

第二に、「労働者上層」の場合、第四分位と第五分位がこれに該当し、いずれも「世帯主年齢四〇代後半・男性」の「大企業正規雇用・労働者家族」と見てよいが、①世帯主年齢は第四分位で四五歳前後、第五分位で五〇歳近くであり、家族数・家族構成は、第三分位の場合と同様、夫婦と子供二人弱の「核家族」であること、②世帯主の年収は第四分位で七〇〇万円弱（月間賃金四六・三万円、年間ボーナス一四〇万円）、第五分位で九七〇万円程度（月間賃金六四・九万円、年間ボーナス一九〇万円）である。

この労働者上層の場合、表二七「各種賃金指標・その一」からも明らかなように、(a)とくに学卒就職後そのまま勤続し続けている「標準労働者」などは、高卒・大卒を問わず、リストラで人員削減や賃金抑制の直接的な対象となるため、「雇用」や「所得」に対する「不安感」が大きく、極端に消費を切り詰めていること、(b)大多数はマイホーム所有者と見てよいが、この一〇年間にマイホームを取

表27　家計と各種賃金指標，その一

家計指標，99年（『家計調査』）
勤労者家計・第三分位（＝世帯主の定期収入基準）
世帯主の年齢42.4歳，世帯人員3.68人
実収入　月間55.2万円（世帯主収入45.3万円，月間賃金37.2万円，
年間ボーナス94.7万円，妻の収入6.1万円）
可処分所得　月間47.2万円　非消費支出　月間8.0万円
消費支出　月間32.9万円　家計黒字　月間14.3万円
貯蓄純増　月間 9.4万円　ローン・借金返済　月間6.1万円
負債を差し引いた純貯蓄554万円　うち生命保険460万円　残り現金・預金94万円

賃金指標，正規雇用，98年6月（『賃金構造基本調査』）
企業規模・年齢別賃金（製造業男性生産労働者，所定内給与，高卒・大卒）
45〜49歳層
1,000人以上39.0万円　100〜999人37.7万円　10〜99人36.6万円
35〜39歳層
1,000人以上32.1万円　100〜999人29.5万円　10〜99人29.3万円
企業規模・年齢別賃金，98年6月（製造業男性標準労働者，所定内給与，大卒）
45〜49歳層
1,000人以上60.1万円　100〜999人53.0万円　10〜99人47.4万円
35〜39歳層
1,000人以上41.9万円　100〜999人34.2万円　10〜99人33.9万円
同上，高卒
45〜49歳層
1,000人以上47.1万円　100〜999人44.7万円　10〜99人40.2万円
35〜39歳層
1,000人以上36.1万円　100〜999人33.3万円　10〜99人31.4万円

女性労働者平均賃金，所定内給与，高卒・企業規模10人以上
全産業20.5万円　製造業18.2万円　卸小売業20.3万円

学卒・初任給，全産業
大卒・男性19.6万円
高卒・男性15.8万円　女性14.8万円
女性・短大高専卒16.2万円

得した人の場合、住宅ローンの返済負担がきつく、また定年後に備えて貯蓄の必要性に迫られていること、(c)そのため、消費支出額は第四分位三八・一万円、第五分位四八・二万円と、消費抑制がもっとも目立つのはこの層であること、などが特徴として列挙される。

第三に、第一分位と第二分位は「労働者下層」に該当するが、両者は区別して理解しておいた方が適切である。すなわち、第二分位の場合、①「世帯主年齢四〇代前半・男性」で、家族数・家族構成は夫婦と子供二人弱の「核家族」という点では第三分位の場合とまったく同じだが、②「非正規雇用・労働者家族」という点で第三分位以上層と異なり、世帯主の年収は四〇〇万円強（月間賃金二八・七万円、年間ボーナス六〇万円）と大卒一年目の年収水準をわずかに上回る程度であるため、③消費支出額は第三分位三二・九万円並みに支出するゆとりはなく、これを四万円下回る二八・八万円にとどまっていること、などが特徴である。

ただし、負債を差し引いた純貯蓄は、この層の雇用の不安定性・貯蓄への強迫観念を反映して、六一二万円（うち生命保険は三七一万円）と、第三分位の五五四万円（同四六〇万円）を上回っている。明らかに、低所得・不安定雇用の第二分位層の場合、一方で、勤労者に対する生活安全保障のシステムを整備して、貯蓄への強迫観念から解放するとともに、他方で、所得政策を実施して、できるだけ第三分位並みの消費支出水準に近づけていくこと、が最大の政策課題になる。

次に、第一分位は、世帯主の労働収入が学卒初任給や住民税「課税最低限」にも届かず、年金収入も「基礎年金」程度あるいはそれ以下（六〇歳以上・六五歳以下の場合、こうしたことが起こりうる）的な被《ひ》救恤層《きゅうじゅっそう》(注3)と見ておいてよい。すなわち、第一分位の場合、①多くは「世帯主年齢五〇歳以上・男性」で、家族数・家族構成は夫婦と子供一人の「核家族」（子供一人であることに注意）であるが、②年金受給年齢に達した「非正規雇用・高齢労働者家族」が多いという点で他の分位と異なり、(a)世帯主の月間賃金一三・九万円、年間ボーナス一九万円と、年間の労働収入は一八七万円にすぎず、(b)女性・高卒一年目の年収水準二五〇万円（＝(初任給一四・八万円)×(一七カ月)）、(c)夫婦二人世帯の所得税「課税最低限」二二〇万円、同住民税「課税最低限」一九五万円などの「最低所得標準」にも達していないこと（表二八参照）、③―(a)また妻が高齢・病弱などのため、その「勤め先」収入も年四〇万円とわずかであり、(b)年金（＝社会保障給付）収入年六六万円、(c)貯蓄の食いつぶし年一九万円などを合算して、「何とか生きている」、事実上は「家計赤字世帯」であること、などが特徴である。

世帯単位ということで、第一分位の家計収支を再度整理しておけば、①世帯の月間実収入は二八・三万円と第二分位を一五・九万円も下回ること、②家計が事実上、赤字状態であることを反映して、可処分所得二五・四万円、消費支出二五・一万円、非消費支出二・九万円と何とも辻褄《つじつま》の合わない数字が並ぶが、言えることは、(a)消費支出は第二分位の場合以上に極度に圧縮されているが、それでも消費性向は一〇〇％に達していると見ておいてよいこと、(b)一応、純貯蓄は三九八万円あるが、貯蓄の食いつぶしが「ベース」になっているため、〔「介護保険料の新規負担」「医療費の自己負担」〕→

表 28　家計と各種賃金・社会保障指標，その二

家計指標，99 年（『家計調査』）
勤労者家計・第一分位（＝所帯主の定期収入基準）
　世帯主の年齢 50.9 歳，世帯人員 3.02 人
実収入　月間 28.3 万円（世帯主「勤め先」収入 15.6 万円，月間賃金 13.9 万円，
　年間ボーナス 18.8 万円，妻の収入 3.4 万円，社会保障給付 5.5 万円，
可処分所得　月間 25.4 万円　非消費支出　月間 2.9 万円
消費支出　月間 25.1 万円　家計黒字　月間 0.3 万円
貯蓄純増　月間－1.6 万円　ローン・借金返済　月間 3.1 万円
負債を差し引いた純貯蓄 398 万円　うち生命保険 266 万円　残り現金・預金 132 万円
賃金指標，98 年
パート労働者・常用，（『毎月勤労統計調査』）
企業規模 500～999 人，現金給与総額 11.5 万円，月間実労働時間 100.3 時間，
　出勤日数 16.7 日
5～29 人，現金給与総額 8.9 万円，月間実労働時間 95.1 時間，
　出勤日数 17.0 日
最低賃金，99 年発効分
最高，東京都，日額 5,514 円，時間割 698 円，
最低，佐賀県ほか，日額 4,756 円，時間割 595 円
児童手当，2000 年度現在
児童手当　月額　第一子 0.5 万円，第二子 0.5 万円，第三子以降 1.0 万円，所得制限あり
児童扶養手当（母子家庭および孤児）月額　子供一人 4.2 万円，子供二人 4.7 万円，子供三人以上は一人につき 0.3 万円，所得制限あり，
所得税・住民税指標，2000 年度現在
所得税課税最低限・年額　夫婦子二人・四人世帯 384.2 万円　夫婦子一人・三人世帯 283.3 万円，夫婦二人世帯 220.0 万円　独身世帯 114.4 万円
所得税課税控除　社会保険料控除 38.4 万円　基礎控除・配偶者控除・配偶者特別控除・扶養控除各 38.0 万円　特定扶養控除 63.0 万円
住民税課税最低限・年額　夫婦子二人・四人世帯 325.0 万円　夫婦子一人・三人世帯 250 万円　夫婦二人世帯 195.0 万円　独身世帯 108.8 万円
住民税課税控除　社会保険料控除 32.5 万円　基礎控除・配偶者控除・配偶者特別控除・扶養控除各 33.0 万円　特定扶養控除 45.0 万円
公的扶助，生活保護基準，生活扶助，2000 年度現在
1 級地－1，標準三人世帯 17.7 万円　老人二人世帯 15.1 万円
　老人単身 10.9 万円　母子三人世帯 20.1 万円
3 級地－2，標準三人世帯 13.5 万円　老人二人世帯 11.7 万円
　老人単身　8.4 万円　母子三人世帯 15.6 万円

「貯蓄の更なる食いつぶし」、というストレートな動きが生活を直撃して、「(市場原理・受益者負担原則)→(消費税引き上げ、公共料金・社会保険料引き上げ、医療・福祉サービス費用の一部自己負担)」、という政策展開の影響をモロに受け、(c)純貯蓄の食いつぶしは時間の問題であり、「個人破産」と隣り合わせに住んでいる階層がこの層、と表現できる。

(注1)　総務庁『労働力調査特別調査報告二〇〇〇年二月』から算出。なお、農林業については、同調査表七の「従業上の地位」別の数値を使って組み替えている。

(注2)　なお、この二つの調査では、勤労者は、失業者を除く雇用者として定義されている。したがって、自営層の数値は、勤労者以外の「一般世帯」の数値の中に含まれることになる。

(注3)　経済的理由その他で「自立」できず、政府や地方自治体から公的扶助その他の援助を受けている階層のことをいう。高齢者や、健康面で病弱・虚弱であったり、失業・半失業状態にある場合に多い。

第二節　第一次的・直接的所得保障と第二次的・間接的所得保障への構想

筆者は、前節までで、国民本位の経済・社会政策への転換が鮮明になって、ポイントをついた所得政策が実施され、また整合性のとれた生活安全保障システムへの方向性が明らかになれば、①所得政策による勤労者所得の増加はストレートに個人消費の拡大につながっていくこと、②個人消費の拡大を基礎に、日本経済の再生・活性化や経済成長への道筋を描きだすことが可能になること、を明らかにしてきた。そこで、本節では、勤労者に対する「所得政策と生活安全保障システムのフレームワークへの構想」を分析の主題にする。

そこで、本節の主題を取り上げるにあたって、前提的に知っておいた方がよい、いわば常識的な問題を三点ほど指摘しておきたい。一つは、一九九〇年代の構造性不況とリストラの下で日本の雇用構造に何が起こっているかという、いわば動態分析の問題である。すなわち、①前節で、勤労者生活の静態的な分析を通して、(a)日本には、事実の問題として、労働者上層・中層・下層の三層が存在し、この三者間の所得や生活など、生活面での格差はかなり大きなものであること、(b)どの層も、それぞれいくつもの重要な生活上の難問をかかえていることを明らかにしたが、②さらなる問題は、不況やリストラにともなう労働市場や雇用構造面での変化を分析して、労働者諸階層に起こりつつある変化を把握しておくことである。

この点で、①前掲表二七に記載されている九八年の『賃金構造基本調査』からの「正規雇用」労働者についての企業規模・年齢・男女別賃金、および「正規雇用・標準」労働者の学歴・企業規模・年齢別賃金、②同じく表二八に掲げている「常用パート賃金」およびパート労働者を対象とした最低賃金法にもとづく「最低賃金」、③さらには、最近の労働移動の状況を示した表二九、表三〇の二つ表などで、日本のピラミッド型の差別的な雇用構造とその変化を大まかにデッサンすることが可能である。

最初に、「雇用動向調査」を利用して労働移動の動きの方から把握しておくと、ここでは「一般労働者」という用語で表現されている「正規雇用」労働者とパート労働者別に労働移動（入職および離職）の状況を見た表二九に明らかなように、①正規雇用の場合でも、一年の間に八人弱に一人が入職ないし離職する、したがって都合四人弱に一人が移動して、移動率は相当高いこと、②パート労働者を増やして、正規雇用を減らす傾向が全体的な趨勢であること、が見て取れる。また「正規雇用」分野の離職者の勤続期間別の構成の推移を表三〇で見ると、③離職者の圧倒的な部分が勤続「一年未満」「一年以上・五年未満」に集中して、(a)企業による採用者（新卒および中途採用者）の「教育・訓練」というよりは、(b)むしろ「選別・えり好み」が激しいことが示唆されること、④さらに、九四年

表 29　入職率と離職率の推移（1991—98 年）

（%）

	一般労働者			パート労働者		
	入職率Ａ	離職率Ｂ	差引Ａ－Ｂ	入職率Ａ	離職率Ｂ	差引Ａ－Ｂ
1991 年	14.8	13.8	1.0	29.8	24.7	5.1
1992 年	13.7	12.9	0.8	30.6	26.6	4.0
1993 年	12.7	12.4	0.3	26.3	26.3	0.0
1994 年	11.7	12.3	−0.6	21.3	23.9	−2.6
1995 年	12.0	13.1	−1.1	23.4	22.8	0.6
1996 年	12.2	12.3	−0.1	23.7	23.3	0.4
1997 年	12.4	13.6	−1.2	26.6	25.2	1.4
1998 年	11.4	13.0	−1.6	28.4	27.8	0.6

資料）労働省『平成 10 年雇用動向調査報告』から作成
注）一般労働者は常用労働者のうち，パート労働者を差し引いたもの。

表 30　一般労働者からの離職者の勤続期間別構成の推移（1991—98 年）

（%）

	1991年	1992年	1993年	1994年	1995年	1996年	1997年	1998年
1 年未満	33.8	31.9	31.2	28.5	29.8	29.3	32.1	29.7
1 〜 5 年未満	37.0	38.1	39.5	38.0	38.1	36.5	35.2	33.1
5 〜10 年未満	13.7	13.6	12.5	13.8	13.9	15.3	14.1	14.9
10 年以上	15.4	16.3	16.8	19.4	17.9	18.6	18.4	22.0
合計	100.0	100.0	100.0	100.0	100.0	100.0	100.0	100.0

資料）労働省『平成 10 年雇用動向調査報告』から作成

以後、勤続「一〇年以上」層の離職比率が高まっていること、が注目される。

なお、一方での、企業側の新卒など若年層や短期勤続者に対する「選別・えり好み」という傾向、他方での、ここ一〇年近くの学卒の就職難、という二つの現象や動きが交錯したとき、そこから重要な問題が生じてくることを指摘しておきたい。それは、「学校を卒業して一年たったが、まだ就職できないでいる一〇％前後の若者たち」「幸い就職できたけど、企業に馴染《なじ》めないで離職した」層がフリーター市場や短期流動的な「派遣労働市場」などを転々としながら、前節に見た被救恤層（＝第一分位層）の中に、「無資格・無技能」の労働力として最初からストレートに流入していることである。子供たちの学力低下が深刻な問題として論議されている折から、二〇代の若者たちに対する職業教育や職業訓練問題が重要になっていることを指摘しておきたい。

ともあれ、ピラミッド型の差別的な雇用構造は、大略、以下のように整理できる。すなわち、①一口に、「正規雇用」といっても、(a)まず男女別に大きな差があり、(b)また学卒後、ずっと勤続し続けてきた「標準労働者」であるか、中途採用で勤続期間も短い場合とでは、同一学歴・同一年齢であっても、相当大きな賃金格差が存在して、四〇代後半の製造業一〇〇〇人以上規模企業の標準労働者の場合、大卒で所定内賃金六〇・一万円、年収では一〇二一万円、高卒で所定内賃金四七・一万円、年収では八〇〇万円に達していること、(c)一〇〇〇人以上規模企業の男性・「正規雇用」の場合でも、大半が中途採用者で構成されているために、(d)男性・「正規雇用」労働者の企業規模別賃金格差は、一〇〇〇人以上規模企業に対してその他の企業規模はいずれも九〇%強という線にまで縮小してきていること、②他方、女性「正規雇用」労働者の平均所定内賃金は全産業で二〇・五万円、製造業で一八・二万円と男性に比べて非常に少なく、男性と対等な「家計寄与者」になりえていない場合が圧倒的に多いこと、などが特徴である。

それにしても、女性労働者の賃金の低さ、その帰結としての女性労働の家計寄与率の小ささが気になるので、第一章第四節と前掲表一〇で分析した二〇〇〇年二月の『労働力調査特別調査報告』の結果を再度取り上げておくと、女性労働者総数二〇八七万人のうち、①「正規雇用」労働者は一〇七七万人と全体の五一・六%を占めるが、この層でも、(a)月間賃金で三〇万円弱、年収で五〇〇万円に達しているのはわずか一五八万人、「正規雇用」全体の一四・七%、(b)これを、大卒初任給並みの年収三〇〇万円以上まで下げていって、やっと四七二万人四三・八%に達すること、②他に「非正規雇用」領域に、(a)「パート・アルバイト」「臨時・日雇」「派遣・嘱託」の三者を単純合計すると一三五八万人、(b)女性労働者総数から「正規雇用」労働者数を差し引いて算出すると、「非正規雇用」労働者は一〇一〇万人存在するが、(c)「パート・アルバイト」など三者それぞれで年収三〇〇万円以上まで達している層はごくわずかで、大半は年収一五〇万円未満であること、などが指摘される。

以上から、日本の雇用構造とその動態的な変化を整理しておけば、雇用構造に関しては、①「新会計基準」の「連結決算」→「連結納税」への動きからも明らかなように、一握りの中核企業（=親会社＝巨大企業）の「標準労働者」を中核とし、また頂点において（もちろん、個々の労働者の配置・位置づけは職制・職能上の地位や学歴によって微妙に異なってくる）、②親会社の「標準労働者」の周辺・あるいはその下層に、非中核企業の「標準労働者」、中核企業の中途採用者、独立系企業の「正規雇用」労働者、子会社・孫会社の「正規雇用」労働者、女性労働者、「非正規雇用」労働者などが重層的・かつピラミッド的に配置・配列されるという、「労働者支配と差別的管理」を基調とした「管理機構」に対応した重層的・差別的雇用構造が成立していること、③女性パート労働者、アルバイト・臨時・日雇などが階層的雇用構造の最底辺に位置していること、が指摘される。

さらに、雇用構造の動態的な変化ということで言えば、①「大競争」「構造性不況」「円高・海外生産」「円高・価格破壊」「不良債権・不良債務」「消費停滞・消費萎縮」「少子化による子供・若者向け業種の構造不況業種化」などを背景に、日本国内で、人員削減・賃下げに重点を置いた後ろ向きの「リストラ・合理化」が、「企業倒産」「工場閉鎖」などの動きと交錯しながら進行し、中核企業でも、(a)リストラの対象は、相対的に賃金が高い三〇代後半以上の「標準労働者」ばかりでなく、(b)「正規雇用」労働者全般にも向けられ、「標準労働者」の「中途採用者」による置換や「正規雇用」労働者の「派遣労働者」「パート労働者」による「労働力置換・代替」の波を引き起こしていること、②—(a)労働市場や雇用構造の最底辺に位置するパート労働者の賃金は低い水準に固定されたままであり、(b)同様に、学卒初任給も九三年以来、男性大卒一九万円台、同高卒一五万円台、女性高卒一四万円台という水準から動かず、わずかに女性短大・高専卒だけが九七年に一六万円台へと代替わりした程度であること、(c)総じて、「賃金デフレ」が動きの基調となっていること、が特徴である。

所得政策や生活安全保障システムを問題にするにあたって、前提的に知っておく必要があるいま一つの点は、現行の所得・生活保障の諸制度が形骸化したり、あるいは当初から所得保障機能を果たしていなかったりして、「生活不安」「生活苦」の原因になっている場合が多いことである。その例として、「最低賃金制度」「児童手当」「生活保護」「公的年金」の四つを取り上げよう。

〈最低賃金制度〉　最低賃金制度は、パート労働者など、最底辺に位置する労働者を対象とする。そこで、『毎月勤労統計調査』によって、九八年現在で、一番賃金が低い従業員五―二九人規模の「中小企業下層」「零細企業」で働く常用パート労働者の「賃金・労働条件」を紹介すると、月間現金給与総額八・九万円（日給で五二二九円、年収では一〇七万円）、同実労働時間九五・一時間（年間で一一四一時間）、同出勤日数一七日である。単純計算して、一日の労働時間は五・六時間、時給は九三五円（特別給与分を差し引くと八九九円）である。もし仮に、①この規模企業の「常用労働者」並みに月二一・三日出勤していたとすれば月間現金給与総額は一一・一万円、②同じく、「常用労働者」並みに月間所定内労働時間一六一・八時間働いたとすると、月間賃金は一五・一万円（年収一八一万円）になる。

このように、パート労働者が「フル・タイム」働いたとして、月間賃金はやっと女性高卒初任給（男子一五・八万円、女子一四・八万円）並みになるが、ただ「ボーナス」の有無という点で両者は決定的に違ってくる。ちなみに、女性高卒の年間「ボーナス」を、『賃金構造基本調査』で見ておくと、勤続一－二年目の一八－一九歳層で製造業三三・六万円、卸小売・飲食店二四・七万円、勤続三－四年目の二〇－二四歳層で製造業六二・七万円、卸小売・飲食店五七・五万円（いずれも企業規模一〇人以上）である。他方、パート労働者の場合、「ボーナス」は、平均で六・五万円、産業別には卸小売・飲食店の四・七万円、企業規模別には一〇－九九人規模の五・六万円が最低だが、いずれにしろ問題にならない位少ない。技能・経験・判断力などの面で、パート労働者の方がむしろ「即戦力」になることを考えると、やはり「賃金は安すぎる」。

地域別に決定される「最低賃金」は、最高の東京都一日五五一四円、時給六九八円（九九年一〇月発効）から最低の佐賀県・宮崎県一日四七五六円、時給五九五円（同年同月発効）までの間で、地域それぞれの高卒初任給などを参考にしながら確定されている。この「最低賃金」額で、パート労働者の平均月間実労働時間九五・一時間で月間賃金を試算すると、最高の東京都で六・六万円、最低の佐賀県・宮崎県五・七万円となる。

「最低賃金」額の決定に当たっては、①賃金は、本来、労働者とその家族の生活費であること、②前記『家計調査』の第三分位世帯の消費支出額三二・九万円を念頭におくと、月額で六万円前後、時給で六〇〇～七〇〇円という現行「最低賃金」は、金額面であまりにも「ネグリジブル（＝取るに足りない）」にすぎること、③従業員五－二九人規模の「中小企業下層」「零細企業」でさえも、「常用パート」労働者に対して時給九〇〇円を支給していたこと、④パート労働者は「即戦力」になるという強みを持ち、企業側はパート労働者を活用すれば、「ボーナス」「退職金」「社会保障」負担などを大幅に節減できること、などの諸事情にもっと配慮しなければならない。当然、一方で、従業員五―二九人規模企業の時給九〇〇円を当面の緊急目標にして、即時・時給一〇〇円アップ、二年目同一〇〇円、三年目同一〇〇円アップし、通算して二年間でこのレベルにまで到達させるとともに、他方で、保育所・学童保育など、子供の保育環境を整備してパート労働者の「フル・タイマー」化を図っていく必要がある。

この時給一〇〇円アップで、当該「パート労働者」の賃金は、月間で(時給一〇〇円)×(九五・一時間)＝九五一〇円、年収では一一・四万円上昇することになる。「最低賃金」引き上げは、連鎖反応的に該当外の「パート・アルバイト」「臨時・日雇」「内職者」に広く影響し、その時給や賃金を「底上げ」していくと見ていい。二〇〇〇年二月の『労働力調査特別調査報告』で、「パート・アルバイト」「臨時・日雇」数を控えめに試算すると、(雇用者数)－(役員数)－(「正規雇用」者数)－(「派遣・嘱託」)で計算して、総数一〇六四万人である。これに、「内職者」数四七万人を加えて、計一一一一万人となる。したがって、「最低賃金」引き上げで、時給一〇〇円アップを実施すれば、(一一・四万円)×(一一一一万人)＝一・二七兆円と、年間一・二七兆円の所得増→同一・二七兆円の「個人消費」増を具体化できることになる。

それにしても、二年後に通算で時給三〇〇円アップになったとして年間三・七一兆円、これに対しGDP総額は約五〇〇兆円である。改めて、パート労働者などの「非正規雇用」労働者がいかに安上がりの労働力であるかを、実感しておかれたい。

〔児童手当〕次は「児童手当」の問題である。子供の扶養実費と児童手当の問題に関しては、さしあたり以下の諸点が検討の素材になる。すなわち、①二〇〇〇年度現在の所得税制では、(a)子供の扶養を意識して、家族数・家族構成別の「課税最低限」を「夫婦・子二人の四人世帯」三八四・二万円、「夫婦・子一人の三人世帯」二八三・三万円、「夫婦二人世帯」二二〇万円、「独身世帯」一一四・四万円と格差を設けており、(b)これは、「夫婦・子二人の四人世帯」と「夫婦・子一人の三人世帯」の間で一〇〇・九万円、「夫婦・子一人の三人世帯」と「夫婦二人世帯」の間で六三・三万円の格差になること、②同じく住民税制の場合、(a)「課税最低限」は、「夫婦・子二人の四人世帯」三二五万円、「夫婦・子一人の三人世帯」二五〇万円、「夫婦二人世帯」一九五万円、「独身世帯」一〇八・八万円と並んで、水準が少し下がり、(b)格差も前者で七五万円、後者で五五万円と所得税よりは小さくなっていること、が指摘される。

次いで、③現行の「児童手当」制度であるが、西欧の「福祉国家」では、子供の「扶養実費」を意識しながら金額設定が行われているのとは対照的に、日本の場合、四人世帯で年収四七五万円以下という所得制限を設定した上で、六歳になる年度まで、つまり「未就学児」の間に限って子供一人につき月額〇・五万円、子供三人目になってやっと一万円を「申し訳的」に支給する制度であること、④ただし、「未婚の母と子」を含めた「母子家庭」には、「母子二人世帯」二〇四・八万円の所得制限以下の場合（高校新卒の年収水準、ないしは「夫婦二人世帯」の住民税「課税最低限」一九五万円を若干上回る程度）、一八歳になる年度まで、つまり高校を卒業するまで第一子月額四・二三七万円、第二子〇・五万円、第三子〇・三万円を支給するという「児童扶養手当」の制度がある。

ところで、前述の「最低賃金制度」が「人」を雇う上での「社会的コスト」であり（「人」は、人間らしく生きる「自然的な」かつ「社会的な」権利がある）、企業側としても現在の「消費萎縮」を食い止め、内需拡大を図っていくためのいわば「必要悪（＝社会的必然）」としてその引き上げを「やむなく承認」する必要があるとすれば、「児童手当」の場合は、勤労者とその家族が人間らしい家庭生活を営んで行く上で必要不可欠な「砦」であり、社会制度である。

この点で、①中層以上の大企業「正規雇用」労働者まで含めて、日本の勤労者が「子育て」に自信を持つことができなくなり、②その結果、「少子化」が進んで、すでに「子供・若者向け業種の構造不況業種化」が生じているばかりでなく、年齢別人口の減少による「構造不況業種」問題の広がりは、最終的には高齢者向けの「シルバー関連業種」にまで波及し、「少子化」が原因となっての日本経済の対内「縮小不均衡」が日本の経済体質として「ビルト・イン」されてきていること、③不況とリストラの進行にともなって、「夫婦共働き」の年収が「夫婦・子二人の四人世帯」三八四・二万円という所得税「課税最低限」にも達しない、低所得労働者が増えてきていること、④したがって、企業の内外で、つまり企業の内部では子供の「扶養手当」の引き上げを、また企業の外部では子供の「扶養実費」を意識して「児童手当」の引き上げを図り、勤労者の子供に人間らしく生きる権利を保障し、かつ「少子化」を阻止する必要があること、などが指摘される。

なお、「児童手当」制度の抜本的な整備・充実が国民的な問題であり、また課題であることは、①「少子化」の進行→高い高齢者比率→「永遠の現象」としての「超高齢社会」という「悪循環」を断ち切る必要があること、②また、国民相互の間の負担（＝社会的公平）の問題という点からも、「生涯独身」「子供ができなかった夫婦」は、将来、「子供ができた夫婦の子供たち」に社会的に「扶養される」ことになること、などからも明らかである。

そこで、子供の「扶養実費」の社会的「最低限」ともいうべき金額を提示しておくと、一つは、「母子家庭」に対しての「児童扶養手当」で支給されている第一子月額四・二三七万円がメドになる金額だろう。一八歳まで扶養して、〔（四・二三七万円）×（一二カ月）×（一八年）〕＝九一五万円である。いま一つは、所得税「課税最低限」の「夫婦・子二人の四人世帯」と「夫婦・子一人の三人世帯」との格差、年一〇〇・九万円という金額である。一八歳までで一八一六万円である。なお、『家計調査』第三分位世帯（世帯人員三・六八人）の〔（月間消費支出額三二・九万円）＋（同非消費支出額八・〇万円）〕×（一二カ月）＝四九〇・八万円を念頭におくと、「夫婦・子二人の四人世帯」の所得税「課税最低限」三八四・二万円という金額は、人間らしく生きていくには「そう十分とは言えない」額と見ておいてよい。

他方、「年齢各歳別人口」を見れば明らかなように、年々の出生数は、八〇年代前半までは一五〇万人を上回っていたが、九四年以降は一二〇万人を下回るところまで落ち込んできている。（注4）「少子化」を阻止するという場合、大胆に、年々の出生「目標」を一五〇万人において構想し、「子供向け業種」で「消費ブーム」発生という事態が起こることが望ましい。ちなみに、「児童扶養手当」の第一子月額四・二三七万円を基準に、一八歳になる年度まで、「所得制限なし」で新たに「児童手当」を構想したとして、年間出生数を一五〇万人と見込んでも、所要費用は一三・七兆円である。そこで、当面は、所得税「課税最低限」の「夫婦・子二人の四人世帯」四九〇・八万円に「ライン」を設定して、世帯当たりの年収四九〇・八万円以下は月額四・二三七万円、またこの「ライン」を上回る場合は子供一人当たり月額二万円、といった内容の新制度を即時実施すれば「景気刺激」という点からはきわめて効果的である。

ところで、現行の「児童手当」制度は、所要費用の負担について、①「自営層（＝非被用者）」についてだけ、国三分の二・地方三分の一の比率での全額政府負担で、②被用者については、(a)三歳未満は事業主一〇分の七、国一〇分の二、地方一〇分の一という比率での事業主と政府負担、(b)三〜六歳の間は、「自営層」並みに国三分の二・地方三分の一の比率での全額政府負担、という負担方式で運営されている。筆者も、費用負担の方式については、「自営層」分は全額政府負担、被用者分は三歳未満児に対する現行方式でと考えている。このように、「児童手当」は、事業主と政府だけが費用を負担し、勤労者は費用負担をする必要がないといったカッコつきの「社会保険」制度なので（「最低賃金制度」が第一次的・直接的所得保障の制度であるのに対して、「児童手当」は一・五次的・中間的所得保障の制度と見ておいたらいい）、最大一三・七兆円という所要費用が全額政府負担になる訳ではないことに留意しておく必要がある。

そういう意味からいえば、①『国民経済計算』によると、九九年現在で、「雇用者報酬」は、総額二七七・五兆円であるが、その配分問題（＝賃金制度）に関して、②これまで、賃金の「労働の対価」という側面だけが一方的に強調されすぎて、「賃金の基本給化・基本給の職能給化」があまりにも進行して、「子育て」が困難になり、「少子化」が生じていることへの反省が必要になっていること、③日本の経済・社会の現状からは、労働者の生活費という賃金のもう一つの側面を意識して、企業内部での「扶養手当」・政府所管での「児童手当」という二本立てで、賃金の一〇％（「ボーナス」相当分を含めて）程度を「子育て」手当化する必要があること、④ここで一〇％という根拠は、(a)「母子家庭」の「児童扶養手当」月額四・二三七万円、(b)所得税「課税最低限」の「夫婦・子二人の四人世帯」と「夫婦・子一人の三人世帯」との格差一〇〇・九万円を参考にすれば、前者の二倍弱、(c)企業内部での「扶養手当」の場合には、子供の大学進学も考慮する必要があるはず、という三点から感覚的に見当をつけたものであること、などを念頭におかれたい。いずれにせよ、「児童手当」の大幅引き上げ、そして抜本的な整備への主張はけっして「荒唐無稽《こうとうむけい》」なものではない。

いうまでもなく、こうした「子育て」手当化が実施されれば、①それは、賃金制度内部の単なる配分比率の変更で終わらずに、②「雇用者所得」総額二七七・五兆円を増加させていく誘因になる。

以上、「最低賃金制度」と「児童手当」の分析にはケース・スタディ的な意味もあってスペースを割いたが、それは、①財政事情がきわめて悪化している現在、財政面からの第二次的な所得再配分を通じての消費刺激に過大な期待をかけるのは難しいので、②第一次的な所得形成の次元に注目して、勤労者に対する所得政策を無条件的に先行させ、(a)勤労者の第一次的・直接的な所得形成→消費刺激・消費拡大を実現すると同時に、その生活安全保障水準の「底上げ」を図れば、(b)日本経済の「再生・復活」につながって、企業側も、消費拡大→「生産増」「売り上げ増」「利益増」という経路での長期・安定的な所得政策「効果」を享受できることになると判断したためである。

そこで、同様の意味合いで、中小企業・零細企業や「自営層」を対象とした所得政策を探っておくと、①中小企業・零細企業とその労働者、農林「自営層」などについて、(a)東アジア諸国などとの「競合」で、「産業」「業種」そのものの「存立」が危機に瀕しているケースが非ハイテク分野や農林業で目立つが、(b)そういう場合は、日本側でまずは「セーフ・ガード条項」を発動し、当該「輸入品の数量規制」を実施して（貿易収支の均衡はハイテク商品やIT機器などで考えればよい）、バランスのとれた産業構造の維持や地域経済の「保全」を図っていくこと、(c)アメリカのスーパー三〇一条を始めとして、欧米の先進国でも、産業崩壊を防ぐための産業保護政策は当然の手段として容認されており、この点の認識の希薄さが「日本の極端に低い食料自給率」につながっていること、②また、都市「自営層」には、「消費萎縮」が解消するまで、大規模店舗やコンビニの新規立地を「完全凍結」し、(a)縮小する「個人消費(=需要)」をめぐって多数の「多すぎる店」が乱立し、(b)廃業や倒産でシャッターを下ろしたまま放置されているビルや店舗がさらに増加している現状に歯止めをかけること、などの必要性が指摘される。

(注4)　年齢各歳別人口については、総務庁「推計人口」による。

第三節　「生活保護」と「公的年金」の問題状況をどう理解する

低所得層、勤労者、「老後」勤労者に対する所得の第二次的・間接的所得保障のシステムとして、「福祉国家」といわれる国ほど、「公的扶助＝生活保護」「公的年金（年金も社会保険の一種である）・社会保険」「福祉・社会福祉サービス」のシステムを整備して、勤労者に対する生活安全保障を図っている。そのため、①西欧の「福祉国家」では、日本のように、「貯蓄に狂奔する」必要もなく、また「貯蓄への強迫観念に迫られる」こともないし、高齢者の貯蓄保有額も驚くほど少ない。また、②社会保障制度が整備されているほど、不況期には社会保障支出が増加するので、自動的に「景気安定機能」を果たすことになるという点も重要である。

日本の場合、「国家政策」が長年にわたって大企業本位の高度成長政策や「日本版」内需拡大政策を優先し、消費税さえも「福祉目的税」化することを拒否してきたため、第二次的・間接的所得保障のシステムは多くの問題を抱えている。本書では、「生活保護」と「公的年金」にしぼって、問題状況を明らかにしておこう。

〔生活保護〕　第一に、「生活保護」制度は、本来、①制度の目的を、「生活に困窮するすべての国民に対し、その困窮の程度に応じて必要な保護を行い、健康で文化的な最低限度の生活を保障し、併せてその自立を助長する」ことにおいて、②「生活扶助、教育扶助、住宅扶助、医療扶助、介護扶助、出産扶助、生業扶助および葬祭扶助の八種類」の保護を、要保護者の「必要に応じ、単給または併給」(注5)で行うというシステムである。

ところが、現実には、①もっとも支給額が高い「一級地—一」地域に対する、二〇〇〇年四月現在の「保護基準」(「標準三人世帯」一七・七万円、「老人単身世帯」一〇・九万円、「老人二人世帯」一五・一万円、「母子三人世帯」二〇・一万円)は、前記『家計調査』の「世帯主の定期収入五分位基準・第一分位」の月間消費支出額二五・一万円(家族数三・〇二人)には遠く及ばず、「世帯年収十分位基準・第一分位」の一八・六万円(家族数二・九八人)をやっと「母子三人世帯」だけが「クリアー」している程度であること、②また、現行「生活保護法」の「本人申請主義」「資産能力活用の原則」「ミーンズ・テスト＝資産能力の調査」を厳格に適用して、「生活困窮者」が社会福祉事務所に申請しても、(a)「労働能力の活用」を求めて、「働きなさい」「貴方はまだ働けます」、(b)「貯金があるから駄目です」「貯金が無くなってから来なさい」、(c)高級車や高価な装身具を持っているようでは「話になりません」と、(d)社会福祉事務所は保護申請者に対する「門前払い機関」化していること、が指摘される。

このように、「保護基準」が低く、しかも社会福祉事務所が「生活困窮者」に対する「門前払い機関」化しているため、①千人当たり何人という「ミリパーセント‰」を単位として表示される保護率

（経済・社会統計で‰を単位とするものはほとんど無いので要注意）は驚くほど低く、それも六五年二五・六‰、九〇年八・一‰から、九九年には七・六‰とまだ下がり気味であり、②また、生活保護受給者が一〇〇人のうち一人未満という「驚異的現実」とも深く関連して、被保護世帯の世帯類型別構成を見ると、「高齢者世帯」「母子世帯」「傷病・障害者世帯」で九〇％を超え、「世帯員」を含めて「働いている者がいる世帯」は一二・二％にすぎないこと、③当然、九八年に新たに保護を受給し始めた「保護開始世帯」は一八・二万世帯と、世帯総数四三九〇万世帯（うち「家族・親族世帯」三三五三世帯）に対してこれまた驚異的に少ないが、保護開始の理由は「傷病によるもの」六八・九％、「働きによる収入減」一一・二％、「手持ち現金の減少・喪失」八・一％、「死亡・離別など」五・二％、などの現象や特徴が生じている。（注6）

以上から明らかなように、「生活保護」制度に関しては、①九〇年代の構造性不況やリストラの下で、激増した失業者や低所得「勤労者」に対する「雇用・所得保障（＝生活保障）」の「砦」として機能することができず、②せいぜい、(a)重度の「傷病・障害」になった上で、(b)「預貯金」を「使い果たし」て初めて、保護受給権が発生すること、③しかも、(a)「預貯金」を「使い果たし」たという確認が難しく、(b)また、国民の間に、税金で国から扶助を受けることへの心理的な「抵抗感が強い」こともあって、(c)現実には、「賃金が安くて生きているのが不思議」「保護基準以下の年金収入しかなく、貯金も子供からの仕送りも無い」状態で、「生活保護」も受けずに保護基準以下の「暮らし」を余儀なくされている人々も多いこと、③「電気料金の滞納で電気を止められた高齢者夫婦が、自宅のマンションの暗闇の一室で死亡しているのを発見」（「なぜ電力会社は滞納で送電ストップする際は、社会福祉事務所に連絡するようになってないの?」）、同じく「電気を止められた一家の中学生がローソクで受験勉強していて、うたた寝し、火事になって焼死体で発見」といった事件が多発することになり、生活保護は「生活危機管理＝生活危機保障」の手段としても不十分であること、などの「問題状況」が存在する。「生活保護」制度の矛盾に満ちた現実は、たとえば、①九八年度の生活保護費総額一・七〇兆円について、その「扶助種類」別構成を見た場合、医療扶助五七・〇%、生活扶助三二・九%、住宅扶助九・五%と並ぶが、②「資産能力活用の原則」がこの不況下にいっそう強化されて、「門前払い」がさらに進行した結果、生活扶助の比率が九〇年度の三四・〇%からむしろ下がり気味なこと、(注7)でも示される。

当然、①「保護基準」の引き上げ、「本人申請主義」からの脱却、「ミーンズ・テスト」の実情にマッチした運用を図って、「生活保護」制度を活性化させると同時に、②現行「ケース・ワーカー」「民生委員」の他に、社会福祉事務所に非常勤の「生活相談員」制度を設けるなどして、他の行政機関などとの連携プレーを強化し、社会福祉事務所が「保護適用一歩前」の生活困窮者の救済を図られるようにして、「門前払い機関」から「血の通った生活相談機関」へと変質させることが必要である。

この点で、政府財政（一般会計）が生活保護費を九〇年度一・〇兆円から九九年度一・四兆円へと、

表 31　社会保障関係費（政府一般会計）歳出決算額の推移（1990-2001 年度）

（兆円）

	1990	1991	1992	1993	1994	1995	1996	1997	1998	1999	2000*	2001**
社会保障関係費	11.5	12.2	12.8	13.4	13.6	14.5	15.0	15.4	15.7	19.0	17.8	17.6
生活保護費	1.0	1.0	1.0	1.0	1.1	1.2	1.2	1.3	1.3	1.4	1.4	1.3
社会福祉費	2.4	2.6	2.9	3.1	3.3	3.7	4.1	4.3	4.7	5.9	1.8	1.7
社会保険費	7.2	7.6	7.9	8.2	8.3	8.6	8.8	8.8	8.7	10.4	13.5	13.6
失業対策費	0.3	0.3	0.3	0.3	0.3	0.4	0.4	0.5	0.4	0.8	0.4	0.4

資料）財務省『財政統計，平成 13 年度版』から作成
注）＊は補正後予算額。＊＊は当初予算額

この構造性不況下にわずか〇・四兆円しか増やしていないのは大きな問題である（表三一参照）。「生活保護」制度の活性化ということでは、あまりにも問題が多いので、二段階の手順を踏んで、まず第一段階は、生活保護費を即時、三倍の四・二兆円まで二・八兆円増やし、①初年度は「保護基準」はむしろ現状維持的に抑えたままで、②認定基準を思い切って弾力化し、「保護基準以下の収入（たとえば年金収入）しかない」「多額の借金・ローンの返済で四苦八苦している」「国民健康保険の保険料を滞納している」「介護保険の保険料を滞納している」など、「保護基準」以下の暮らしにあえいでいる人々の一掃を図ること、を目標とすべきだろう。

次の第二段階は「保護基準」を思い切って引き上げることであるが、これは、前述した「最低賃金」「児童手当」の大幅引き上げと連動させれば、そう難しい問題ではない。その際、①メドになる目標値としては、「保護基準」＝住民税「課税最低限」とし、②現在の構造性不況の下では、勤労者世帯の一〇％程度が何らかの「公的扶助」を受給していて当然と、考えておけばよい。

〔公的年金制度〕　次のテーマの「公的年金」もたくさんの問題をかかえている。とはいっても、「国民皆保険・皆年金」が確立して四〇年、今では「公的年金」はすっかり国民生活に定着している。現在、一方で、「年金危機」とか、時には「年金無用論」まで叫ばれながらも、他方で、働けるうちはできるだけ働くが、「老後は年金で暮らす」と考えている人々が大半である。

二〇〇〇年現在、六五歳以上の高齢者数は二二二七・一万人で、人口総数に対する比率は一七・五％である。なお、六五歳未満の六〇―六四歳層についても、所定の要件を満たしている場合には、「公的年金」の「減額・繰り上げ受給」ないしは「特別受給」が認められているので、この年齢層を見ておくと七八六・六万人六・二％である。両者を合計すると、三〇一三・七万人になる。

そこで、高齢者の老後生活と「公的年金」の関係ということで、「公的年金」受給者数と年金の平均月額を見ておくと、九九年三月現在、①被用者年金については、「通算老齢年金」受給者数を除外して、(a)「厚生年金」七八二万人一七・二万円、(b)各種「共済組合」二一〇万人二三・二～一七・七万円、②「国民年金・基礎年金」の場合、被用者年金受給者分を含めて一七四六・九万人、「基礎年金」の平均月額四・九万円、③「老齢福祉年金」二一万人三・三万円、という構成になる。以上の他、「厚生年金」受給者のうち九七年三月現在で三四二万人が、「三階建て年金」の三階相当分として、「厚生年金基金（＝企業年金）」から企業年金を月額三・〇万円受給している。

以上を、前記『国民経済計算、二〇〇〇年版』で、国民経済的な視点からトータルに見ておくと、九八年度の「公的年金」給付額は、①「厚生年金」が「基礎年金」部分を除いて一八・三兆円、②同じく「共済組合・長期給付」七・〇兆円、③「国民年金・基礎年金」が被用者年金からの拠出分を含めて九・七兆円と、この三者を合計しただけで約三五兆円になる（表三二参照）。この他、三階部分の「厚生年金基金」からの給付額一・二兆円もある。こうした年金給付額を同じ年度の「雇用者所得」二八二兆円、GDP四九七兆円、「民間最終消費支出」三〇五兆円と比較しても、年金セクター・年金関連セクターが国民経済全体の中で無視できない大きなセクターであることは明らかである。

ともあれ、以上から、①勤労者の老後生活と「公的年金」とは「切っても切れない」関係にあることや、②また、(a)ここしばらく高齢者が増加し、(b)「年金生活者」の貯蓄など資産の「食いつぶし」も避けられないことから見て、(c)いわゆるシルバー市場の拡大が予測されること、などが鮮明にクローズ・アップされてくる。

ところで、日本の「公的年金」の問題点をあげておくと、第一に、古く以前からの問題として、年金給付水準の低さという問題があり、年金会計が「最低年金額」＝「保護基準」という設計にさえなっていないことが指摘される。すなわち、①―(a)六五歳以上の年金生活者の所得税「課税最低限」が「高齢者二人暮らし」年額三五四・三万円、「高齢者単身」二三六・三万円、(b)住民税「課税最低限」が「高齢者二人暮らし」三三二・七万円、「高齢者単身」二二八・八万円、(c)そして、「生活保護基準」では「高齢者二人暮らし」月額一五・一―一一・七万円、「高齢者単身」一〇・九―八・四万円

表 32　一般政府部門から家計部門への所得移転の明細表（社会保障関係）の推移（1990-98 年度）

	1990	1991	1992	1993	1994	1995	1996	1997	1998年度
社会保障給付	41.0	43.7	47.1	50.1	53.4	57.4	60.2	61.8	64.4
健保・日雇健保	3.6	3.8	4.2	4.3	4.5	4.6	4.8	4.6	4.3
国民健保	4.4	4.6	4.7	5.1	5.3	5.5	5.6	5.6	5.8
老人保健医療	5.7	6.2	6.7	7.2	7.8	8.5	9.2	9.7	10.1
厚生年金	10.5	11.3	12.1	12.9	12.8	15.0	15.7	17.3	18.3
国民年金	4.6	4.9	5.5	6.1	6.8	7.6	8.2	8.9	9.7
雇用保険	1.0	1.0	1.2	1.5	1.7	1.9	2.0	2.2	2.6
児童手当	0.1	0.1	0.2	0.2	0.2	0.2	0.2	0.2	0.2
社会扶助	6.5	6.7	7.0	7.2	7.5	7.8	7.9	8.3	8.7
恩給以外	4.6	4.8	5.2	5.4	5.7	6.0	6.3	6.7	7.1
合計	47.5	50.4	54.1	57.3	60.9	65.2	68.2	70.1	73.0
一般政府部門の社会保障給付と同負担（受取）								歴年	
社会保障純給付	3.4	1.7	2.8	4.6	6.8	7.1	8.5	8.4	9.3
社会保障給付	42.4	43.0	46.2	49.4	52.4	56.9	59.6	61.7	64.1
社会保障受取	39.0	41.3	43.4	44.8	45.6	49.8	51.1	53.3	54.8
社会保障基金の正味資産									
積立金＝正味資産	141.8	157.3	172.6	186.0	197.9	210.5	223.2	233.9	238.6
積立金純増額	14.9	15.5	15.3	13.4	11.9	12.6	12.7	10.7	4.7

資料）経企庁『国民経済計算年報 2000』から作成
注）１．必要な項目だけ抽出したので，合計額と各項目の合計額は一致しない。
　　２．社会保障受取は政府負担分を除いた金額

という二〇〇〇年度現在の高齢者の各種「所得＝生活標準」を念頭において、②表三三で九七年度現在の年金受給者の受給金額別構成を見た場合に明らかなように、日本の代表的な「被用者保険」である「厚生年金」でさえ（被用者保険の場合、保険料の五〇％は雇主側が負担する）、年金受給額が「保護基準」に達しない場合が少なくなく、③雇主負担のない「国民年金」の場合は、年金受給額が「保護基準」に達する被保険者は皆無であり、その「惨状《さんじょう》」には目を覆いたくなるものがある。

相対的に年金水準が高い「厚生年金」受給金額別構成で見ても、年金収入が二四〇万円、つまり月額にして二〇万円を超えるのは四〇％程度であり、二五万円以上にしぼると一〇％程度に下がってしまう。これに、企業年金を加算しても、基本的な状況は同じである。だから、①シルバー市場が拡大していると言っても、それは、高齢者の数が多く、数が増えているからというだけのことで、②高齢者「個々人」の暮らしは、(a)年金収入だけでは、せいぜい上層で学卒「初任給」並み、大半はそれ以下で、「保護基準」に達しない人々も多い。「年金生活者」は、現実のとぼしいその日暮らしの中で、明日の暮らしに怯えながら、できるだけ貯蓄など資産の「食いつぶし」を少なくしようと努力していると見ておいていい。

なお、ここで「公的年金」の財源の問題に関わって、「政府（＝国庫）負担」にふれておくと、政府負担部分は、「老齢基礎年金」支給額の三分の一を負担する以外に、「国民年金」「厚生年金」「各種共済組合」の事務経費の全部または一部負担を行っている。

表 33　老齢年金受給者の受給金額別構成（1997 年度）

（1,000 人，%）

年金・年額	厚生年金 年度末現在	厚生年金 新規裁定	国民（基礎）年金 年度末現在	国民（基礎）年金 新規裁定 *
合計	7,698(100.0)	597.7(100.0)	13,276(100.0)	513.9(100.0)
36 万円未満	——	——	1,626 (12.2)	77.0 (15.0)
36〜60	——	——	5,964 (44.9)	151.9 (29.6)
60〜120	1,342 (17.4)	86.5 (14.5)	5,687 (42.8)	285.4 (55.9)
120〜180	1,853 (24.1)	124.9 (20.9)	——	——
180〜240	1,602 (20.8)	143.1 (23.9)	——	——
240〜300	1,866 (24.2)	193.7 (32.4)	——	——
300〜360	951 (12.3)	48.9 (8.2)	——	——
360 万円以上	82 (1.1)	0.7 (0.1)	——	——
平均・年額	206.6 万円	210.1	563.8	606.8

資料）社会保険庁『事業年報 97 年度版』から作成（『活用労働統計 2000 年版』から引用）

注）＊は厚生年金受給者分を除いて計上されている。

問題点の第二は、前述した重層的な雇用構造が原因となって、パート労働者や「臨時・日雇」などの「不安定雇用」労働者が保険料の雇主負担がある被用者保険に加入することができず、「不安定雇用」労働者の被用者保険への「捕捉率」が非常に低くなっていることである。すなわち、「医療保険」の場合で示すと、雇用者総数は五二〇〇万人を超えるのに、被用者「医療保険」の被保険者数は二〇〇〇年三月現在で四〇〇〇・五万人でしかない。また、年金被保険者数を「国民年金」で見ておくと、第二号（＝被用者）被保険者が、三八二六万人（「厚生年金」三二九六万人、「各種共済組合」五三〇万人）、第三号（＝第二号被保険者の配偶者一一八二万人、第一号（＝第二号または第三号以外の人）被保険者が二〇四三万人である。

控えめに見ても、一五〇〇万強の人々が被用者年金からこぼれ落ちて、給付額の少ない「国民年金」加入を強いられて、老後設計が描けない状況に追いやられている。この点で、最近増えている若者のフリーター夫婦などは「国民年金」第一号被保険者であると、見ておけばよい。早急に、「不安定雇用」労働者について、たとえば勤続期間が一カ月以上に達したら、一カ月前にさかのぼって、被用者保険に加入させるようにして、その被用者保険への捕捉率を高める政策的な努力をする必要がある。

以上から明らかなように、日本の「公的年金」制度の最大の問題点はその給付水準の低さにある。そもそも、「公的年金」制度に関しては、①政府が、国民の老後生活の安定を目的に、国民に強制的に加入を義務づけ、政府自らが責任をもって管理・運営していく社会システムであり、②他方、国民は二〇歳の「成年」に達してから、六〇〜六五歳まで長期にわたって所得の中から一定額を保険料として支払い続けることを義務づけられているのだから、③—(a)被保険者「個々人」の保険料納付額に応じて年金額に格差を設定することも必要であるが、(b)その際、「最低年金額」=「高齢者単身」の「最低生活保障水準」=「生活保護基準」とした上で、格差を設定するようにしておかないと、システムがうまく機能しないといえる。

前述したように、日本の勤労者は「老後は年金で暮らす」と考えている。したがって、勤労者本位=個人消費主体の内需拡大政策という場合、①勤労者が「生き甲斐」を感じることのできる所得政策に加えて、②「公的年金」制度についても、生活安全保障システムを整備して、勤労者の貯蓄への

「強迫観念」、「年金生活者」のできるだけ貯金を減らすまいとする「強迫観念」を取り去って、個人消費を刺激することが重要になる。当然、「公的年金」で「年金生活者」の最低生活を保障することが緊急に必要である。この点で、年金保険料を免除されている「国民年金」三号被保険者については、年金額を当面「現状維持」で据え置くとしても、一号や二号被保険者については、即時、「基礎年金・最低年金額」＝「高齢者単身」の「生活保護基準額」にまで引き上げる必要がある。

以上とも関連して、公的年金制度の第三の問題点として、被用者年金の「会計基準」を現行の「積立方式」から新たに「賦課方式」に転換することが急務であること強調しておきたい。「賦課方式」とは、単年度で「会計収支の均衡」を考える会計手法である。日本では、古くは「高齢化社会危機論」、九〇年代に入ってからは「後世代負担論」を主張しながら、この九〇年代不況下に年金基金の正味資産を増やし続けてきている。「厚生年金」を例にとると、厚生省当時の「会計見通し」では、二〇〇〇年度の場合、収入三三・一兆円、支出二八・一兆円で、年度末の「積立金」は一七七・二兆円と二〇〇〇年度支出額の六・一倍もためこんでいる。(注8)

日本の将来人口とその年齢別構成を予測した表三四からも明らかなように、現在では、「高齢化」の進行が一九四七〜五六年生まれの「戦後ベビー・ブーム世代」の「高齢者化」というよりは、むしろ「少子化」に起因するものに変化しており、高齢者比率は、二〇二〇年に三三％に達して以後、うまくいった場合でも三三％前後で半永久的に推移していくと予測されている。明らかに、一方で、こ

表 34　将来人口の推計（1990-2050 年）

（100 万人，カッコ内は%）

	総人口	0〜14 歳	15〜64 歳	65 歳以上
1990	123.6(100.0)	22.5(18.2)	85.9(69.5)	14.9(12.0)
98	126.5(100.0)	19.1(15.1)	86.9(68.7)	20.5(16.2)
2000	126.9(100.0)	18.6(14.7)	86.4(68.1)	21.9(17.2)
10	127.6(100.0)	18.3(14.3)	81.2(63.6)	28.1(22.0)
20	124.1(100.0)	17.0(13.7)	73.8(59.5)	33.3(26.9)
30	117.2(100.0)	14.9(12.7)	69.5(59.3)	32.8(28.0)
40	109.0(100.0)	14.1(12.9)	61.2(56.1)	33.7(31.0)
50	100.5(100.0)	13.1(13.1)	54.9(54.6)	32.4(32.3)

資料）総務庁『日本の統計 2000 年版』から作成

の二〇年、勤労者所得が賃金停滞・賃金抑制・賃金デフレの影響を受けてきた半面で、他方、「年金会計」が「後世代負担論」→「積立方式（＝年金抑制）」に固執して、「低い年金水準」→「消費抑制」「貯蓄への強迫観念」→「少子化の加速」「人口減少」→「日本経済の縮小不均衡（＝構造性不況）」という悪循環の永遠の連鎖、をつくり出してきたことの結果である。「後世代負担論」は、日本の勤労者所得を低い水準に抑制し、そのためには勤労者の「老後生活の貧困」を仕方がない、とする政府やビッグ・ビジネスの側からの誤ったイデオロギー「宣伝」と見ておかなければならない。

日本の経済・社会にとっては少子化の進行を阻止することが必要不可欠であり、そうした観点からは、一方で、「夫婦共働き」「夫婦・子供二人の核家族」という勤労者生活のフレームワークで構想した、前述の所得政策と「現役勤労者」に対する「所得＝生活安全保障システム」を整備するとともに、他方で、「年金会計」に関しても即時、「賦課方式」に転換した上で、不況期間中は過年度の「積立金」を思い切ってコンスタントに吐き出して、消費萎縮を阻止する必要がある。この点で、被用者年金の場合、「厚生年金」だけでも、年五兆円の黒字部分の他に、過年度「積立金」から年間一五兆円を支出しても、一〇年以上は大丈夫という点に注意して頂きたい。「賦課方式」の消費刺激効果は想像以上に大きい。

ちなみに、九八年度の「基礎年金会計」収支決算を見ると、①基礎年金給付総額一二・九兆円の財源（＝費用負担）の内訳は、「国民年金」二・五兆円、「厚生年金」八・五兆円、各種「共済組合」一・四兆円、「特別国庫負担分」〇・五兆円であり、(注9) ②一人当たり「基礎年金」平均年金額は九七年度で五六・四万円である。保険料を支払っている前記「国民年金・基礎年金」の一号および二号被保険者について、「基礎年金・最低年金額」＝「高齢者単身・生活保護基準額」に引き上げることはそう難しいことではない。(注10)

なお、本章の最後に、「生活保護」制度が「生活危機管理」の手段として機能していないことを念頭において、六五歳以上の「自営層」やマイホーム所有の高齢者を対象に、政府所管のいわゆる「リバース・モーゲージ（＝死後清算抵当貸付）」の融資制度の創設を提案しておきたい。多くの高齢者は、①多少の「資産」はあっても、年金収入はわずかで、貧しい老後＝年金生活を余儀なくされ、②死亡「経費」まで含めて（死亡時の医療費・自己負担分や葬式代など）、死ぬまでに、手持ちの現金・預金が枯渇しないかと悩んでいる。そうした見地から見て、「リバース・モーゲージ」で高齢者の老後生活費の一部を捻出するとともに、他方で、「リバース・モーゲージ」の適用者（＝借受者）と福祉事務所との連携体制を確保していけば、高齢者の消費刺激とその生活安全保障に大きく役立つだろう。

（注5）『厚生白書、二〇〇〇年版』四一二ページ。
（注6）前掲『厚生白書』四一二―四一三ページ、および厚生統計協会『国民の福祉の動向（『厚生の指標、臨時増刊』）』二〇〇〇年、四七巻一二号、第二章九六―一一四ページ、参照。
（注7）厚生省『社会福祉行政業務報告』および同『生活保護費実績報告』による。
（注8）厚生統計協会『厚生の指標、臨時増刊、保険と年金の動向、二〇〇〇年版』八五ページ、参照。
（注9）前掲、『保険と年金の動向、二〇〇〇年版』一九五ページの表一、参照。
（注10）当初、労働者が「仕事に誇りと生き甲斐」を持てるようにという見地から、第四節として、職場や企業次元での「労使関係の民主化」を主題にした分析を予定していたが、スペースの関係もあって、本書では残念ながら取り上げないことにした。この問題については、たとえば、相沢・黒田監修『グローバリゼーションと「日本的労使関係」』新日本出版社、二〇〇〇年、を参照されたい。

第五章

財政破綻をどう克服するか

「国家破産」とか「デフォルト（＝債務不履行宣言）」という言葉を聞いても、それほど違和感を感じないほど、日本の財政は破綻している。すなわち、①このところ一九九〇年代後半以降、頻発している政府や地方自治体の「第三セクター」の経営破綻とその破綻処理をめぐって、(a)一方での、「大株主は政府（あるいは地方自治体）だから安心していたのに」という貸手側の金融機関のなげきと、(b)他方では、経営見通しを度外視して、巨額の金額を貸し込んだ金融機関の方が無責任なのだから、破綻処理費用を出すべきではないという国民や地域住民の感覚や要求をめぐっての軋轢《あつれき》、②あるいは、日本の国債格付けは高すぎるのではないかといった議論を通して、「国家破産」とか「デフォルト」という問題は国民に身近な問題として迫ってきているといってよい。

もちろん、日本のような「経済大国」が「国家破産」や「デフォルト」をする筈がないし、またできることでもないが、それにしても、日本の政府財政は、①地方自治体まで含めて巨額の債務残高をかかえて、傷みに傷んでいることに加えて、②破綻した国家財政を「屍肉」にたとえれば、日本の「政・官・財」が「屍肉」にたかるハゲタカやハイエナのように群がって、九八年度以降、破綻の度合いがどんどん激しくなっている。

「財政再建」問題は、今や日本経済にとって「待ったなしの」の大課題である。「財政再建」は国民にとって大きな痛みや負担をともなう問題であるだけに、当然、早急に「財政再建」のあり方や進め方をめぐって国民的論議を行った上で、何らかの正しい「処方箋」をつくり出す必要がある。もちろん、その際、必要な視点は、「財政再建」と日本経済の「再生・復活」とを両立させる「処方箋を」ということになる。

そこで、本章では、「財政破綻の構図」を簡単に整理した上で、筆者なりの「財政再建」のための「処方箋」を提起しておきたい。

第一節　財政破綻の構図

この二〇年余、一九七〇年代末に政府財政（一般会計）の国債依存度が七八年度三二・〇％、七九年度三九・六％に達したとき以来、「財政危機」「財政破綻」「財政硬直化」という言葉を日本国民は耳にタコができるほど聞かされ、また「財政再建」の手法にかかわって、「増税なき財政再建」「市場原理・受益者負担・独立採算制」「消費税」「企業減税（＝法人税引き下げ）」「金持ち減税（＝所得税・住民税の最高累進税率の引き下げ）」という用語が馴染みのものになり、また望ましい日本の経済像ということでは、マスコミなどを通じて、「経済構造改革」「規制緩和・許認可制廃止」「グローバル経済」「ボーダーレス・エコノミー」のメリットを聞かされてきている。(注1)

しかしながら、この二〇年間の財政危機キャンペーンや政府の財政危機打開措置にもかかわらず、現在、日本の財政事情は、二〇年前の「臨調・行革」当時とはケタ違いに悪化している。政府債務残高のGDPに対する比率の推移を先進主要諸国の八〇年以降について見た表三五に明らかなように、日本の政府債務残高比率は八〇年三八・八％を起点に、八五年五〇・九％、九〇年五〇・一％、九五年六六・六％、九九年九九・八％と推移し、九〇年代後半に至って、日本がアメリカを抜き先進国中

表 35　主要先進諸国における政府債務残高／ＧＤＰの国際比較（1980–99 年）

	1980*	1985*	1990	1995	1998	1999
						(%)
日本	38.8	50.9	50.1	66.6	88.0	99.8
アメリカ	34.0	48.5	60.7	67.4	63.9	62.1
イギリス	49.2	48.1	36.1	54.7	49.5	…
ドイツ	15.6	21.3	22.3	21.5	25.3	36.0
フランス	10.0	23.0	26.5	41.4	46.6	…

資料）日銀『日本経済を中心とする国際比較統計』から作成
注）*は政府債務残高／ＧＮＰ

ワースト・ワンの座につくというまったく不名誉な事態が生じている。それも、政府債務残高比率は九九年末現在でワースト・ワンの日本九九・八％に対し、ワースト・ツーのアメリカ六二・一％なのだから、日本はダントツのワースト・ワンで、この不名誉な地位は一寸やそっとぐらいの事では揺らぎそうにない。政府・自民党首脳は日頃は呑気に構えて不況・景気対策を大言壮語《たいげんそうご》しているけど、財政危機の方はどうする積もりなのと言いたい。それかといって「橋本改革」当時の橋本元首相や小泉現首相のように、企業本位の財政改革・経済構造改革を主張して、当面の不況・景気の問題を軽視するというのもどうにも頂けない。

そこで、二〇〇一年度の財務省「予算書」などで、九〇年代に入ってから二〇〇一年度まで一一年間の政府債務残高の動向を表三六で見ておくと、①政府債務残高は、〇一年三月までの一〇年間に二一六・七兆円から二・五倍の五三七・四兆円へと、三二〇・七兆円も増加していること、②〇二年三月現在の政府債務残高（見込額）の内訳は国債四四〇・七兆円、短期証券六〇・三兆円、

表36 政府債務残高の推移（1990-2001年度）

（各年度末現在，兆円）

	1990	1991	1992	1993	1994	1995	1996	1997	1998	1999	2000	2001
総額	216.7	224.6	239.4	267.9	291.7	326.4	355.2	388.1	437.5	489.7	537.4	610.5
国債	168.5	173.7	180.9	195.1	209.4	228.0	247.5	273.9	310.7	343.1	378.7	440.7
普通国債	166.3	171.6	178.4	192.5	206.6	225.2	244.7	258.0	295.2	331.7	377.2	395.3
建設国債	101.8	107.5	115.8	131.5	142.4	157.7	167.8	174.9	187.4	197.2	205.4	211.2
特例国債	64.5	64.1	62.6	61.1	64.2	67.5	76.9	83.1	95.6	118.3	142.8	160.5
短期証券	16.4	15.8	15.6	22.2	23.0	29.4	30.6	30.7	29.8	40.6	48.5	60.3
借入金	31.8	35.1	42.9	50.5	59.4	69.0	77.1	83.6	97.0	105.6	110.2	109.6
〔参考〕国債利払い費	10.8	11.0	10.8	10.6	10.7	10.7	10.7	10.6	10.8	10.9	10.7	…

資料）『経済統計年鑑2001』東洋統計新報社，および財政政策研究会『財政データブック2000年度版』大蔵財務協会，から作成
注）2000年度および2001年度は財務省「予算書」による見込額

借入金一〇九・六兆円、合計六一〇・五兆円であり、国債以外に、短期証券と借入金の動きにも注意しておく必要があること、③九八年度以降、橋本・小渕・森・小泉の最新四人の首相が債務残高を四年間に二二二・四兆円も急増させ、この間の年平均増加テンポは五五・六兆円にも達していること、などが特徴としてあげられる。

以上の他、地方自治体分として、九九年三月現在で都道府県・市町村が発行した「地方債」現在高が一二〇・一兆円、同「地方公営企業債」が五四・九兆円に達していること[注2]、も特記される。また中央政府に関しても、「かくれ借金」として、政府特殊法人に対する政府保証債務残高五五・八兆円(二〇〇〇年末現在)の存在も見逃せない。このように見てくると、二〇〇二年三月現在で、中央と地方を合計した公的債務残高は約八五〇兆円と推計しておいていいだろう。

当然、日本は一刻も早く「財政再建」に着手しなければならないが、その際、①日本は主要諸国のなかでも実質成長率が最低の水準にあって、日本経済の現状を打破しない限りは、将来のGDP増による債務の返済負担の軽減は期待できないこと、②また、日本は他の国々のようにインフレによる「名目成長率＞実質成長率」という図式も期待できない状況にあること、の二点を意識しておく必要がある。さらに、「財政再建」に当たって必要な視点として、③日本と日本経済が深刻な構造性不況下にあって、消費刺激→個人消費の拡大→「経済再生・復活」や、④個人消費の拡大→デフレ打破を必要としていること、も重要である。

ここで、「財政再建」への「処方箋」を作ることを念頭において、筆者なりに「財政破綻の構図」をスケッチしておくと、まず第一に、財政破綻の結果、財政が極度に硬直化してしまって、政府財政からいわゆる「財政の景気調整機能」が失われて、これまでの歴代自民党政権の手法では、「景気政策＝不況対策」への余地が無くなっている点が指摘される。すなわち、不況対策の教科書的な手法は、不況対策＝有効需要拡大政策＝財政金融政策＝（財政支出引き上げ）＋（減税）＋（金利引き下げ）＋（通貨供給量の引き上げ）である。この点にかかわって、九〇年代の経済・財政指標を示した表三七に明らかなように、①バブル崩壊後、金利は九〇年代半ばには通常考えられないほど低い水準に下がってしまって、これ以上下げる余地は無くなっていること、②また、九〇年当時からすでに財政破綻状態にあったため、コンスタントに（財政支出増加率＞名目経済成長率）という図式を確保して、財政的「有効需要拡大政策」を継続し、景気を刺激していくだけの財政的余力も失われていること、③この四年間の「橋本・小渕・森・小泉」歴代自民党政権による企業減税・金持ち減税・不良債権処理・公共投資固執などの不況対策も、設備投資の増加につながって景気回復に寄与しないままで、いたずらに政府債務残高だけを増加させてきたこと、などが生じている。

なお、九〇年代に入ってからの異常なまでの低金利政策を説明しようとする場合、それが、①単に九〇年代の構造性不況→不況対策→低金利政策→「ゼロ金利」というだけでなく、加えて、②金融機関の不良債権問題→低金利政策→銀行救済、③政府債務残高の膨張→低金利政策・金利引き下げ→国

表 37　経済・財政指標の推移（1990-2000 年）

	1990	1991	1992	1993	1994	1995	1996	1997	1998	1999	2000
経済成長率（実質，%）	5.3	3.1	0.9	0.4	1.0	1.6	3.5	1.8	▲1.1	0.8	1.5
（名目，%）	7.9	6.2	2.6	1.0	1.1	1.2	2.6	2.2	▲1.2	▲0.6	▲0.1
政府支出増加率（一般会計，%）	5.2	1.8	▲0.1	6.5	▲2.0	3.2	3.8	▲0.5	7.5	10.6	…
財政収支（一般会計，兆円）	▲4.9	▲4.3	▲8.6	▲13.6	▲13.8	▲16.6	▲18.8	▲16.8	▲28.6	▲38.6	▲32.6
生産増加率（製造業，%）	4.1	1.7	▲6.1	▲3.7	0.9	3.3	2.3	3.6	▲7.0	0.8	5.9
輸出増加率（%，通関ドル基準）	4.3	9.6	8.0	6.3	9.6	12.0	▲7.2	2.5	▲8.2	8.0	15.2
同，（%，通関円基準）	9.6	2.2	1.5	▲6.5	0.7	2.6	7.7	13.9	▲0.6	▲6.1	8.6
インフレ率（消費者物価，%）	3.1	3.3	1.6	1.3	0.7	▲0.1	0.1	1.7	0.6	▲0.3	▲0.7
最優遇金利（短期，年利%）	8.3	6.6	4.5	3.0	3.0	1.6	1.6	1.6	1.5	1.4	1.5
長期金利（国債 10 年もの）	7.1	5.4	4.5	3.0	4.6	2.9	2.8	2.0	1.0	1.8	…
完全失業率（%）	2.1	2.1	2.2	2.5	2.9	3.2	3.4	3.4	4.1	4.7	4.7
円相場（1 ドル当たり，年平均）	145	135	127	111	102	94	109	121	131	114	108
貿易収支（億ドル）	636	1,031	1,246	1,392	1,441	1,312	836	1,017	1,221	1,230	996*

資料）『経済統計年鑑 2000』，『日本経済を中心とする国際比較統計』から作成
注）政府支出は年度基準で算出

債などの「利払い費」負担の軽減、という特殊な理由があったことに注意しておく必要がある。事実、八六年以降、政府債務残高が一八四・七兆円から二〇〇一年度末には五三七・四兆円まで急増し、国債残高も一七四・三兆円から三七八・七兆円へと増加しているが、この間、国債の年間「利払い費」は一〇〜一一兆円台でおさまっている。(注3)明らかに、現在の低金利は「行き過ぎ」で、借手・貸手側のモラル・ハザード(注4)→金融犯罪の多発の原因になっているだけでなく、定年退職者や高齢者の利子収入による家計の補完を不可能にし、その生活苦を激化させている。

以上と関連して、現在、ゼロ金利政策が二重・三重の意味合いで完全に行き詰まり、とくに国債の急増（＝増加発行）問題が原因となって、日本でも、かつてアメリカで八〇年代初めに見られたいわゆるクラウディング・アウト(注5)を深刻に懸念しなければならない局面に入っていることを指摘しておきたい。すなわち、「国債発行急増」→「金融市場における借入資金需要の急増」→「金利急反発・金利上昇」、という経路の動きが生じて不況対策や経済成長政策との深刻な「衝突」を引き起こすことになる。これは、世界が二〇年前にアメリカのレーガン政権の「レーガノミックス」の破綻として生々しく経験した「歴史の教訓」である。(注6)低金利・ゼロ金利が日本経済の構造的な体質としてビルト・インされてしまっている現在、国債急増に起因する急激な金利上昇は企業経営をいっそう悪化させ、リストラ→失業をさらに促すことになるからである。

ところで、筆者は、さきに政府債務残高とその内訳別の推移を見た前掲の表三六を分析して、①橋

表38 国債，借入金などの所有者別現在高の推移
(1990-99年度，各年度末現在)

(兆円)

	1990	1991	1992	1993	1994	1995	1996	1997	1998	1999
総額	216.7	224.6	239.4	267.9	291.7	326.4	355.2	388.1	437.5	489.4
政府部門計	98.2	112.8	120.2	123.9	135.5	158.5	172.2	199.6	226.2	230.8
資金運用部	88.7	101.8	108.9	111.9	115.5	133.9	140.7	164.6	184.8	179.3
国債整理基金	3.8	4.1	5.2	1.7	5.9	5.2	6.8	6.5	4.5	6.4
簡易生命保険	0.8	0.7	0.8	3.4	5.1	7.1	9.3	9.4	13.7	21.7
金融自由化対策基金	4.9	6.1	5.4	6.8	9.0	12.2	15.3	19.1	23.2	23.3
政府関係機関等	0.5	0.6	0.6	0.7	1.0	2.0	2.5	11.6	7.6	3.9
金融機関計	72.1	65.0	70.3	90.5	96.6	106.9	111.9	109.6	121.7	165.8
日銀	20.2	15.9	15.0	30.5	32.3	36.1	45.0	50.8	51.3	77.3
市中金融機関	51.8	49.1	55.4	60.0	64.4	70.8	66.9	58.8	70.4	88.5
その他	45.9	46.2	48.2	52.9	59.0	58.9	68.5	67.4	82.0	88.9

資料)『経済統計年鑑2001』東洋統計新報社による。

本・小渕・森・小泉の最新四人の首相が政府債務残高を九七—二〇〇一年度の四年間に年平均で五五・六兆円増加させていること、②また〇二年三月現在の政府債務残高(見込額)の内訳は国債四四〇・七兆円七二・二%、短期証券六〇・三兆円九・九%、借入金一〇九・六兆円一八・〇%、合計六一〇・五兆円であること、などを紹介しておいた。明らかに政府・大蔵↓財務官僚は、財政技術を駆使して、政府債務残高の急増を国債増発につなげまいと努力している。しかし、政府債務残高が急増を続けている状況下にあっては、国債増発も結局は同じテンポで続いていかざるをえない。

そこで、筆者が手元に把握できている最新の数値である九九年度末現在で政府債務残高の所有者別分布を見ると、表三八のように、総額四八九・四兆円のうち、①政府部門・政府関係機関で二三四・七兆

円四八・〇％、日銀七七・三兆円一五・三％と、六割強は大蔵省資金運用部などの政府部門や日銀で占められ、②他方、民間消化部分と見てよい市中金融機関は八八・五兆円一八・一％、その他八八・九兆円一八・二％にすぎない。国債の市中保有額は想像以上に小さく、今のところ、市中金融機関や個人投資家などの家計部門も資金運用対象として国債に重きを置いていないことは明らかである。いうまでもなく、問題は低利回りで、一〇年物の長期国債などは、将来、ゼロ金利政策が解除されて、金利の市中利回りが上昇するような場合、激しい値崩れ（＝国債価格の額面割れ）を起こして、評価損を計上しなければならなくなる危険性を多分にもっている。ともあれ、五〇〇兆円を超えようかというとてつもない巨額の国債のスムーズな市中消化には「問題アリ」と見て、金融関係者や投資アナリストが日本の国債「格付け」をランク・ダウンさせようと考えるのはごく自然なことである。事実、二〇〇一年に入って、国際的な債券格付機関は日本国債の評価を先進主要諸国の中で格付ランクが日本以下なのはイタリアだけというラインにまで引き下げている。

現在、政府部門内にあって国債を買い支えているのは、「郵貯・定期預金」「社会保障基金（＝厚生年金・共済組合・国保などの年金基金）」「簡易保険」の御三家である。この御三家の資金運用状況を見ると、①九九年度末現在、総額六〇〇兆円を若干下回る運用資金を抱えて、その資金を「国債」「地方債」「公社・公団・公庫債」に重点的に投資して、「日本版」内需拡大政策、とりわけ公共投資拡大政策を資金面から支えていること、②とりわけ、郵貯・社会保障基金の場合は、大蔵省資金運用部を通

表39　郵貯・簡保・社会保障基金の資金運用状況の推移（1993-99年）

（年度末現在，兆円）

	1993	1994	1995	1996	1997	1998	1999
郵貯・定期預金	183.5	197.6	213.4	224.9	240.6	252.6	260.0
長期債券	19.2	18.4	22.5	26.9	32.0	38.6	45.6
うち国債	11.4	9.8	13.1	16.0	19.8	23.9	28.1
資金運用部預託	185.1	199.1	218.8	229.2	245.5	256.4	258.9
簡保・生命保険	79.0	88.4	100.2	107.2	114.1	118.9	120.8
長期債券	36.0	41.0	48.2	55.7	59.0	61.9	67.3
うち国債	4.2	5.9	9.0	11.9	13.5	19.0	26.1
資金運用部預託	8.0	7.4	8.5	5.5	6.0	5.3	2.9
社会保障基金							
正味資産	160.3	170.6	178.1	185.0	192.5	195.9	208.3
長期債券	25.1	26.1	27.6	28.6	30.8	31.0	31.8
うち国債	5.8	7.4	8.4	9.0	9.2	10.1	19.5
資金運用部預託	118.1	125.7	130.9	142.4	150.4	155.7	159.4

資料）経済企画庁編『国民経済計算年報2001年版』から作成

じて資金の大半が運用されていること、③現在、国債の増発テンポはこの御三家の運用資金増を上回って進んでおり、したがってクラウディング・アウトが深刻に懸念されること、などの特徴が見てとれる（表三九参照）。

筆者は、本書のこれまでの分析で、「日本版」内需拡大政策が「経済成長促進効果」を持つことができず、九〇年代の構造性不況が政策のミスマッチによる作られた政策不況であることを明らかにしてきた。低金利・ゼロ金利政策もまた、①「日本版」内需拡大政策の不可欠の構成部分として、「低金利・ゼロ金利→円高回避」「低金利・ゼロ金利→経済成長促進効果」「低金利・ゼロ金利→不況対策」などの政策効果が期待されただけでなく、②銀行救済や国債利払い費の軽減など、さまざまに活用されて来ている。後者の点では、「低金利・ゼロ金利→銀行の預金金利負担の軽減・業務純益の増加→不良債権処理の促進」「低金利・ゼロ金利→国債利払い費の軽減→国債のよりいっそうの増発」、という経路での政策効果が期待されている訳である。

ここで問題なのは、低金利・ゼロ金利政策が勤労者や「老後」勤労者の零細な預貯金、公的年金の積立金、民間の私保険などに全面的にしわ寄せされ、結局は勤労者に犠牲や負担が求められていることである。バブルのピーク期の一時的な中断を別にすれば、低金利政策は一〇年以上続いており（前掲表七参照）、ボーナスがなく、また「富裕層」でもない普通の日本の高齢者などは、「失われた一〇年」の間、年に何回かささやかな利子収入で普段は買えない「何かちょっとした物」を買う楽しみを完全に奪われてきている。とくに九五年以降、日銀の公定歩合が一％を下回ってまさにゼロ金利という事態は超異常である。

次に第二に、財政破綻の構図にかかわって、政府支出の側から財政破綻を生み出してきた基本的な原因として、本書の冒頭から問題にしてきた「日本版」内需拡大政策による「公共投資」を挙げておく必要がある。過大な「公共投資」の積み重ねを「政府一般会計」で見ておくと、①まずは、六〇年代後半から七〇年代の「日本列島改造政策」＝重化学工業偏重路線の下で、政府一般会計の中で「公共事業関係費」が一兆円台に達したのは六七年一・〇兆円台（歳出総額は五・一兆円）、同じく二兆円台

表 40　政府一般会計・歳出決算額の主要経費別構成の推移（1990-2001 年度）

（兆円）

	1990	1991	1992	1993	1994	1995	1996	1997	1998	1999	2000*	2001**
社会保障関係費	11.48	12.15	12.76	13.35	13.60	14.54	15.03	15.39	15.66	19.02	17.76	17.56
文教費	5.41	5.59	5.85	6.39	5.94	6.67	6.36	6.31	7.12	6.80	6.82	6.65
国債費	14.31	15.54	14.63	13.71	13.42	12.82	16.08	15.93	17.70	20.27	21.45	17.17
恩給	1.83	1.82	1.81	1.79	1.75	1.71	1.65	1.60	1.55	1.49	1.43	1.36
地方交付税交付	15.93	15.80	14.20	13.95	12.07	12.30	13.95	15.48	14.31	12.45	14.92	15.92
防衛関係費	4.25	4.44	4.59	4.60	4.64	4.72	4.82	4.95	4.96	4.90	4.93	4.96
公共事業関係費	6.96	7.42	9.67	13.68	13.20	12.79	12.34	11.07	13.03	12.97	11.50	9.44
住宅対策費	0.92	0.98	1.17	1.49	1.55	1.59	1.68	1.62	1.97	1.77	1.83	1.50
経済協力費	0.82	0.86	0.89	0.95	0.99	1.03	1.06	1.08	1.08	1.02	1.00	0.96
合計	69.27	70.55	70.50	75.10	73.61	75.94	78.85	78.47	84.39	87.42	89.77	82.65

資料）財務省『財政統計，平成 13 年度版』から作成
注）* 2000 年度は補正後予算，** 2001 年度は当初予算

が七二年二・六兆円（同一一・九兆円）、三兆円台が七四年三・〇兆円（同一九・一兆円）、四兆円台が七七年四・九兆円（同三四・一兆円）、五兆円台が七八年五・八兆円（同三四・一兆円）、六兆円台が七九年六・四兆円（同三八・八兆円）、七兆円台が八一年七・一兆円（同四六・九兆円）と驚異的な勢いで増加し、②以後、九一年まで「横ばい」を続け、(注7)③再度、九〇年代の構造性不況の下で、表四〇のように、九二年九・六兆円（同七〇・五兆円）、九三年一三・七兆円（同七五・一兆円）と異常に増加したことなどが特徴として挙げられる。

このように、日本の「公共投資」の長期的な推移を見ればすぐ明らかになることだが、①重化学工業偏重の「日本列島改造政策」に固執したこと、②七〇年代の「石油危機不況対策」として実施した「公共投資」の異常な肥大化（公共事業が天から

表 41　国税収入の主要税目別・決算額の推移（1990-2000 年度）

（兆円）

	1990	1991	1992	1993	1994	1995	1996	1997	1998	1999	2000*
租税	62.78	63.21	57.40	57.11	54.00	54.96	55.22	55.60	51.20	49.21	52.72
直接税	46.30	46.31	40.55	39.66	35.96	36.35	36.05	35.23	30.34	28.13	32.32
所得税	26.00	26.75	23.23	23.69	20.42	19.52	18.97	19.18	17.00	15.44	18.79
法人税	18.38	16.60	13.71	12.14	12.36	13.74	14.48	13.48	11.42	10.80	11.75
相続税	1.92	2.58	2.75	2.94	2.67	2.69	2.42	2.42	1.92	1.89	1.78
間接税	16.48	16.90	16.84	17.46	18.04	18.61	19.18	20.37	20.86	21.09	20.40
消費税	4.62	4.98	5.24	5.59	5.63	5.79	6.06	9.31	10.07	10.45	9.82
消費税譲与分	1.16	1.24	1.31	1.40	1.41	1.45	1.51	—	—	—	—
酒税	1.94	1.97	1.96	1.95	2.11	2.06	2.07	1.96	1.90	1.87	1.82
タバコ税	1.00	1.02	1.02	1.03	1.04	1.04	1.07	1.02	1.04	0.91	0.88
揮発油税	1.51	1.54	1.56	1.63	1.81	1.87	1.92	1.93	2.00	2.07	2.08
〔参考〕											
公債金	7.31	6.73	9.54	16.17	16.49	21.25	21.75	18.46	34.00	38.62	32.61

資料）財務省『財政統計，平成 13 年度版』から作成
注）なお、参考として計上した公債金は決算額で 98 年度までは決算額で，1999 年度は補正後予算，00 年度は当初予算

土砂降りのように降ってくる）を八〇年代に是正して、「公共投資」を思い切って減らさなかったこと、③八〇年代後半以降の日米経済摩擦→内需拡大政策や、九〇年代の構造性不況→不況対策を「公共投資」で処理しようとしたこと、などの誤りが指摘される。改めて、長年にわたる歴代自民党政権の罪の重さと自民党の「公共投資」偏重体質を痛感させられる。

なお、日本の公共事業が生産・企業・ゼネコン関連型に極端に「偏奇」して経済性・社会性などを失い、公団・第三セクターなどで経営破綻・不良債務問題を引き起こしていることと同時に、反面で、「特養の不足」「公共住宅の不足」など、生活・福祉関連型の「公共投資」が不足していることも重要である。(注8) 公共事業に関しては、即時年六兆円程度にまで半減し、投資

対象を生活・福祉関連分野に特定していくことが重要である。その他、財政支出にかかわっては、防衛関係費と経済協力費を一兆円削減して、改めて、両者合わせてGDPの一%以内と大枠を設定したらいい。

さらに財政破綻の構図にかかわる第三の問題状況として、①歳入面で、企業減税・金持ち減税などが既成事実化している反面で、消費税増税路線が貫かれ、②加えて、福祉・生活サービスなど公共料金の引き上げが着々と推進されていることが指摘される。

そこで、表四一で国税収入の九〇年度以降の推移を見ると、①国税収入は、九〇年度六二・八兆円から二〇〇〇年度五二・七兆円に一〇・一兆円減少し、九九年度には赤字補塡のための「公債金」発行額が三八・六兆円と国税総額の七八・五%にも達していること、②直接税・間接税別には、前述した「国の行財政サービス費用は国民均等に負担する」という新保守主義の考え方に基づいて、(a)消費税・税率引き上げなど、間接税収入の増加が意図される反面で、(b)直接税減税=「税負担の公平性の確保」を大義名分に、財政破綻の進行と同時進行的に、企業減税・金持ち減税が実施されていることが特徴である。

問題点を数量的に把握しやすい金持ち減税の方から説明すると、ここ一〇年余りの間に、個人所得税・住民税について、最高税率の引き下げ・累進税率のフラット化を内容とする税制改正が立て続けに二段階的に実施されている。すなわち、最高税率は、①八七、八八年度の第一段階で、個人所得税は七〇%から五〇%に、住民税は一八%から一五%に、②ついで九九年度に、個人所得税は三七%に、住民税は一三%に引き下げられている。

金持ち減税「第二段階」実施直後の年度にあたる九九年度の国税統計は（二〇〇一年五月現在）まだ未発表なので、その影響を実施直前の九八年度の国税統計から推測しておこう。九八年度の個人所得税総額は一七・〇兆円で、そのうち源泉所得税が一四・四兆円である。この源泉所得税について、①給与所得分一〇・八兆円を見ると、(a)「一年を通じて勤務した」給与所得者総数は四五四四・六万人（所得税納税者は三四八四・四万人）、税額は九・五兆円であるが、(b)そのうち、年間給与所得一五〇〇万円以上層は五七・一万人にすぎないが、その税額は二・二兆円と二二・七%に達する。次に、②申告所得税の状況を見ると、(a)申告所得税納入者六二二・四万人、その算出税額五・九兆円（うち源泉徴収税額は三・一兆円）のうち、(b)年間所得金額が一五〇〇万円以上層は四五・七万人で、税額は三・九兆円と、申告所得税総額の六四・五%に達すること、(注9)が検出される。以上から、年間給与所得一五〇〇万円以上層の個人所得税・税額を源泉・申告分から合計・試算すると五・五兆円と、個人所得税総額の三二・四%になると推計される。

以上の九八年度個人所得税分析から明らかなように、個人所得税には、①独身の場合で、年収一一四・四万円以上、一カ月にならして月収一〇万円に満たない若者たちまでが納税を強制されて、全国で三五〇〇万人弱の給与所得者が納税している国民に馴染《なじ》みの大きい「大衆課税＝国民みんなで負担する税」という側面と、②いま一つ、「ごく一握りの所得上位の人々(=富裕層=年間所得一五〇〇万円以上層)」の所得金額があまりにも大きいため、所得の多い富裕層がその経済的能力=税負担能力に対応して納税を求められることになって、実際には一〇〇万人程度の富裕層が所得税総額の三分の一を負担しているという「富裕税」としての第二の側面がある。

この個人所得税の第二の側面にかかわって、①「家計部門(=個人)」の株式・公社債・預貯金からの「利子・配当所得」に対しては分離課税制度が実施されて、富裕層の高額所得の「所得かくし=節税=合法的脱税」が可能になっていること、②また、不動産所有が大きい場合は、会社形式にしていろいろの節税や脱税も可能なこと、を念頭に置いておく必要がある。したがって、筆者は、九九年度の金持ち減税に対しては反対であり、即時、個人所得税制や住民税制を九九年度以前の状態に戻すことはもちろん、分離課税制度を廃止して、「総合課税方式」を徹底し、富裕層の高額所得の所得捕捉率を高める努力をすべきだと考えている。

税制のあり方をめぐっては、もっと国民の前に詳しいデータを提示しながら、国民的な論議を経て決定していく必要がある。すなわち、①個人税制をめぐって、税金とは、国民の経済的能力=税負担能力に対応して課税すべきであって、「応能性負担」→「所得累進税制」を正しい課税方法と理解するか、(a)そうであれば、「総合課税方式」を徹底して、富裕層の高額所得を正確に捕捉する必要があるし、(b)また国民は富裕層の資産所有の実態を知る権利があること、②それとも、国民の経済的能力とは無関係に、国民みんなで負担する大衆課税方式が適切と考えるか、(a)そうすると、税負担感のある個人所得税方式よりは、知らないうちに税金を払っている消費税方式が適切ということになるが、(b)ただし、そう考えた場合、本書でこれまで紹介してきたように、「勤労者の生活破壊」→「消費萎縮、少子化の止めどもない進行」→「日本経済の縮小不均衡」、という現在見られる動きを促進してしまうこと、③さらに、法人税制をわが国税制全体の中にどう位置づけていくかなど、国民的な論議が必要になっている問題は数多い。

ともあれ、以上にかかわって現実の「国税収入」の状況を紹介すると、特徴的な動きは、消費税中心主義への志向と法人税比率の低下である。国税総額に占める所得税、間接税、法人税の比率を、抜本的税制改革以前の八五年度と以後の九九年度との対比という形で示しておくと、八五年度には所得税一五・四兆円三九・四％、間接税一〇・六兆円二七・二％、法人税一二・〇兆円三〇・七％だったものが、九九年度には、所得税一五・四兆円三二・五％、間接税二一・一兆円四三・〇％、法人税一〇・八兆円二二・八％へと鮮明に変化している。(注10)問題は、①消費税中心主義への志向と法人税比率の低下という方向性が「公平税制」という見地から適切であったかどうか、②また、今後、こうした方向性で「財政再建」と「経済再生」の二課題の両立的な達成が可能かどうか、という二点である。

とりわけ、後者の問題については「待ったなし」で国民の意思が問われている。

国会における二世議員・三世議員の跋扈《ばっこ》横行から類推されるように、個人直接税で個人所得税以上に問題性があるのは相続税である。相続税は、九八年度の場合で税額一・九兆円だが、死亡者一〇〇人当たり五・三人しか課税対象にならない完全な富裕税である。この相続税について、九八年度の具体的な計算事例を読んで改めて驚いたのだが、時価ベースで正味遺産総額一一・四億円を残して死亡した「個人企業」オーナー（遺族は妻と子供二人）の場合、種々の「控除」があって、実際の「課税遺産額」は二・二億円で、相続税額は二人の子供に対して各一二〇〇万円、計二四〇〇万円にすぎない。考え方の問題だが、一家の大黒柱がこれだけの遺産を残して、遺族には何の心配もないのだから、このケースの相続税額は実際の一〇倍、二・四億円であっても何の不思議はない。

もっとも、このケースの場合、相続税額が異常に少ないのは、「小規模宅地の課税の特例」（事業用三三〇㎡、居住用二〇〇㎡までは八〇％）に救われて、秋葉原の㎡当たり三〇〇万円の事業用宅地一〇億円が一・六億円と評価されたからである。それにしても、普通の勤労者が労働収入を基礎に、一〇億円の資産を蓄積することは、よほどのドケチでも不可能である。それにしても、①高度成長期以降、所得格差の拡大が資産格差の拡大につながって、資産収入のある人と無い人との「経済的不公平」が激しくなっていること、②したがって、九九年現在、「家計部門」の金融資産一四〇八兆円、正味資産二三〇八兆円といってもその大きな部分が一部の富裕層の手元に集中していることも、明らかである。

巨額の資産が一部の富裕層の手元に偏在して、それが世代的に継承されていくのはけっして好ましいことではない。資産が資産を増やすという状況ばかりが目立って、国民の間で経済的不公平感が広がるだけでなく、所得隠しや資産隠しの手口なども発達して、人間のモラルまでが荒廃して行くことになるからである。戦後五五年余を経過した現在、資産の偏在を是正することを目的に思い切った「改革」を行う時期にきていると意識しておいた方がよい。相続税の問題もこうしたストック課税と絡めて検討すべきだろう。

「歳入」面では、さらに企業優遇税制→企業減税の問題がある。法人税を例にとると、法人税収入とその国税全体に占める比率は、八五年度一二・〇兆円三〇・七％から、九〇年度一八・四兆円二九・三％、九五年度一三・七兆円二五・〇％、二〇〇〇年度一一・八兆円二二・三％と推移し、九〇年代に入って以後、金額・構成比ともに激減している。この点では、①九〇年代の構造性不況→企業収益の減少→法人税収入の減少、という不況期特有の要因が影響していることは言うまでもないが、②他方で、それ以上に、不況下に従来からの「企業優遇税制→企業減税」路線が強化されて、法人税収入とそのウェイトの低下を結果していることに注目しておく必要がある。

この企業優遇税制→企業減税に関しては、①「技術革新的設備投資→国際競争力の強化」「設備投資→経済成長→雇用増加」の二点を主張して、この路線の正当性を理由づけしながら、②具体的には、(a)さきに第一章第三節で指摘したような減価償却期間の短縮による設備投資優遇税制（GDPの一五％以上が固定資本減耗＝減価償却として、過度に損金処理→所得控除されている）、(b)第三章で折りにふれて分析してきたように、「減損会計」や「新会計基準」などを通じて、「廃棄設備処理」「値下がり不動産など

表 42　民間制度部門別にみた資産と正味資産の推移（1990-99 年）

（兆円）

	1990 年	1995 年	1999 年
合計			
資産	4,815.7（100.0）	4,544.8（100.0）	4,540.6（100.0）
正味資産	3,663.8（100.0）	3,227.3（100.0）	3,325.1（100.0）
家計部門			
資産	2,735.8（56.8）	2,620.5（57.7）	2,692.3（59.3）
正味資産	2,414.2（65.9）	2,228.6（69.1）	2,308.1（69.4）
非金融法人企業			
資産	1,962.7（40.8）	1,864.5（41.0）	1,805.5（39.8）
正味資産**	981.2（26.8）	815.8（25.3）	844.2（25.4）
金融機関			
資産*	117.2（2.4）	59.8（1.3）	42.8（0.9）
正味資産**	268.4（7.3）	182.9（5.7）	172.8（5.2）

資料）内閣府『国民経済計算年報 2001』から作成

注）*金融機関の資産総額は貸借対照表・左欄の純固定資産と土地その他の合計である。

**非金融法人企業と金融機関の正味資産は右欄の株式と正味資産の合計である。

なお，「国民経済計算」の数値は 2001 年版では過去にさかのぼって大幅な変更がなされているが，その点はその是非をめぐって検討が必要であろう。

への減損会計」「破綻子会社処理」に関して、有税償却・有税処理ではなく無税償却・無税処理でという範囲を止めどもなく拡大してきていること、(c)「時価会計」と言いながら、法人企業が所有する膨大な土地の「含み益」は見逃されていること、(d)九八、九九年度に法人税率が法人事業税も含めて九・九％引き下げられていること、などが挙げられる。

日本のように高度に資本主義が発達している国では、企業は、国家あるいは国民経済全体の中で、モンスターともいえる巨大な存在である。そこで、表四二を利用して九九年末現在で民間法人企業部門と家計部門のそれぞれの比重を二つの次元で示せば、①両者それぞれの経済的・社会的活動の規模を測るという意味で、貸借対照表の左欄「資産の部」で資産（この項目には負債が含まれることになる）総額を見ると、非金融法人企業部門は一八〇五・五兆円三九・八％、金融機関四二・八兆円〇・九％（金融機関の場合は純固定資産と土地にしぼって計上している）、家計部門は二六九二・三兆円五九・三％、②次に、負債を差し引いた純資産を見ると、非金融法人企業部門の自己資本額八四四・二兆円二五・四％、金融機関同一七二・八兆円五・二％に対し、家計部門の正味資産は二三〇八・一兆円六九・四％である。どちらを重視するかで多少違ってくるが、経済的・社会的活動の規模を重視して前者の「資産」で測れば、企業部門が四割強、家計部門は六割弱、また負債を差し引いた純資産（＝株式＋正味資産）を重視すれば、企業部門は三割強、家計部門が七割弱というバランスになる。

国民生活が九〇年代のリストラや賃金抑制・賃金停滞によって強く影響をうけてきたことで明らかなように、企業部門は、国民生活、したがって家計部門に大きな影響力をもつだけでなく、日本の政治・経済・社会に対して圧倒的なリーダー・シップを行使してきている。この点は、政府や地方自治体の民間諮問機関であるさまざまな審議会や委員会の長（＝責任者）がほとんどと言っていいくらい財界や地方財界のリーダーの中から選任されてきたことでも明らかである。その企業部門の税負担が今では二〇％を切ろうかという所まで落ち込んでしまっているのは、どう考えてみても問題である。民間企業経営の経営原則にかかわって、営利原則（＝利潤第一主義）と並んで、いま一つ企業の社会的責任という問題がある。この後者を念頭におきながら、資産と純資産の二つの数値を基準に企業部門の税負担は三五%強という線で線引きし、その税負担の大幅な引き上げが必要と意識しておくべきである。

この節の最後に、財政破綻の構図にかかわる第四の論点として、政府保証債や政府保証借入金の増加傾向、そのさらなる急増への懸念を指摘しておきたい。すなわち、政府保証債とは、公社・公団などのいわゆる財投機関(=政府系企業=特殊法人)が自ら民間資金を調達した際、元利返済について政府(=政府一般会計)が保証したものであり、また政府保証借入金とは、財投機関の民間金融機関からの借り入れに際し、その元利返済を政府が保証したもので、政府保証債と同質のものである。二〇〇一年三月の財務省の発表では、二〇〇〇年末現在、政府債務残高五二二・〇兆円(内訳は国債三七二・五兆円、借入金一〇九・〇兆円、政府短期証券四〇・二兆円)の他に、政府保証債務残高は五五・八兆円も存在し、政府債務残高の一〇%を優に超えている。

言うまでもなく、政府保証債や政府保証借入金の増加は、公社・公団や政府関連第三セクターの経営悪化や経営破綻が鮮明になってきた場合に、民間金融機関が政府保証がつかない融資をしなくなることから生じる。政府関係特殊法人の多くに、今そういう状態が起こっている。これは、本書でこれまで機会あるごとに強調してきた「日本版」内需拡大政策の下で、政府の公共投資や公共事業が一人歩きする傾向が強くなって、その経済成長促進効果が失われてきたことはもちろん、投資や事業の社会性や経済合理性(=採算性)に疑問がある場合が多くなっていることと深く関連している。

（注1）この点については、前掲『日本経済を読む』のとくに第三章「連立政権の税制改革・消費税増税路線をどう読むか」を参照されたい。
（注2）地方財務協会『地方財政統計年報、二〇〇〇年版』参照。
（注3）財務省『財政統計、平成一三年度版』および財政政策研究会『財政データブック二〇〇〇年度版』大蔵財務協会、参照。
（注4）金融機関や借入企業が行動に節度を失ってしまうことを言う。日本では、バスの運転手などがわずか数千円の売り上げを「着服」しても「懲戒解雇」の対象になるのに、金融機関・経営首脳の巨額の「金融犯罪」に対する法的処罰・量刑規定が軽すぎる。一〇〇億円を超えるような金銭犯罪に対しては「無期懲役・保釈ナシ」くらいにしないと、モラル・ハザードはなかなか解消しないだろう。
（注5）国債の大量発行で金融市場や資本市場の資金が国に吸い上げられて資金需給が逼迫し、民間企業の資金調達が困難になることをクラウディング・アウトと言う。
（注6）レーガノミックスについては、清山の前掲書、第三章の他、同前掲二論文を参照されたい。なお、レーガノミックスを肯定的に評価した文献として、バートレットの著書の邦訳『レーガノミックス――供給サイドの経済学は時代を変える』ダイヤモンド社、一九八二年、を挙げておこう。
（注7）財務省『財政統計、平成一三年度版』参照。
（注8）大野隆男『公共投資改革論』新日本出版社、二〇〇〇年、および蔦川・久野・阿部編『ちょっとまて公共事業――環境・福祉の視点から見直す』大月書店、一九九九年、参照。
（注9）国税庁『国税庁統計年報書、一九九八年度版』大蔵財務協会、参照。なお、九八年度の源泉所得税一四・四兆円の主な内訳として、前記「給与所得」一〇・八兆円以外に、「利子所得等」一・一兆円、「報酬・料金等」一・〇兆円、「配当所得」〇・八兆円がある（同八九ページ、参照）。
（注10）財務省『財政統計、平成一三年度版』一四ページ。

第二節　必要な財政政策の転換と急がれる「財政再建」
――「財政再建」に必要な国民的論議

前節までの分析で明らかにしたように、「財政再建」への「処方箋」という場合、「財政再建」を「日本経済の再生・復活」という政策課題と併せて両立的に達成することを求められているため、実施しなければならない政策上の選択肢、つまり政策上の手段・方法は一つしかないことを強く意識しておく必要がある。いずれも国民や企業の痛みをともなうため、つい逃げ道に走ったり、一時対応的に糊塗的な手段をとろうとしがちであるが、それは「傷口」を大きくするだけである。現在、日本の政治・経済・社会にとって必要なことは、あくまで「財政再建」と「日本経済の再生・復活」の両立的達成である。

この二つの政策課題をめぐって、第一に、後者の「日本経済の再生・復活」に関する基本的な論点の方から論議しておこう。一九九〇年代の「失われた一〇年」の経験を経て、この問題に関しては、国民に結論が分かりやすくなっているからである。この点で、「日本経済の再生・復活」が可能かどうか、その成否のカギは国内個人消費の伸びいかんにあることは誰の目にもはっきりしている。したがって、政策面で必要なことは、最大限に個人消費を優先して、「日本版」内需拡大政策が公共投資・公共事業や民間設備投資・企業収益・企業減税に柱をおいていたやり方から転換して、経済政策の新しい柱を個人消費に据えることである。すなわち、「政策面からの個人消費刺激」→「個人消費の回復」→「構造性不況からの脱出」「日本経済の再生・復活」、という考え方に徹することである。この経路の動きが走り出せば売り上げや生産の回復も促されることになるし、企業収益の回復も後追い的に生じることになる。

当然、「景気・経済」「経済構造改革」「不況対策」などを強調して、公共投資・公共事業や企業減税・企業助成を主張する選択肢は、使い古された誤った政策としてきびしく排除すべきである。したがって、①公共投資・公共事業にしても、投資規模を大幅に縮小した上で、福祉関連の特別養護老人ホーム・保育所、生活・生活環境関連の公共住宅などに特定されるべきであるし、②また、産業や企業助成で必要性があるのは、「セーフ・ガード関連」「公害防止・産業廃棄物関連」くらいだろう。

次に、個人消費を伸ばすという場合、第三章で分析したように、勤労者のなかでも、とくに消費萎縮と生活崩壊が目立つ低所得階層に所得政策を実施して、その消費を増やさないことには、個人消費全般の増加はありえない。いま、国民諸階層を所得階層別に年収一五〇〇万円以上の富裕層、同一〇〇〇万円以上の勤労者上層、同五〇〇万円以上の中層、五〇〇万円以下の下層と区分すると、所得政策がその主要な対象として、政策面から消費を刺激する必要があるのは年収一〇〇〇万円以下の勤労者中・下層部分である。富裕層に対する金持ち減税が個人消費の伸びにつながらず、この間個人消費全般の消費萎縮がどんどん進み、不況のいっそうの深刻化を招いたことは九〇年代の日本経済の経緯から明らかである。

このように、政策面からの個人消費刺激は、せいぜい年収一〇〇〇万円以下の勤労者中・下層、それもとくに七〇〇万円以下くらいにターゲットをしぼって、①—(a)最低賃金や児童手当の引き上げを通じて、その一次的所得や一・五次的所得の増加を図って、所得増→消費増の経路を作りだすとともに、(b)財政の所得再配分機能を活用して、年金・高齢者福祉、幼児保育・児童福祉、公共住宅などを重点的に整備・拡充し、生活保護制度の活性化を含めてレベルの高い「生活安全保障」のシステム構築への方向性を鮮明にして、勤労者が「貯蓄への強迫観念」から解放されて、「生活安心感」を実感できるようにすることである。この点で、さらに具体的に言えば、②個人消費のフレームワークを「夫婦共働き」で構想し、女性が「働きたい」「働き続けたい」との意欲を持てるように、賃金面や保育面などからの条件整備を図っていくことが重要である。今日の勤労者生活が「夫婦共働き」を抜きにしては経済的に成り立たなくなっていることは前章で説明した通りである。

また、③年金制度について、(a)高齢化が戦後ベビーブーム世代にかかわる固有の現象ではなく、少子化に起因してこれから半永久的に持続する現象になっている折から、現在の制度のように、「誰が(＝どの世代が)いくら保険料を支払ったか」という私保険の論理に固執していては、公的年金による老後の「生活安全保障」は達成困難であること、(b)反対に、勤労者の「生活安全保障」の全システムの一環として、公的年金による老後保障に固執することが勤労者に「生活安心感」を植え付け、また少子化の半永久的な進行を阻止する効果的な手法であること、(c)そのためには、公的年金の「会計原則」を現行の積立方式から賦課方式に転換するとともに、当面は巨額の積立金の吐き出しで対応して、必ずしも単年度収支の均衡にこだわる必要はないことなど、考え方の一八〇度の転換が必要である。(注11)

以上のように、「日本経済の再生・復活」をめぐる政策問題を詰めてくると、必要なことは、公共投資・公共事業や民間設備投資、そして勤労者のマイホームに重点をおいた「日本版」内需拡大政策からの脱却であり、代わって勤労者の所得や個人消費を直接的に刺激し、また「生活安全保障」を確立する方向への系統的な政策展開を行うことである。

その際、国が必要とする費用は「国民みんなで負担する」ことを意識しすぎて、消費税重点主義に走ることはきわめて危険であり、間違っている。年収一〇〇〇万円以下の勤労者中・下層部分の所得や消費を刺激しなければ「日本経済の再生・復活」はありえないという時に、所得逆進的な消費税を活用して、その財源を勤労者中・下層部分に求めるのは論理矛盾であり、自家撞着《じかどうちゃく》である。

ここで、論議の対象を「財政再建」を含めて、財政運営をどうするかという本節第二の論点に移して行こう。当然、第二の論点で検討されなければならない問題は、①当面の財政運営をどうするかということと、②抜本的な「財政再建」をどう考えるかという二点である。もちろん、この二つの問題の処理方法をめぐって、論理的な整合性が必要なことは言うまでもない。何故なら、現在のように、年率五〇兆円超のペースで政府債務残高を増やすといった放漫な赤字財政政策を続けて、近い将来における抜本的な「財政再建」を説くというのは自家撞着であり、単なる「言い逃れ」でしかない。

最初の当面の財政運営をどうするかという問題に関しては、①不況を克服し、「日本経済の再生・復活」を達成しようとする経済政策の課題に最大限に協力して、歳出構造の徹底的な「洗いなおし」を行って、歳出面から勤労者中・下層部分の所得や消費を直接的に刺激するとともに、②これ以上できるだけ政府債務残高を増やさないという見地から、不況に直結しないような形で税収増を図って（九七年度の消費税二％引き上げなどは深刻な消費不況に直結した）、単年度収支を均衡状態、ないしはそれに近い状態に持っていく必要がある。後者の税収増への手法という点でも、これまでとは一八〇度逆の視角から税制の抜本見直しを行って、法人税減税・金持ち減税、間接税志向・消費税重点主義の誤りを正していくことが重要になってくる。

税制の抜本見直しという点で筆者の私見を述べておくと、必要なことは、①法人と個人の税負担比率をどう線引きするかを真正面から論議して、いつの間にか低くなって、現在あまりにも低水準にある法人の負担比率を三五％程度に引き上げることを手始めに、②個人税制については、国民のあいだの所得格差や資産格差が拡大していることを指摘しながら、直接税志向、所得税重点主義・所得累進税制の徹底を図り、(a)個人所得税「課税最低限」に関しては、国家財政の苦しい台所事情に配慮してそのまま据え置き、所得税の大衆課税方式的な側面は残すと同時に、(b)消費刺激にあまり結びつくことの少ない年収一五〇〇万円以上の富裕層への課税強化を目的に、利子・配当所得に対する分離課税方式の廃止、九九年度の第二段階「金持ち減税」の白紙撤回を即時実施して、富裕層の所得状況を総合的に捕捉し、かつ所得税の富裕税的な側面を強化すること、(c)また相続税について、現行方式の基礎控除額（五〇〇〇万円＋一〇〇〇万円×法定相続人数）はそのまま据え置いた上で、「一〇％から七〇％までの九段階の超過累進税率」の傾斜をきつくして、現在、所得税総額の一割超という水準の相続税額を二五％から三〇％近くまで引き上げること、などである。

以上の単年度収支の税制問題について、さらに二点つけ加えておきたい。一つは、個人所得税「課税最低限」の問題である。この点で、単身者に対する所得税「課税最低限」の低さ（現在は一〇八万円）が気になるが、他方で、現在の極端に進みすぎた「少子化」を阻止するという視点から言えば、子供の扶養控除など、家族数・家族構成別の所得税「課税最低限」格差を堅持していくことの方をより優先することが大事である。第三章第二節でも指摘しておいたように、「生涯独身」「子供を持たない夫婦」は将来「子供を持つ夫婦の子供たち」に社会的に扶養されることになるのだから、子供のある所帯持ち勤労者やその家族は、児童手当や所得税「課税最低限」などの面でより優先的に配慮される必要がある。

いま一つは、消費税の税捕捉率の低さについてである。二〇〇〇年度の場合で言えば、消費税額は九・八兆円であるが、他方、同年度の名目ＧＤＰ総額は五一〇・三兆円、民間最終消費支出額は二八五・

七兆円にも達する。現行の消費税率は五％であるから、捕捉率はきわめて低い。政府官僚や大方の政治家がこれまで考えてきたように、もし、間接税志向・消費税重点主義で赤字財政から脱却して、単年度収支の「均衡」を達成しようとすれば、消費税率は天文学的な水準にまで大幅に引き上げる必要がでてくる。したがって、消費税引き上げで「財政再建」を主張することは、まったく荒唐《こうとう》無稽《むけい》な気の遠くなる話である。改めて、消費税重点主義の有害性や非現実性を強く意識しておくことが重要である。

最後に、抜本的な「財政再建」の問題を取り上げておきたい。二〇〇〇年末現在の政府債務残高は五二二・〇兆円、他に政府保証債務残高五五・八兆円を加えると、ＧＤＰ総額を優に超えて先進主要諸国のダントツのワースト・ワンの座にあることは前節で述べた通りである。当然、政府債務残高を大幅に減らして、「財政再建」を推進していく必要がある。その際、考え方のメドになる数字を提示しておくと、①第一のステップは、債務残高を約二〇〇兆円減らして、債務残高の対ＧＤＰ比率を現在の一〇〇％超から五年前の九五年当時の六六・六％、三分の二にまで引き下げること（ここまでくると、悪い方から数えて第二位グループのアメリカの六〇％とそう変わらなくなる）、②次いで、第二のステップは、債務残高をさらに七〇兆円から八〇兆円程度減らして、一〇年前の九〇年当時の対ＧＤＰ比率五〇・一％、二分の一までさらに押し下げることである（八九年四月に消費税が導入されていることに注意されたい）。

政府債務残高を半減して、対GDP比率を五〇％水準にまでとはずいぶん気の遠くなる話だが、それでも、二〇年前に財政破綻ということで行革・財政再建を目的に「第二臨調」が組織された当時の対GDP比率三八・八％（八〇年）よりもまだ高いのである。このように、財政の破綻状況を示す数字を並べると、今の状況がいかに悪いかよく理解できる（前掲表三五参照）。

このように見てくると、現在の政府債務残高がとてつもなく大きく、間接税志向・消費税重点主義にせよ、あるいは直接税志向・所得税重点主義、所得累進税制を採用するにせよ、GDPや国民所得を対象にした、いわゆる「フロー課税」の年々の積み重ねではとうてい消し去ることが不可能な金額であることは明らかだろう。いうまでもなく、前者の消費税引き上げでは構造的な不況に直結することになるし、後者の所得税重点主義・所得累進税制にしても、当面は均衡財政の達成と「日本経済の復活・再生」を両立的に実現するのがやっとで、黒字財政の実現など思いもよらないことである。

住宅ローンなど、大きな金額を借金した経験のある人なら誰でも肌で実感していることだが、借金額と借金返済のあいだには、①借金額がある線を超えてふくらむと、年々の所得からの元利返済が不可能になって、(a)うまくいった場合で、借金額は永久に減らない「債務奴隷」状態への転落だし、(b)普通の場合は、倒産や個人破産が待ち構えていること、②他方、頑張ってある線まで借金が減ってくると、それからは急速にゼロに近づいていく、という二つの相関関係がある。

日本の政府債務残高の場合、倒産や破産が避けられないという①―(b)の位置にあって、何とか倒産すまいとして、権力的に日銀の金利調整機能を活用（＝悪用）し、ゼロ金利で何とか糊塗《こと》しているのが実情である。なお、「財政再建」に当たって、メドになる数字として挙げた第一のステップや第二のステップは、ここまで借金が減れば、以後は急速に返済が進んで、自立・立ち直りが可能になるラインと理解して頂きたい。

ところで、「国境なきボーダーレス・エコノミー」の時代といわれる現在、銀行救済や国債の利子負担の軽減を目的に、日本だけがゼロ金利政策を永久に持続することは荒唐無稽な不可能な話である。金利が変化しない資本主義、そして中央銀行の金利調整機能が正常に発揮されない資本主義など、空想的で非現実的にすぎる。早急に日本も他の先進主要諸国なみの「公定歩合」の水準にまで金利を引き上げる必要がある。もし、それでは銀行倒産が避けられないと言うのなら、大部分の銀行を「国営化」してでも、ゼロ金利からの解放と金利機能の復活は、日本経済の健全性を取り戻す上で重要である。

また国債の利子負担の問題でも、①国債利払費の増加が単年度の財政運営に影響して、一般財政支出が削減されることにでもなったら、肝心の「日本経済の復活・再生」が不可能になって、元も子もなくなるから、②利子率の上昇による国債利払費の増加に対しては、いわゆる「資産処分」などで政府債務残高を大幅に減らすことなどで対応し、国債利払費の単年度収支への「しわ寄せ」は現状の年間一〇兆円超程度に抑えるよう努力する他はない。つまり、年間五〇〇兆円程度のＧＤＰしかない日本経済の力では、フロー次元で対応できる国債利払費の限度を一〇兆円超と見て、それを上回る利子部分についてはフロー次元ではとうてい対応することが不可能な「不良債務」相当分からの利子と判断する訳である。

そうすると、前述のように筆者の表現で言う第一ステップの金額約二〇〇兆円、あるいはこの際一挙に第二ステップまでと言うのなら二七〇兆円弱が政府債務残高のなかの「不良債務」相当分になる。筆者は、さしあたり政府・企業・家計の三部門の持つストックの処分で約二〇〇兆円、債務残高を減らしておけば、残りはフロー次元で長期に時間をかけて徐々に消していける金額になると見ている。

そこで、九九年『国民経済計算』の数字の中から、日本のストック統計を提示しておくと、①政府部門については、(a)土地が中央政府二一・四兆円、地方政府一三二・九兆円、小計一五四・三兆円、(b)土地以外の、建物などの有形固定資産（=生産定資産）が三三一・三兆円（統計は、土地は除いて、中央政府・地方政府・社会保障基金分を一括して表示している）、(c)金融資産が中央政府一〇二・七兆円、地方政府五七・七兆円、小計一六〇・四兆円、(d)社会保障基金の正味資産二〇八・三兆円、②民間部門については、前掲表四二に示しているが、(a)企業部門の自己資本額が一〇一七・〇兆円、(b)家計部門の正味資産が二三〇八・一兆円、などが一応二〇〇兆円捻出の対象となる財源である。

政府債務残高二〇〇〜二五〇兆円の削減に当たって、第一に必要なことは、政府が作った借金なのだから「中央政府」部門の資産処分を最優先することである。その意味では、地価下落を促すことになっても、遊休地の全面的な処分が必要であるし、次いで、金融資産の大規模な圧縮も必要になってくる。国有地と金融資産の全面的な見直しを行って、そこに「聖域」を設定しなければ、政府部門内部で何とか一〇〇兆円程度は捻出できるのではないかと判断される。

この点で、①地価の問題にしても、これまで繰り返し強調してきたように、巨視的に見て、地価は安ければ安いほど「経済や社会」が活性化すると見て、割り切って考えておく必要があるし、②ODA（＝政府開発援助）有償分など、政府貸付金などについても、その「抵当証券」化を図って行くくらいの覚悟がないと、一〇〇兆円の資金調達は難しくなることを付言しておきたい。

なお、この種の議論になってくると必ず登場してくるものに、国立病院の統廃合といった行政改革や公務員労働者にたいする「リストラ」論がある。しかし、こうした主張は議論のすり替えであって、しかも間違った考えである。当面、ここで問題なのは、「財政再建」を早急に達成するためには、どうすれば政府部門内部で一〇〇兆円調達できるかといった話なのであって、行政をスリム化して「リストラ」を行っても、すぐ一〇〇兆円が出てくるわけではない。議論がすり替えられていることは子供でも分かることだろう。

また、今日の財政破綻を作りだしたのは「日本版」内需拡大政策であって、政府機関などの福祉・医療・教育といった勤労者への公共的諸サービスではない。現在必要なのは、勤労者の個人消費を全体として大きく増加させることであって、そのためには、勤労者が安心と信頼をよせることができる

「生活安全保障」のシステム構築が必要不可欠であり、国民生活関連ということではむしろ「大きな政府」が必要である。筆者が「この種の議論」と言った中で検討に値するのは、地価が「馬鹿高い」都心に立地する必要のない「事務・計算関連」「研究開発・教育関連」の政府機関や公務員宿舎の郊外移転を図って、大きくまとまった資金が捻出できる場合である。首都や皇居の移転論にしても、こうした考え方の延長線上にある議論である。ただ、こうした議論も「財政再建」のための大量の資金調達という問題とは、さしあたり無関係と見ておいていい。

政府部門以外からの残り一〇〇～一五〇兆円の資金調達に関しては、九〇年代からの「構造性不況」と財政破綻という、日本が第二次大戦の「敗戦直後」以来、はじめてぶつかった異常「大事態」への緊急性を要する対応ということで、一回限りの「特別税」を構想し、これに「国民的合意」を取り付けない限りは不可能である。ただ、この合意が成立しない場合、政府債務残高はさらに野放図に膨張し、日本は国家破産への道を突き進んでいくことになる。しかし、この点で、日本のような経済大国に「債務不履行宣言」など不可能なことは本章の冒頭に述べた通りである。

この「特別税」の基本骨格・考え方としては、①地方政府の土地資産が大きいので、これを課税対象に含めること、②民間の企業部門と家計部門の負担比率については、前述の単年度財政の負担基準の三五対六五に準じること、③家計部門内部の負担に関しては、単年度の「フロー課税」の場合以上に、累進制の傾斜をきつくしてその「富裕税」的性格を強め、反面で、勤労者中・下層の負担は「形式的な金額」に止めること、などが特記される。なお、家計部門の負担のあり方には、それが消費萎縮につながることがないよう特別に意識しておく必要がある。

（注11）　本書の第四章第三節を参照されたい。

第六章 トリプル不況をどう克服するか

一九九九年四月からの九〇年代景気回復の第四局面は早くも二〇〇〇年末には終止符を打ち、〇一年年初からは二一世紀最初の不況局面を迎えている。(注1) つまり「ＩＴバブル」に牽引された九〇年代第四局面は一年半そこそこという超短期間で終わったわけである。筆者は、こうした景気回復局面の超短さということとも関連して、〇一年現在の不況をＩＴ不況という要素が付け加わったトリプル不況（＝消費不況＋金融不況＋「ＩＴ不況」）と理解して、バブル崩壊後のもっとも深刻な構造性不況と受け止めている。

ここで筆者がトリプル不況と表現していることの含意は、①九九年からの景気回復を支えていたＩＴ部門・ＩＴ業種で、二〇〇〇年末頃から構造的な設備過剰・生産過剰が表面化し、世界的なＩＴ不況の広がりを背景に、日本国内で後ろ向きの大規模なリストラが急進展し、一方で、国内工場の閉鎖・縮小、海外への生産の移転、他方では、人員削減・賃下げなどへの動きが進んでいること、②九九年以降も、消費萎縮、デフレ・賃金デフレへの傾向が持続して、消費のマイナス成長↓名目GDPのマイナス成長という悪循環が日本経済の体質にビルトインされて、消費財生産部門や流通・小売部門の構造性不況が深刻化してきたこと、③同じく金融不況もいっそうの広がりを見せ、(a)金融機関の経営危機・経営破綻問題は、大手金融機関のなおいっそうの再編への動き、関東・関西大都市圏以外の地銀・第二地銀への経営破綻の波及などの動きをともないながら、さらに深刻化していること、(b)借り手側の不良債務↓倒産への動きがさらに広がって、業種別には建設、レジャー・不動産、卸小売を中心に、また企業規模別には巨大企業から中小・零細企業にまで広がり、(c)〇一年末現在、倒産予備軍ないしは倒産催促相場とされる株価一〇〇円未満・株価二ケタの上場企業が続出し[注2]、大企業まで含めて企業倒産のなおいっそうの広がりが予測されること、などから明らかであろう。

関連して、①二〇〇〇年末に近づくにつれて急速に景気上昇への期待感がしぼみ、②二〇〇〇年四月の森政権発足当時、二万円台はあった日経平均株価も森政権退陣直前の〇一年三月には一万二〇〇〇円を割り込んで、バブル崩壊後の安値を更新していること、③〇一年四月に「構造改革による経済活性化↓景気打開」を主張する小泉政権が成立し、日経平均株価は同年五月には一万四五〇〇円まで急回復するが、その後直ちに反転して、同年九月に一万円台を割り込む水準にまでさらに急下落し、その後も一万五〇〇〇円前後の低位水準で低迷・推移し、小泉構造改革は市場から不信任を突きつけられた形になっていること、などが指摘される。

そこで、本章では、本書執筆中に発生したこのトリプル不況に焦点をしぼり、第一節で、今次不況の発生と広がりを改めてフォローしながら、不況の本質や特徴を明らかにした上で、最後に第二節で、日本経済の再生や復活というこの一〇年来の政策課題とも関連させながら、不況の克服方向を問題にしたい。

(注1)　内閣府は、二〇〇一年一二月二一日、同府内の「景気動向研究会」を開催して、①景気の山を、二〇〇〇年一〇月として、九〇年代第四局面の景気上昇期間は九九年二月からの二一カ月(＝戦後最短)と判定するとともに、②前回の景気の「山」を九七三月から同年五月に修正・確定している(「日本経済新聞」二〇〇一年一二月二二日、参照)。

(注2)　二〇〇一年一〇月の商法改正で株式の「額面」は廃止されたため、新聞・雑誌などの株式・株価欄などでは、「旧五〇円」「旧五〇〇円」といった形式で一株当たりの株価が記載されている。

第一節　トリプル不況をどう理解する

最初に、二〇〇〇年三月から三カ月きざみで景気関連諸指標の推移を見た表四三などから確認できるいくつかの論点を紹介しておきたい。まず、前諸章でも論述した点ではあるが、九九―二〇〇〇年の景気上昇局面においても、個人消費の萎縮・減少傾向が続いていることを反映して、小売業販売額が着実に減少傾向を示し、個人消費のマイナス成長↓名目GDPのマイナス成長という悪循環の存在が確認できることである。関連して、日銀短観の業況判断DIを見ると、非製造業・大企業では、業況が「悪い」と回答している企業が「良い」と答えた企業を上回っている。また中小企業の場合、製造業・非製造業を問わず、業況が「悪い」と理解している企業が圧倒的に多い。

明らかに、非製造業領域で、大量の不良債務を抱える建設・ゼネコン、不動産・レジャー、流通・卸小売の御三家以外にも、構造的な設備過剰、供給過剰問題が広がっていることが示唆される。したがって、九九―二〇〇〇年の景気回復とはいっても、IT・同関連分野の突出的な回復と成長が日本経済全体の一時的な回復につながっただけのことで、個人消費の本格的な回復が見られない限りは、回復期間は短命で、景気上昇のスケールも小さなものにならざるをえなかったと見ておいてよい。

表 43　景気関連諸指標の推移（2000 年 9 月-01 年 12 月）

	2000.3	2000.6	2000.9	2000.12	2001.3	2001.6	2001.9	2001.11*
名目ＧＤＰ,（兆円）	517.4	514.8	508.1	508.6	511.6	505.8*	501.9*	
同成長率,（前期比）	2.2	−0.5	−1.3	0.1	0.6	−1.5	−0.8	
実質ＧＤＰ,（95 = 100）								
同成長率,（前期比）	2.4	0.1	−0.7	0.6	−0.2	−1.2	−0.5	
日銀短観								
大企業・製造業	−9	3	10	10	−5	−16	−33	
同・非製造業	−16	−12	−9	−10	−13	−13	−17	
小売業販売額,（前年比）	−3.0	−1.1	−1.6	−1.5	1.7	−2.3	−2.5	−2.7
鉱工業生産指数,（95 = 100）	103.3	105.7	104.9	107.6	101.7	97.7	92.8	90.9
半導体集積回路,（前年比）	14.7	28.5	23.0	15.4	−5.6	−26.8	−39.1	−45.5
全産業常用雇用,（95 = 100）	97.0	98.1	97.3	97.1	95.6	96.6	95.9	96.8
全産業現金給与,（前年比）	−1.6	1.8	0.8	−1.4	−0.5	−0.9	−1.2	−2.0
完全失業率	4.8	4.7	4.7	4.9	4.7	4.9	5.3	5.5
東証一部時価総額,（兆円）	465.0*	442.3*	412.8*	363.2	351.7	373.4	294.9	302.9
日経平均株価,（円,月末）	20,337	17,411	15,747	13,786	13,934	12,969	9,774	10,542

資料）「日本経済新聞」毎週月曜日記載の「景気指標」欄から作成

次に、〇一年からのトリプル不況の展開過程を具体的にフォローすると、不況は、年初早々からほぼ三カ月きざみで深刻さの度合いを増しながら、最終執筆時の〇一年末現在、バブル崩壊後の九一—九三年平成不況や九七—九八年複合不況と比較しても、格段に深刻でしかも出口が見えにくい状況下にある。以下、トリプル不況の態様を、鉱工業生産の急降下、金融不況の広がり、ＩＴ不況の発生と広がりという三点から見ておこう。

第一に、鉱工業生産に関しては、表四三のように、二〇〇〇年一二月の一〇七・六（九五年基準）をピークに、〇一年三月一〇一・七、ピークから五・五％減、六月九七・七、同九・二％減、九月九二・八、同一三・七％減、一一月九〇・九、一五・五％減と年末にむけて顕著な急落傾向が進んでいる。〇一年一一月の九〇・九という指数は、かつて八〇年代後半の八七―九〇年の大型景気当時の八七年八六・六、八八年九四・九のほぼ中間値にあたる。一年足らずで一五・五％減という鉱工業生産の落ち込みの激しさとその業種別の広がりの大きさはまさに異常である。

ところで、経済学は、不況下における生産の減少や売上げの低下に関して、以下のような諸点を教えている。すなわち、①生産の減少や売上げの落ち込みは、不況→在庫の増大→生産調整の結果として生じたもので、いずれ景気の回復とともに解消する一時的な現象であること、②―(a)不況過程で、競争力の弱い非効率企業や老朽設備・非能率工場などは競争に負けて淘汰されていくが、(b)他方、競争力の強い優良企業や優秀設備・優秀工場は競争に耐えて生き残り、景気回復後は生産や売上げを大きく増加させていくこと、③景気回復後は不況期以前に比べて、生産が優良企業や優秀設備・優秀工場で行われるようになり、生産性も上昇するので、製品の品質は向上し、価格も低下すること、④生産性上昇の成果は従業員にも還元されるので、(a)労働者の実質賃金は上昇し、(b)国民経済全体としても、勤労者の個人消費は増加すること、などである。

ここでの問題は、①不況と競争の経済学が教科書どおりには作用せず、生産が落ち込んだままに推移する危険性が大きいことであり、②また、労働者の実質賃金や勤労者の個人消費が低下・減少傾向を見せて、賃金デフレや消費萎縮を引き起こしていることである。この二点は、問題が重要なので改めて後にとりあげることにする。

表44　メガバンクの2002年3月期の業績予想

（億円，人）

	2001.9 中間期実績				2002.3 期予想			人員削減
	不良債権処理額	同残高	有価証券含み損益	自己資本額	業務純益	最終損益	予想計上益修正額*	計画**
みずほH	5,450	55,780	-11,509	53,014	8,600	-2,646	-15,800	7,000
三井住友銀行	6,967	33,268	-6,409	33,522	10,500	-1,500	-4,800	4,900
三菱東京ＦＧ	3,557	46,390	-293	32,194	5,850	200	-5,450	4,500
ＵＦＪ．Ｈ	3,975	28,891	-4,923	35,505	8,000	-6,000	-13,700	6,600

資料）『日本経済新聞』2001.11.24 および同17日号，「日経会社情報 2002-1」から作成

注）予想計上益修正額＊は『会社四季報』東洋経済新報社の2001-1集と2002-1集のあいだの予想計上益修正額。人員削減計画＊＊は各社の今後3～5年間の計画

トリプル不況の展開過程から見られる第二の特徴は、金融不況の深刻さや広がりがさらに一段と進行して、破局的な局面とでも表現すべき新しい局面に入っていることである。この点では、企業業績や財務体質の面でもっともゆとりのある四大メガバンクといえども例外ではない。すなわち、四大メガバンクの〇一年九月中間連結決算実績、〇二年三月期業績予想を見た表四四に明らかなように、①各社とも期首当初予想以上に不良債権処理を実施することが必要になっていること、②この結果、〇二年三月期通期の業績予想では、三菱東京ＦＧを除いて、三社が最終赤字におちいり、なかでもＵＦＪ・Ｈは無配に転落すること（信用を重んじる金融機関は無配転落を極度に嫌う）、③株価が底割れして、バブル崩壊後の安値を更新したことを反映して、九月中間期の有価証券含み損益は四社ともマイナスになったことで明らかなように（なかでも、「みずほ・Ｈ」の含み損は巨額である）、各社の財務体質は極度に悪化し、「益出し」原資は枯渇状態にあること、などが〇二年三月期決算の特徴として予測され

ている。

なお、四大メガバンクの業績悪化の対極には、①これら四大メガバンクをメイン・バンクとする借入れ側の「過剰債務企業（＝倒産予備軍）」の売上げ不振→業績悪化→債務返済能力のいっそうの低下、②「過剰債務企業」の急増傾向、③企業倒産の続発、などが対応していることにも特別の注意を向けておく必要がある。「過剰債務企業」は、従来からの建設、レジャー・不動産、卸小売の「御三家」だけでなく、それ以外にも、トリプル不況下に急激な業績不振に見舞われ、しかも従来から財務体質があまり良くなかった企業や、IT分野が位置して、これまでは「急成長企業」「有望株」「ベンチャー企業」まで含めてさらに厚みを増している。(注3)

大企業の倒産は、〇二年三月期上期のマイカル（〇一年九月）に引き続いて、下期に入ってからも新潟鉄工、大成火災、青木建設、寿屋、ファーストクレジット、殖産住宅とさらに続いている。当然のことながら、〇二年新年に入ってからも大企業倒産はさらに続発すると見ておく必要がある。

金融不況に関しては、関東・関西大都市圏以外の地銀・第二地銀で、不良債権の急拡大、不良債権処理額の急増、取引先「過剰債務企業」の倒産続出などが生じて、その企業業績や財務体質がこれまた急激に悪化していることも特記しておく必要がある。いうまでもなく、①かつての「地価バブル」が関東・関西大都市圏ほど激しくなかった全国各地でも、九〇年代を通じて着実に地価下落が進んできたため、前述の三業種を中心に所有土地の減損処理を実施しなければならない取引先企業が増加したこと、②全国的に地銀各行が地盤とする地域経済の地盤沈下が進んで、取引先地場企業や地方自治体関連「第三セクター」などの業績悪化→債務返済能力の低下が生じたこと、などが主な原因である。「日経会社情報二〇〇二—一集」で、〇二年三月期に連結最終損益の赤字計上を予定したりあるいは無配の方針を表明している東京都・大阪府以外の地銀・第二地銀を抜き出しておくと、札幌北洋H（北海道）無配、東北銀行（岩手）一五億円、福島銀行（福島）六九億円・無配、常陽銀行（茨城）三一〇億円、関東銀行（茨城）三七億円・無配、足利銀行（栃木）一一〇三億円・無配、東和銀行（群馬）一八五億円・無配、千葉興銀（千葉）無配、北陸銀行（富山）一一七〇億円・無配、八十二銀行（長野）一三九億円、岐阜銀行（岐阜）無配、スルガ銀行（静岡）七五億円、中京銀行（愛知）一六九億円・無配、びわこ銀行（滋賀）八五億円・無配、紀陽銀行（和歌山）五〇八億円・無配、もみじH（広島）無配、西日本銀行（福岡）四五〇億円、福岡シティ銀行（福岡）一八九億円・無配、佐賀銀行（佐賀）一四〇億円、九州銀行（長崎）七八億円・無配と続く。

こうした関東・関西大都市圏以外の地銀・第二地銀の業績悪化は、たとえば、九州・沖縄の上場一九行について、〇一年九月中間決算期現在、金融再生法ベースで不良債権比率が八％を超えている銀行を列記してみると、福岡一〇・六％、西日本九・八％、福岡シティ一二・七％、佐賀九・七％、親和一三・六％、九州一六・四％、熊本ファミリー一七・四％、宮崎太陽九・七％、琉球一四・六％、沖縄一三・五％と過半数の一〇行に達していることからも確認できる。(注4)

トリプル不況の金融不況的な側面は、〇一年末現在、一方では、四大メガバンクから信託銀行、地銀・第二地銀、信金・信組まで、そして生保・損保まで含めて全国全金融機関の総崩れ的な「経営危機」状況を生み出すとともに、他方で、「過剰債務企業」の続出、よりいっそうの企業倒産の多発などをもたらしている。こうした状況の下で、〇二年四月からはペイ・オフ（預金保護の限度額を従来の「無制限」から新たに一〇〇〇万円までに引き下げ）が実施されることになるが、それは、いわゆるアブナイ銀行からの預金の総引き出し、「安全な」銀行を求めての「銀行探し」などの動きを誘発する。金融と金融不況をめぐっては、これまで以上に目を離せない状態が続く。

以上から明らかなように、金融不況と金融政策をめぐっては、①小泉構造改革が実施しようとしている「郵貯」「簡保」など、政府系金融機関の民営化ではなく、②むしろ、全国全銀行の全面的な「国家管理・国有化」を検討しなければならない局面にまで金融不況が進んでいること、③金融機関や倒産企業の経営者の経営責任に「免罪符」を与え、また民間個別企業の倒産回避や倒産処理に無限大ともいえる巨額の「公的資金」の投入を許すことになっている「金融再生法」「民事再生法」の全面見直しが急務であること、などが指摘される。

最後に第三に、トリプル不況の「ＩＴ不況」的な側面を問題にしよう。ＩＴ不況の発生と展開の過程は、前掲表四三に記しておいた半導体集積回路・月間生産量の対前年比の推移で端的に示される。すなわち、二〇〇〇年一二月には対前年比プラス一五・四％に達していた半導体集積回路の月間生産量(九九年はプラス一五・二%、二〇〇〇年はプラス二四・九%)は、〇一年三月マイナス五・六%、六月マイナス二六・八%、九月マイナス三九・一%、一一月マイナス四五・五%と年末に近づくにつれて驚くべき低下を見ている。これは、アメリカを中心とする世界的なIT不況の発生と展開を背景に、日本でも、IT分野の成長性に対してあまりにも過大な期待と幻想をもって、単に半導体集積回路だけでなく、携帯電話機、パソコンなど、「半導体集積回路」誘導製品の生産と生産能力を急増させてきたことの結果である。しかし、それにしても〇一年下期に入ってからの生産の落ち込みは異常なほど激しく、まさに構造的な設備過剰が生じていると表現してよい。

電機、精密機械、非鉄・電線、通信など、IT業種・IT関連業種でとりわけ〇一年下期に入って表面化したIT不況をめぐる動きを、電機大手七社(日立、東芝、三菱電、NEC、富士通、ソニー、松下)の〇一年三月期の連結決算結果と翌〇二年三月期の業績予想を対比させることで示しておこう(表四五参照)。すなわち、電機大手七社は、ITバブルに乗って〇一年三月期で記録的な好決算を発表できた五月時点では、四月に入ってからの売り上げの落ち込みをごく一時的なものと見て、各社とも〇二年三月期通期の業績予想ではせいぜい増収減益にとどめているが(NEC、富士通、ソニーは増収増益、松下は減収増益)、その半年後の九月中間決算発表時点では、ソニー以外はいずれも減収予想に転換したばかりでなく、ソニー、三菱電を除いて、残り五社は一〇〇〇億円を上回る経常赤字や最終赤字予想という惨憺《さんたん》たる状況におちいっている。

表45　電機大手７社，2002年３月期連結決算・業績見通し
——増収減益予想（期初）から減収赤字予想へ（中間決算発表時）

		売上高（億円）	経常利益（億円）	利益（億円）	従業員（人）
日立	2001.3	84,170	3,236.6	1,043.8	単55,609
	2.3	87,500	2,700.0	900.0	
		79,000	▲2,150.0	▲2,300.0	
東芝	2001.3	59,514	1,881.0	961.7	単52,263
	2.3	64,400	1,100.0	600.0	
		54,600	▲3,000.0	▲2,000.0	
三菱電	2001.3	41,295	2,104.4	1,247.9	単40,906
	2.3	43,000	1,200.0	750.0	
		39,000	▲200.0	20.0	
ＮＥＣ	2001.3	54,097	923.2	566.0	単34,900
	2.3	58,500	1,100.0	650.0	
		53,000	▲2,200.0	▲1,500.0	
富士通	2001.3	54,844	1,897.5	85.2	単42,010
	2.3	58,000	1,600.0	500.0	
		52,000	▲1,000.0	▲3,100.0	
ソニー	2001.3	73,148	2,658.7	167.5	単18,845
	2.3	80,000	2,800.0	1,500.0	
		75,000	700.0	100.0	
松下	2001.3	76,816	1,007.4	415.0	単44,951
	2.3	75,500	1,330.0	570.0	
		68,000	▲3,700.0	▲2,650.0	

注）１．2001.3期業績は実績値。2002.3期は業績予想で上段は期初予想，下段は９月中間決算後の予想
２．従業員数は2001.3期末現在の数値で，単は親企業単独の人員数

五社の赤字予想額は、日立・経常二一五〇億円・最終二三〇〇億円、東芝・経常三〇〇〇億円・最終二〇〇〇億円、NEC・経常二二〇〇億円・最終一五〇〇億円、富士通・経常一〇〇〇億円・最終三一〇〇億円、松下・経常三七〇〇億円・最終二六五〇億円と記録的な額である。五月の〇二年三月期・期首時点と一一月の九月中間決算発表時点の業績予想を対比すると、予想利益の落ち込みは日立・経常マイナス四八五〇億円・最終マイナス三二〇〇億円、東芝・経常マイナス四一〇〇億円、最終マイナス二六〇〇億円、三菱電・経常マイナス一四〇〇億円・最終マイナス七三億円、NEC・経常マイナス三三〇〇億円・最終マイナス二一五〇億円、富士通経常マイナス二六〇〇億円・最終マイナス三六〇〇億円、ソニー経常マイナス二一〇〇億円・最終マイナス一四〇〇億円、松下・経常マイナス五〇三〇億円・最終マイナス三二二〇億円と、各社の期首見込みを大きく上回って予想利益が大きく落ち込んでいる。七社合計での予想利益の落ち込みは経常利益で二・三兆円、最終利益で一・六兆円にも達する。

ところで、ここで日本の製造業全体の中で電機産業の占める位置とウェイトを確認しておこう。資料的には少し古くなるが、九七年の「工業統計調査」によると、出荷額では総額三二三・一兆円にたいし電機六〇・四兆円一八・七%、付加価値額では、総額一一九・九兆円のうち電機二〇・二兆円一六・八%、従業者数では合計九九三・七万人のうち電機一六八・七万人一七・〇%、現金給与総額基準では総額四五・四兆円のうち電機八・〇兆円一七・五%と、どれを基準にしてみても電機産業がトップの位置を占め、電機産業が基軸産業であり、またリーディング産業であることが確認される。また財務省の「法人企業統計季報」で、九九年度の法人企業の営業利益についてみても、製造業総額一一・六兆円のうち電機二・〇兆円一七・一％と、状況は同じである。

ここで、ＩＴ不況に関わるさらなる問題は、ＩＴ各社、たとえば前述の電機大手七社は、〇一年下期に入って生産の異常な落ち込みが鮮明になったことに対応して、急速に経営の方向性を一八〇度転換し、不採算分野・不得意分野からの撤退、内外拠点工場の統廃合、ライバル企業との業務提携・生産統合、各社ほぼ一万人前後の人員削減など、主として設備廃棄、工場の閉鎖・縮小、人員削減に重点を置いた「後ろ向き」のリストラを実施して、経営のスリム化を図ろうとしていることである。さきに見た〇二年三月期の業績予想の急激な落ち込みも、期中のリストラ損失を七社合計で一・〇五兆円と見込んだこと（日本経済新聞〇一・一〇・三二）でいっそう大きくなったのである。

ＩＴ各社や電機大手七社の経営戦略の転換と「後ろ向き」のリストラへの本格的な取り組みは、当然のことながら、ＩＴ関連企業・同関連分野などを媒介に日本全国・全産業に連鎖反応的に波及していくと見ておいてよい。日本経済新聞〇一年一一月一八日の報道によると、〇一年に発表された上場企業八二社の人員削減計画は一二万人強に達するが、なかでも電機・情報だけで約七万人を占め、時期は〇二年三月に集中している。目につく大量削減企業は東芝一・七万人、日立一・一万人、松下電器〇・八万人、ＪＲ西日本〇・六万人、富士通〇・五五万人、ＮＥＣ〇・五万人、クラリオン〇・

四六万人である。

上場企業の人員削減は〇一年末から〇二年にかけてさらに拡大していくと予測される。当然、すでに〇一年六月の四・九%から同年一一月には五・五%と水準を切り上げていた完全失業率も〇二年にはさらに上昇すると判断される。トリプル不況下に雇用・失業問題に対する取り組みは「待ったなし」の急務になっている。この点で、九〇年代の構造性不況下に歴代自民党政権の雇用・失業政策が失業問題を解決し、失業率を引き下げていくという意味では、「無為無策」であったことはすでに前の諸章までで明らかであろう。

（注3）　金融機関の経営危機、「過剰債務企業」の急増、大企業倒産の多発とこうした問題に対する投資家、ビジネスマンの関心の高まりを背景に、「どうなる？『過剰債務企業』の最終処理――消耗する銀行の体力」『金融ビジネス』二〇〇一年一二月号、特集、「三井住友の『決断』」同二〇〇二年一月号、特集など、主要経済誌の特集記事を取り上げていけばきりがない。

（注4）『日本経済新聞』二〇〇一・一一・二九、九州経済版、参照。

第二節　トリプル不況下の政策課題と不況の克服方向

ここでは、トリプル不況下の不況対策として、次の二点、すなわち、(1)経済政策の方向を勤労者本位・個人消費主体の内需拡大政策へと転換して、個人消費拡大↓内需拡大↓日本経済の再生・活性化(＝日本経済の拡大均衡)、という経路の追求を最優先すること、(2)トリプル不況下に東アジア諸国、なかでも中国への生産の移転が進んで、基幹産業の空洞化や地域経済の縮小・解体を真剣に懸念しなければならない局面が生じていることを意識して、国内重要産業の保護や雇用の確保という見地から、輸入数量制限やセーフ・ガード条項の実施を検討する必要性があること、を提言しておきたい。

第一点の個人消費に関わる問題に関しては、第四章でこの問題を分析の主題としたので参照して頂きたいが、現在の経済局面に対応するような形で要点的に摘記しておくと以下の通りである。すなわち、①勤労者にたいする生活安全保障のシステム、なかでもその最低生活保障水準を確保し・整備して、(a)勤労者が日常の労働や生活から「喜び」や「生き甲斐」を感じることができ、また安心して「子供を生み」「子供を育てる」ことができる状況(＝労働・生活環境)を作りだすこと、(b)勤労者の生活・社会システムの側から、少なくとも最低限の快適な住生活・老後生活を保障して、勤労者をマイホームや老後問題という「責め苦（＝貯蓄への強迫観念）」から解放して、ストレートに所得→消費という経路が機能するようにすること、が必要である。

また、②このところ、一方で、勤労者の消費萎縮が、他方で、賃金デフレが進行して、とりわけ勤労者中層・下層のところで「不安心感」「生活崩壊」が顕著なこと、また生活が不安定でミゼラブルな若者のフリーターが激増している事実に対応して、これらの中層・下層部分に対する直接的な所得政策の意義を重視し、(a)パート・派遣労働者やフリーターなどを対象に、二年間で時給三〇〇円アップに相当するような最低賃金の大幅な引き上げを実施すること、(b)また「母子家庭」の第一子に対する「児童扶養手当」現行月額四・二三七万円をメドに、現在の「児童手当」制度を抜本的に拡充・整備すること、も重要である。この②-(b)に関わって、人口は国力の象徴でもあること、また現在の日本のように、夫婦二人が懸命に働いても、子供を安心して育てることができず、巷《ちまた》からは子供や若者たちが消えつつあるという状況は異常であること、を強く意識しておかなければならない。少子化を阻止するためにも、最低賃金の時給大幅引き上げや児童手当制度の抜本拡充は必要不可欠である。

さらに、③所得の二次的な再配分制度である公的年金制度、福祉・社会福祉サービスや生活保護制度の抜本的な整備・拡充を図っていくという視点も重要である。すなわち、公的年金制度については、(a)老齢基礎年金の高齢者に対する最低生活保障水準までの引き上げ、(b)パート・派遣労働者やフリーターなど、不安定雇用領域で働く人たちの被用者保険への捕捉率を高めること、(c)年金会計の会計基準を積立方式から賦課方式に転換して、被用者年金の現行水準を維持すること、などが指摘される。生活保護制度についても、(a)社会福祉事務所の「生活相談機関」への変質・活性化を図ること、(b)保護率が上昇するのを恐れずに、働いている貧困層や低所得層の包摂《ほうせつ》率を高めること、(c)「リバース・モーゲージ」の制度を創設して、社会福祉事務所と利用者の連携体制を確立する必要があること、などが挙げられる。以上、勤労者の個人消費を問題にしたこの部分は極めて重要なので、第四章を併せて参照頂くようお願いしておきたい。

本節第二の論点は、不況下に進行しつつある生産の海外移転ラッシュに歯止めをかけ、国内重要産業の保護、地域経済の安定や雇用の確保を達成していくという見地から、①「公正競争憲章」といった基本理念・基本原則を定立して、その徹底を図ること、②貿易に関しても、(a)一方で、「自由貿易」「自由競争」理念の意義を積極的に承認しながら、(b)同時に他方で、極端な低賃金を競争上の武器とした輸入商品の激増に対しては、輸入数量制限やセーフ・ガード条項の実施という措置で対応すること、(c)輸入規制のための手段・方法に関しては、アメリカの一九七四年「通商法」に始まる一連の諸法が大いに参考になること、などを指摘しておきたい。

この第二の論点に関わって、まずは、公正競争とか労働基準・国際労働基準という考え方が、古く一九世紀の「工場法」(日本の労働基準法に相当する)や第二次世界大戦以来のダンピング論議の中で成熟してきた概念で、すでに社会的に確立された原則・通念になっていることが挙げられる。

この考え方の骨子を紹介しておくと、①国家間の貿易をめぐる競争を含めて、競争は品質・技術・価格面での自由かつ公正なものとして行われる必要があること、②他者よりも「特別に劣悪な」賃金・労働条件（たとえば安い賃金、長時間労働）を競争上の武器にすることは邪道《じゃどう》でありアンフェアなこと、③さまざまな賃金・労働条件格差が競争に及ぼすマイナスの影響を阻止するため、賃金・労働条件と労働生産性との間に相関関係を持たせるように工夫して、製品単位当たりの賃金コストを企業間・国家間で同一になるようにすること、などと整理できる。こうした公正競争原則なしに、勤労者状態の改善や向上が不可能なことは考えればすぐ分かることである。

反面、経済的な弱者がその生存や成長を確保するため、いわば「必要悪」として賃金・労働条件をただ一つの競争上の武器として活用してきた事例に事欠かないのも歴史的な事実である。この点に関わって、①国民経済の次元では、中小企業政策や過疎地域政策の必要性や意義が指摘され、強調されてきたし、②また世界経済や世界貿易の次元では、望ましい世界経済秩序として、開発途上国の開発・援助や開発途上国に対する特恵関税の必要性や意義が強調されて、そのための制度づくりが行われてきていることも念頭においておく必要がある。

第二の論点に関わる次の問題は輸入規制、輸入数量規制についてである。日本は、多くの人口をかかえるアジア・ニーズ、アセアン諸国、中国などと隣接する。当然、①近年のアジア諸国の工業化、とりわけ東アジア諸国の工業発展にともなって、(a)日本の対アジア輸出は、九〇年の一二・九兆円か

表46　セーフ・ガードをどう考える
——東アジア諸国との競争条件の比較

	日本	台湾	韓国	マレーシア	タイ	フィリピン	中国
国民一人当たりGDP，（名目・ドル）							
1999	34,359	13,163	8,684	3,467	2,004	1,023	782
1991	27,005	8,747	6,561	2,386*	1,430*	720	323
GDP，億米ドル，（内閣府『国民経済計算年報2001』ほか）							
1999	45,219	2,789	4,069	790	1,240	770	9910
輸出，（億米ドル，通関 f.o.b.）（『経済統計年鑑2001』東洋経済新報社）							
2000	4,807	1,484	1,723	983	679	381	2,492
1999	4,174	1,216	1,437	846	567	350	1,949
1995	4,429	1,117	1,251	739	557	174	1,488
貿易収支，（億米ドル）（内閣府「月刊海外経済データ」）							
2000	996.0	83.6	117.9	160.0	55.3	66.9	240.8
1999	1,076.9	109.0	239.3	192.3	90.9	43.1	292.3
輸出依存度，輸出/GDP，%							
1999	9.2	43.6	35.3	107.1	45.7	45.5	19.7
実労働時間，製造業，（時間/週）							
1998	42.5	…	46.1	…	49.1*	43.7	…
日本を100とした名目賃金，製造業（円換算，月平均）							
1998	100.0	35.0	33.1	…	5.1	5.8	2.5

ら二〇〇〇年二一・三兆円へと一〇年の間に六五・〇%増加し、アジア向けのシェアも九〇年三一・一%、二〇〇〇年四一・一%と高水準で推移していること、(b)同様に、アジア諸国からの輸入も、九〇年九・七兆円から二〇〇〇年一七・一兆円に、七五・三%増加し、アジア諸国のシェアも九〇年二八・八%、二〇〇〇年四一・七%に達していること、②また輸入商品に関しても、とくに東アジア諸国との間では、その工業化の進展に対応して、食料・農産物から機械類部品・製品輸入まで多彩に広がってきていること、などが特徴として指摘される。

こうしたアジア諸国間とのアジア貿易の発展はもちろん好ましいことであり、各国がいっそうの連携を図り、また相互に刺激し、競争しあうことが重要である。しかし、先進国の日本の側から問題なのは、東アジア諸国との経済事情比較や賃金・労働条件格差を見た表四六に明らかなように、①東アジア諸国が日本に比べて、開発や民主的な諸改革がおくれ、そのため輸出依存度がきわだって高いこと、②当然、東アジア諸国の輸出ドライブは強いが、その際、日本など、先進国との間の大きな賃金・労働条件格差が競争上の武器として活用されていること、などである。

筆者は、国内重要産業に関わる輸入数量規制やセーフ・ガードの実施については、さしあたり、開発途上国との間で、賃金格差が一〇対一以上に大きく、しかも相手国からの輸入が急増している場合、または輸入金額がすでに日本側にとってすでに耐えがたいくらい大きくなっている場合などを念頭において、とくに賃金が低く、最近は日本側が入超状態におちいっている中国を意識している。この点で、①幸いなことに、多くの東アジア諸国が輸出超過状態にあるため、日本側としても積極的に輸入規制に踏み切りやすいこと、②また日本の場合、日本の国民経済全体としては国際競争力が強く、貿易黒字も構造化しているので、相手国側から報復措置を受けることになっても、日本側のトータルとしての被害は小さいこと、などを挙げておきたい。

以上から明らかなように、筆者が本節二つの論点として提起した、①勤労者本位・個人消費主体の内需拡大政策への転換と、②国内重要産業の保護、地域経済の安定、雇用の確保などを主題とする輸入規制とは、まさに「車の両輪」のような関係にある。不況の克服という見地から見ても、あるいは日本経済の再生・復活という見地から見ても、この二つの措置は必要不可欠である。

最終章　資本主義をどうする
――いい資本主義と悪い資本主義

第一節　政策は「政治・経済・社会」の状況を変える

〔政策は「政治・経済・社会」の状況を変える〕　経済政策といい、社会政策といい、およそ政策と名のつくものは、国家や地方自治体のもつ公権力を行使することによって、「政治・経済・社会」のシステムなどを一部変更し、「政治・経済・社会」が動いている方向にある修正を加えて、現実を変化させようとするものである。しばしば、先進資本主義国の現代国家は、「大きな政府」を持ち、また軍事国家・経済国家・福祉国家的な三つの側面があると言われる。当然、政治や政策が社会や国民生活に与える影響力は大きく、政策のあり方如何によって経済・社会の状況も違ってくる。したがって、現実の資本主義には、一方で、国境の違いを超えて、同一性や共通性を持つことを促す力が作用しているけれども、他方で、国別にさまざまに濃淡の違いがあり、また各国は政策を通じてその独自的な特徴を強調し、主張していると見てよい。

本書は、二〇世紀九〇年代の日本の経済・社会の分析を基礎に、「日本版」内需拡大政策の誤りを明らかにした上で、勤労者の「所得と消費」を第一義的かつ直接的に刺激していかなければ、「日本経済の復活・再生」や「財政再建」は不可能という立場からさまざまに政策提言を行ったものである。そこで、この補論的な最終章では、改めて、政策の影響力の大きさを析出しながら、政策批判・政策提言のあり方を問題にし、二一世紀において全世界的に必要とされる改革の内容や方向性を明らかにしておきたい。

政策のもつ影響力の大きさを示す一例として、かつて高度成長下に日本政府が策定した「所得倍増計画」（一九六〇年）を紹介しておきたい。すなわち、日本経済の五五年からの「高度成長」がスタートした時点で、当時の政府は高度成長政策をこの「所得倍増計画」に集約・集大成し、七〇年の目標年次まで年平均成長率（実質）は七・二％を維持して、七〇年の目標年次までに国民総生産（＝GNP）を二倍にすることを目標とし、実際には三倍にしている。この過程で、日本の経済・社会の様相が大きな変容をとげていったことは今更いうまでもあるまい。(注1)人間の持っている潜在的なパワーの大きさや強さを改めて意識しておく必要がある。

なお先進資本主義諸国について、その国民経済全体に占める政府部門の比重の大きさを紹介するという意味で、国税と地方税を合計した税金総額の対GDP（＝国内総生産）比率を見ておくと、九八年現在、日本一七・五％、アメリカ二一・六％、ドイツ二一・八％、イギリス二九・二％（ドイツとイギリスは九七年現在）にも達する。また政府支出（＝歳出）の対GDP比率は、中央政府分だけで、九九年現在、日本一八・〇％、アメリカ一八・七％、ドイツ一二・五％、イギリス二八・七％である。(注2)

ともあれ、二一世紀を迎えて、現代国家がもつ力は強くまた大きい。したがって、政策は状況を変える、しかも大きく変える力があると見ておく必要がある。なお、最近の財政論議に際して、アダム・スミスの『国富論』を彷彿《ほうふつ》とさせるような一九世紀的「夜警国家」を理想的な国家像として主張している場合がしばしば見られる。先進主要諸国に共通する「財政危機」状況のもとで、財政効率性の追求や財政の「無駄遣い」防止を論議することは必要なことではある。しかし、少々の財政支出の削減をもってしても、こんにちの「大きな政府」が変化するものではないことも明らかである。もし仮に、一九世紀的「夜警国家」状況にまで先祖返りしたら、「政治・経済・社会」に大混乱が生じて、国民生活の悪化や社会の荒廃した状況が出現することは必定である。

〈政策分析・政策提言に必要な視点〉　ここで、現に実施されている政策の正否を判断しようとしたり、あるいはこれから政策提言を行おうとする際に必要な視点を二つ問題にしておきたい。分かりきったことのようでも、大事なことなのであらかじめ確認しておきたいからである。

第一には、問題となる当の政策が国民経済の発展に役立つかどうか、あるいはまた国民生活の向上や安定に貢献するかどうかである。別の言葉でいえば、本当に国民的な合意を得て、国民大多数の支持をとりつけることができる政策であるのかどうかである。関連して、①そもそも本来の資本主義経済政策は、資本蓄積の促進を第一義的な課題とし、資本家の経済的な利益の擁護を本質的な目的としていたこと、②資本主義のもとで、経済政策が国民全体に役立つといえるようになったのは、二〇世紀後半になって「完全雇用の実現」を政策課題に、経済成長政策（＝完全雇用政策）が実施されるようになってからであること、③他方、労働者保護を本来的な課題とする社会政策、また国民生活の「最低限」保障を課題する社会保障の場合、二〇世紀後半になって「福祉国家」が叫ばれるようになってからも、経済政策にくらべて第二義的な扱いを受けてきていること（とくに日本はひどい）、④反面で、現代国家になればなるほど大衆課税への傾向が進んで、今日では税負担をひろく勤労者に依存するようになっていること、などを指摘しておきたい。

かつて日本の『土光臨調』（八一年）が「増税なき財政再建」と主張して大企業の税負担をできるだけ回避しながら、他方で、国家の政策からの受益はもっぱらビッグ・ビジネスが得ようとしたことを思い出して頂きたい。決して豊かとはいえない庶民が税金を負担し、ビッグ・ビジネスや「リッチ」

な人たちだけが政治と政策の恩恵を受けているという今の日本の構図は「笑えぬマンガ」である。この点で、①株や土地が値下がりした場合、企業は損金で処理して、減税を受けることができるが、庶民の場合は「泣き寝入り」しなければならないこと、②また「リッチ」な人たちは、株や預貯金などの金融資産からの配当や利子所得には「分離課税方式」の適用を受けて税負担を回避していること、をあげておこう。

一方で、平和が維持され、他方で、ひろく民主主義が確立して国民の民主的な権利が守られ、またその生存権も保障されて、勤労者が生き生きと労働に励んでいる場合にこそ、社会はもっともスムーズに発展する。これは人類が歴史から学んだ鉄則（＝自然法則）といってもいい。したがって、政策批判や政策判断に当たって必要な視点は、国家の政治や政策から国民の大多数が「受益」できるかどうかであり、この点が第一の「分かれ目」になる。

〔アメリカ並みの政策は効果的か〕　政策立案などにあたって必要とされる第二の視点は、その国の国民経済や国民生活がおかれている客観条件や具体的状況を慎重に分析し・検討した上で、何が実現可能であり、また何が切実に求められているかを考えて政策目的を具体的に決定していく必要があることである。そうすると、「選択肢」は非常に狭まって、採用されるべきベストの政策が自ずから浮かび上がってくることになる。このように考えてくると、世界各国の国民経済や国民生活のおかれている条件はそれぞれに違うし、また経済構造や社会構造も違うから、実際に各国で行われている政策も違ってくるし、また違って当然である。

それにもかかわらず、戦後の日米関係が「占領から従属へ」という形でスタートし、また、①古くは六〇年の日米安保条約で「日米経済協力の強化と両国経済政策の不一致解消」を規定し、②最近でも九〇年の日米構造協議のなかで、日米両国の経済と経済構造の「融合」が約束されていることなどもあって、日本の「政・官・財」の各界やエコノミストの間に「アメリカ並み（＝アメリカと同じ）」の政策をしごく当然のこととする風潮がある。

もちろん、戦後は国際協調への気運が飛躍的に高まり、国連やサミットなど、さまざまな国際機関・国際機構を通じて、とくに先進主要諸国の政策面での協調や調整が図られている。この点への配慮が必要なのは事実であるが、それにしても日米両国のおかれている経済的・社会的諸条件はあまりにも異なり、解決しなければならない問題もいろいろ違うので、「アメリカ並み」の政策という発想は有害無益である。たとえば、アメリカの場合、国民皆保険・皆年金のシステムすら確立しておらず、日本以上に福祉国家からは程遠い状況にある。この点で日本が学ぶ必要があるのはむしろヨーロッパ諸国の経験である。

また経済面でも、日米両国ともいずれも構造的な財政赤字問題に悩んでいるという点を除けば、両国はむしろ対照的に違う状況に置かれているといっていい。すなわち、①貿易面で、(a)アメリカ経済は、一国の国民経済の国際競争力の弱さを示す一般的な指標ともいえる、構造的な「貿易赤字」問題を依然として解決できないでおり、貿易赤字が増加基調を呈して、「合理化」→国際競争力の強化→輸出増加→貿易収支の均衡回復、という筋道での問題解決を必要としていること、(b)反対に、日本は競争力の強さの指標である構造的「貿易黒字」問題をかかえて、内需拡大→輸入増加→貿易収支の均衡回復、という政策課題を必要としていること、②加えて、日本が世界最大の債権国という地位にあるのとは対照的に、アメリカは世界最大の債務国に転落していることもあって、国民経済の「対外均衡」という点で、(a)アメリカの場合、国債の消化や民間設備投資資金の確保のため、海外遊休資金や外国資本の導入が必要不可欠になっていること、(b)他方、日本は資本や資金の供給側に位置していること、を指摘できる。

さらに、③国民経済の「対内均衡」問題についても、(a)アメリカは九九年までの一〇年間の消費者物価上昇率は年率で三・〇%（日本一・二%）と依然インフレ問題に苦しんでおり、「外貨導入」面だけでなく、物価対策という点からもドル安→輸入品価格の上昇→インフレの激化、という筋道の動きを避けるため、ドル高やドル相場の安定が必要になっていること、(b)また「外貨導入」面からは金利の高め誘導が必要不可欠なこと、(c)反面で、日本の場合、消費者物価は非常に安定しており、九八年からのここ三年はデフレ傾向が生じて、デフレの恐怖を懸念しなければならない状況にあること(注3)、(d)加えて、金融機関の不良債権問題、非金融法人企業の不良債務問題、そして国債など政府債務の利払費負担などに起因して「異常低金利」のゼロ金利政策が実施されていること、(e)また、「日本版」内需拡大政策→「消費停滞・消費萎縮」「九〇年代構造的不況」→輸出主導型経済成長路線への事実上の回帰、という政策の失敗を如実に示す何とも矛盾した経路が生じていること、などが指摘される。

〔日本の役割〕　いずれにせよ、アメリカのように、輸出の拡大を基礎に貿易収支の均衡回復を達成し、また世界最大の債務国という不名誉な立場からの脱却を急がねばならない立場にある場合と、他方、民間設備投資主導型や公共投資主導型ではない内需拡大政策を実施して、国民経済を新たな成長軌道にのせ、合わせて国民生活の安定を図っていかなければならない日本とでは、日米両国のおかれている立場は違いすぎる。先進国サミットの場で、アメリカの性急とも言える「規制緩和」要求にたいし、とりわけヨーロッパ諸国の側でしばしば忌避反応やアレルギー現象がみられるが、これは、後述するように「規制緩和」政策では国民経済の活性化や福祉国家システムの維持が不可能なためである。

現在、日本は、貿易収支の構造的黒字、先進主要諸国の中で一、二位を争う国民一人当たりGDPの水準、世界最大の債権国という状況に見られるように、国民経済の発展水準や国際競争力などの面で先進諸国のなかでも頭一つ抜け出た地位にあり、安心して国民生活を優先した政策展開をすることができる条件下にある。前章までに見た、日本経済の対内縮小不均衡への危惧を打破し、「日本経済の復活・再生」や勤労者状態の安定的向上を達成するためにも、日本の恵まれた条件を活用して、「日本版」内需拡大政策からの一八〇度の政策転換をする必要がある。

（注1）　もちろん、高度成長政策や「所得倍増計画」を手放しで礼賛している訳ではない。ただ、政策の影響力の大きさを示すためにだけ数値を使ったことをあらかじめ断っておきたい。高度成長政策や「所得倍増計画」については、清山卓郎編『日本経済の構造と展開』ミネルヴァ書房、一九七六年を参照されたい。

（注2）　日銀『日本経済を中心とする国際比較統計、二〇〇〇年版』から作成。

（注3）　日本の場合、この期間の消費者物価の上昇は、主として消費税が原因になっている。すなわち、九九年までの一〇年間に、税率三％の消費税導入（八九年四月）を経て、その後、消費税二％引き上げ（九七年四月）が実施されている。

第二節　二一世紀論はバラ色に描こう

〔目立つ悲観論〕　前節からも明らかなように、政策論は、経済・社会や国民生活の『状況』を扱って、政策を通じた『状況』の「短・中・長期」的な変化を問題にする。したがって、二一世紀のスタートに当たって政策を論じようとする場合、現状を理論的かつ具体的に正しく認識しておくと同時に、歴史認識としての「二一世紀論」を確立しておく必要がある。そこで、筆者なりに二一世紀論について注意すべきいくつかの問題を論じておきたい。

巷《ちまた》に溢れている二一世紀論を散見してすぐ気づくことは、圧倒的に「悲観論」が多いことである。ほんらい、政策が一貫性をもって目的意識的に実施されていけば、「状況」は改善される筈なのに、二一世紀の福祉や国民生活が悲観的に描かれている場合が多い。そういう場合、「これはおかしい、本末転倒だ」との判断基準や問題意識を強く持っておくことが重要である。

いうまでもなく、悲観的な二一世紀論が多いのは、新保守主義的経済・社会政策への政策転換によって生じた一九八〇年代からの歴史の逆流傾向からの必然的な帰結ということができる。すなわち、この政策は、七〇年代に入ってから生じた世界的な規模での「成長体制（＝安定的な経済成長を可能にする経済的・社会的システム）の崩壊」を歴史の「既成事実」として積極的に受け止め、①市場原理・競争原理、したがって民営化・規制緩和・労働保護撤廃・受益者負担などの「古くて新しい」キーワードをちらつかせて、さまざまな経済・社会システムの変更を行うこと、②また政府財政の財源や負担に関しても、企業減税（＝法人税の引き下げ）、個人所得税の累進制緩和（＝金持ち減税）、消費税引き上げ、勤労者の社会保険料の引き上げ、公共料金や教育・福祉サービス料金の値上げを実施して、「豊かとは言えない」勤労者にほとんどすべての負担を求めていくこと、などを特徴とする。

ここで、新保守主義的政策の下での勤労者の位置づけにふれておくと、①政府財政の財源や負担が主として勤労者に求められるだけでなく、②さらに、国民経済の活性化とか国際競争力を理由に、勤労者の「高い人件費」がやり玉にあげられて、ビッグ・ビジネスの側の「解雇権」やより安い労働力の利用などに政策面での優先的な配慮がなされること、③また小零細企業や自営層に関しても、貿易自由化や規制緩和を根拠にその倒産や転廃業が「必要悪」と受け止められること、などが指摘される。したがって、新保守主義的な政策展開が進めば進むほど勤労者の「状況」は悪化していくことになるし、また財界人・政治家・高級官僚やマスコミ・評論家など、いわゆる「政・官・財」とその周辺に位置する人々が規制緩和など、新保守主義的な政策思想を強調するので、生活の先行きへの勤労者の「不安感」は増幅していくことになる。

なお日本は、新保守主義的政策の推進という点では、先進諸国のなかでも先頭に立っている。この点に関しては、①古くは日本の「臨調・行革」がアメリカのレーガノミックス、イギリスのサッチャリズムと並んで、先進諸国の新保守主義的政策の三つの典型的事例とされたこと、②九〇年代に入ってからも、九三年の総選挙による細川連立政権の成立、同じく九六年の総選挙による橋本第二次内閣の登場を契機に、新保守主義への動きはさらに進んだこと、③共産党以外の諸政党の「オール自民党化」への傾向が目立つこと、などを挙げておけば十分だろう。関連して、「連合」の交渉力の喪失に明らかなように、新保守主義的政策の徹底・強化の過程で、労資協調路線の存在基盤がなくなっていることも重要である。

説明が多少長くなったが、二一世紀論に悲観論が多いのは、多くの思想家や研究者が新保守主義的政策を「論理的必然」と考えていたり、あるいは抵抗することが難しい世界の趨勢、したがって「宿命」と理解し、また勤労者のあいだにもこれを受け入れる雰囲気があるためである。

〔二一世紀論はバラ色に描こう〕　だが、これまでにも繰り返して強調しているように、国家の政策の実施にともなって国民の圧倒的な部分を構成する勤労者の状況が中長期的に悪化したり、不安定になったりするのは、本来おかしなことである。そこで、二一世紀論をバラ色の楽観的な観点で描くことはできないのかという問題意識で、二〇世紀の一〇〇年間という歴史的に長いスパンをとって、世界の先進諸国について、①技術・生産力・国民経済、②経済成長・企業利潤・国民生活、③経済・社会システムという三者の動きや相関関係に着目して検討すると、以下の諸点が検出される。

すなわち、第一に、先進資本主義世界が全体として安定的かつダイナミックに成長できたのは一九二〇年代、五〇～六〇年代の三〇年間に限られ、残りの七〇年間については先進諸国の国民経済は停滞基調で推移していることである。したがって、二〇世紀は経済の停滞や不況に苦しみ、これまた長期・構造的ともいえる設備過剰や雇用・失業問題の処理に悩まされ続けた一〇〇年間であったといえる。このことは、①資本主義世界や先進諸国の経済・社会システムが経済や生産の潜在的な成長力を十分に生かしきれなかったこと、②それでも、二〇世紀を通じて勤労者の生活水準・生活環境などをめぐって大きな前進が達成されてきていること、などを含意する。

次に第二に、最近になればなるほど技術や生産力の発展が顕著に進行して、これが牽引力となって勤労者の生活様式・生活水準、生活環境面などの大きな変化や前進が促されていることが注目される。この点で、さしあたり、①一九二〇年代と五〇～六〇年代における二つの「技術革新」を通じて、低価格・低コストでの耐久消費財などの大量生産・大量消費が可能になり、さまざまな耐久消費財が「生活必需品」となっていること、②また八〇年代以降も、ハイテク化やＭＥ化が進んでかつての大量生産方式なみの低価格・低コストで多品種・少量生産が可能になって、勤労者のニーズはさらに多様・多彩になっていること、③勤労者の個人消費という場合、道路・交通機関、郵便・小包、情報・通信、保育所・学校、病院・介護施設、上下水道、ゴミ・排水処理、公園など、さまざまな施設サービスの共同消費・共同利用という形でも広がっていること、などを挙げておきたい。

さらに、二〇世紀における科学技術と生産力の発展は労働の質・量両面にわたる劇的な変化をともなっていることにも大きな注意をはらっておく必要がある。二〇世紀の労働者は、以前に比べてはるかに高度な科学技術の知識と素養、あるいは高度な注意力・判断力を求められて、各種の多様な仕事を同時にこなせる「多能工」的な高学歴労働者になっている。また、とりわけ二〇年代以降、着実にオートメーション化が進行して、①労働時間の短縮や休日数の増加・バカンスなどのための客観的・物質的条件を成熟させ、現実に時間短縮や休日数の増加も進んでいること、②また労働者が重筋・重労働から解放されて、重化学工業の分野まで含めてブルーカラーのホワイトカラー化が広範に生じて、女性労働者や高齢労働者の「労働の場」の拡大が可能になっていることも重要である。

もちろん、ブルーカラーのホワイトカラー化という反面で、ホワイトカラーのブルーカラー化が同時に促されたことも事実である。とはいえ、二〇世紀の四世代一〇〇年の間に、労働者の資質・能力は格段に向上し、その高学歴化が進んだことは否定することのできない歴史的事実である。

このように見てきたとき、技術・生産力という側面からは、人類は「より容易に、かつより大量の物質的な富」を手に入れることを可能にしている。この点で、つい一〇〇年前までは人類は「生きる」ことに苦しみ、苛酷な自然条件と闘いながら、レベルの低い労働手段（＝機械・道具）を使って労働し、一日の労働時間は一〇時間強と、睡眠時間以外の生活時間の大半を労働時間に当てていたことを想起して欲しい。しかし二一世紀を迎えた現在では、安息日の日曜日以外にも計画的に多くの休日を確保した上で、一日の労働時間を八時間以下に短縮しても、豊かに「生きる」ための必要なニーズは十分確保できるだけの物質的な条件（＝与件）が成立している。いうまでもなく、労働時間の短縮にともなう労働時間以外の生活時間の増加は、たんに勤労者の生活様式を変え、また多彩にするというだけでなく、さらに物事全般にわたって思考様式・思考方法を変化させ、「ひと」の評価基準も変えていく。

ついでに、八〇年代にはハイテク（＝ハイ・テクノロジー＝高度科学技術）が新語として喧伝され、また九〇年代にはマルチメディア→IT時代の到来がさけばれていることにも論及しておこう。技術・生産力面からのこうした時代状況の到来は、別に東京のような大都市に住んでいなくても、速いスピードでいろいろな情報やデータを入手できるようになり、また逆に大都市に住んでいない分だけ、より大きな生活空間とより豊かな自然環境を享受できることを意味する。人類が経済システムや社会システムを適切にコントロールすることに成功すれば、二一世紀の前途には洋々たる将来が期待できると言ってよいだろう。

〔二一世紀は地球環境との共生の時代〕　二〇世紀における科学技術や生産力の発展は、多くの歴史家や思想家が「夢想・空想」として描いた「ユートピア社会」を今にも現実化させるかのような勢いで進んでいる。「ユートピア社会」においては、人間は、能力に応じて労働し、欲望やニーズに応じて分配を受ける。また、この社会システムにあっては、人間にとっての労働の位置・役割・意義などは低下し、人間の持つあらゆる側面での「可能性」が全面的に開花していくことになろう。

こうした科学技術や生産力の革命的な発展は、下手すると、資本主義の利潤第一主義からの論理的必然として、「大量生産・大量消費」→「地球環境破壊」という経路を作り出して、最悪の場合には、人類の「健康や生命」すら奪い兼ねない事態を作りだす。また、世界各地に「点在」する政治的・軍事的緊張状態や局地戦争は、大量殺戮《さつりく》兵器の開発・生産や兵器輸出と結びついて、これまた人類の生命を脅かしている。

人類は、「人間の自由・平等」「民主主義と経済的不平等是正」「世界各国・世界各民族の平和的共存」などの考えを基礎に、世界的な規模と範囲で、「研究・科学技術開発の内容や方向の規制」「公害・環境規制」「資源・エネルギーのリサイクル利用」「大量殺戮《さつりく》兵器の生産禁止」「いっさいの兵器輸出の禁止」などの措置を講じて、さまざまな角度から資本主義の利潤第一主義を規制し、コントロールしていくことを覚えないと、結局は地球環境との共生に失敗することになる。馬鹿の一つ覚えのように、「市場原理・規制緩和」「経済構造改革」を主張することは、野放しの利潤第一主義につながって、きわめて危険である。この点で、「規制緩和」の「不経済学」の例を挙げていけば、たくさんの事例がころがっている。

第三節　二〇世紀からの教訓

〔二〇世紀からの教訓〕　さらに、二〇世紀からの歴史の教訓ということで二点あげておきたい。その一つは、二〇世紀後半、一九五〇〜六〇年代の先進資本主義世界について、①第二次世界大戦に敗れて物質的にも大きな被害を受けた敗戦国側の日本やドイツが戦勝国側の国々に比べてよりスピーディに成長し、結果として相対的に地位を高めているのに対し、②戦勝国側の国々の国民経済の成長スピードは相対的に小さく、結果としてその地位も低下していることである。その意味では、第二次世界大戦の「戦場」にならなかったアメリカも例外ではなく、資本主義世界のGDPナンバー・ワンの地位こそ保ってはいるものの、国際競争力の低下は顕著である。

すなわち、敗戦国側の日本やドイツでは、ビッグ・ビジネスは、①戦争によって大きな物質的被害を被っただけでなく、②戦時期に「産軍複合体」への動きや「政・官・財・軍」の癒着を推進して巨大な戦時利得を確保していただけに、自国がそれぞれ引き起こした侵略戦争への「戦争責任」という犯罪行為を追求される立場に立って、③敗戦直後期には、国内でも政治的・経済的・社会的にあらゆる意味で発言力や存在感を低下させている。こうした戦後直後期に、「再び侵略戦争を引き起こさない政治的・経済的・社会的体質」への「変革」を課題に、敗戦国の側では「戦後改革」が実施されたのであるが、ともあれ「戦後改革」による「政治・経済・社会」の変化度の激しさという点で、敗戦国側の方が戦勝国側よりもはるかに際立っている。(注4) この「戦後改革」を通じて、勤労者の「政治的・経済的・社会的」地位や発言力が高まって、その後、五〇〜六〇年代の経済成長期に勤労者の個人消費関連の国内市場を大きく成熟・発展させていくための経済的・社会的基盤となったことが注目される。

この点で、日本の「戦後改革」を大略して紹介しておこう。すなわち、「戦後改革」の過程で、①「戦後憲法」が制定されて、(a)身分制度の廃止・「人間の自由・平等」・天皇の象徴化(=主権在民)、(b)性差別の廃止・婦人参政権(=「女性の人間化」)、(c)国民の健康にして文化的に生きる権利(=生存権保障)、(d)教育の機会均等、(e)戦争放棄、などを規定して「民主主義」への方向性を確定するとともに、②財閥解体・農地改革・労働改革などを内容とする経済民主化政策が実施されて、(a)「寄生地主制」の廃止を基礎に、農民の生活水準の上昇、化学肥料・農薬の使用、農業機械の普及など、農業・農民関連市場の拡大への道筋をつくり出したこと、(b)また労働者の「労働基本権」が承認されて、団体交渉を通じた実質賃金の引き上げ、労働条件の改善、生活様式の向上などへの方向性がつくり出されたこと、などが挙げられる。

この結果、日本では明治維新と「明治憲法」では未達成であった「市民革命」の諸課題が実現できただけでなく、生産力の発展に対応して勤労者の個人消費関連の国内市場も発展させていくことが可能になっている。したがって、高度成長期以降、八〇年代まで日本経済が「輸出主導型」経済成長を遂げてきたことは事実であるが、同時にこの過程で豊かな国内市場も形成・拡大してきたことに注意しておく必要がある。

関連して、現在の主要先進諸国の貿易依存度（＝GDP総額にたいする輸出入の比率）を紹介しておこう。九八年現在、輸出依存度では、ドイツ二四・九％、イギリス二一・五％、イタリア二〇・九％、フランス二〇・八％、日本九・五％、アメリカ八・六％（参考、台湾四二・二％、韓国三三・二％、ロシア二二・四％、中国一九・九％）という順に配列され、また輸入依存度では、イギリス二四・八％、ドイツ二一・六％、フランス一九・六％、イタリア一八・六％、アメリカ一一・九％、日本六・九％（同、台湾三九・九％、韓国二三・四％、ロシア一七・八％、中国一五・二％）という順である。(注5)

ドイツやイタリアでは、ECからEUへと「経済統合」への動きのなかで圏内貿易依存度を高めなければならなかったという事情があるが、そうした状況になかった日本の場合、「無資源国・日本」という条件の下で貿易依存度を引き下げることに成功して、①原料・素材→中間製品→完成品という発達した高度加工＝迂回生産と付加価値形成の体系を構築して、貿易収支面でも構造的な貿易黒字体質を築き上げていること、②また勤労者の個人消費関連の国内市場も目立って拡大させてきていることに、さしあたり注目して頂きたい。

ところで、国内市場の安定的な拡大という場合、勤労者の個人消費関連の「最終消費」市場を発展させていくことが結局は決め手となる。したがって、日本が長期・構造的に突出した貿易黒字を出して、八〇年代以降、世界各国から内需拡大政策を求められるようになったという場合、これまでの諸章で論及してきたように、①「日本版」内需拡大政策に固執して、「異常」ともいえる「ゼネコン傾斜型」経済構造を築き上げて、結果として輸出主導型経済構造を存続させ、また構造性不況を結果するのではなく、②国民生活の安定的向上という見地から、改めて「戦後改革」の理念や意義を再検討しながら、その「至らざるところ」を補強し・発展させていくという方向性が必要であったと判断しておく必要がある。「改革」とは、本来そういう性格のものであるが、最近の日本では、この言葉だけがさまざまに一人歩きしている。

なお、日本経済の発展の「軌跡」を後追いしつつある東アジアの諸国について、日本の「戦後改革」に学びながら、勤労者の個人消費関連の国内市場を発展させるための政策的な努力が必要なことを指摘しておきたい。日本を含めて東アジアの国々は、世界各国から輸出依存型経済構造からの脱皮を求められ、内需拡大政策の実施が必要になっている。その際、東アジアの国々では、日本の戦後直後の「戦後改革」とその理念がとくに参考になるのではないかと判断される。

〔アメリカの場合〕　他方、戦勝国側の国々の場合、アメリカとイギリス、フランスなどのヨーロッパ諸国とでは、違った「状況」が進行したことが特徴といえる。連合国側の「兵器生産基地」となって戦時にも大きく生産力を発展させ、巨大な経済力を基礎に「パクス・アメリカーナ」（アメリカ中心の世界平和）の世界体制を作り出すことに成功したアメリカの場合、戦後＝二〇世紀後半を一貫して、①一方で原水爆（原爆から水素爆弾へ、そして戦術用小型原子爆弾を）、核搭載兵器（航空機・ミサイル、空母・潜水艦、戦車）、化学兵器などの開発と生産など、「軍拡」を続けて、しばしば「朝鮮戦争」「ベトナム戦争」「中東湾岸戦争」などの局地戦争を誘発させ、②また他方で、経済援助などと引き換えに、世界各地に軍事基地の「網の目」を築き上げて、③総じて「軍事国家」という現代国家の一側面を発展させてきたことが特徴である。

アメリカが軍拡経済・軍拡政策に走ったツケは大きく、①前述したように国際競争力を弱体化させて、世界最大の債務国に転落し、とくに世界経済の次元でリーダーシップを失ってきているだけでなく、②国内次元でも、軍拡経済・軍拡政策にともなう「負担と犠牲」が広くアメリカの勤労者大衆に求められて、「福祉国家」への方向性を厳しく拒んできたため、所得格差・資産格差の拡大、巨大な低所得・貧困層の堆積、ホームレスの増加、根強くはびこるエイズ症候群など、勤労者の「状況」に関しては誇ることのできない指標が多く生じている。その結果、多くのアメリカの勤労者にとっては、「競争と規制緩和がアメリカン・ドリームを」という言葉の魅力は失われている。

なお、第二次世界大戦後、アメリカの巨大企業が大きな発展を遂げて、「多国籍企業」化し、また「グローバル企業」化して、今なお世界の「グローバル企業」の中で圧倒的な存在を誇っているという事実と、他方で、アメリカの国民経済が地盤沈下し、アメリカ経済が国際競争力を弱めて、貿易赤字を増やし続け、またアメリカが世界最大の債務国に転落しているという事実を混同したり、どちらか片方だけを誇大に意識したりすることを避けて頂きたい。どちらも真実である。以上と関連して、問題の核心は、①巨大企業の「グローバル企業」化の進行過程で、とくに八〇年代以降、「巨大企業の成長・発展」→「国民経済の成長・発展」→「勤労者状態の安定・向上」、という経路や構図が崩壊し、②「勤労者状態の安定・向上」を実現するには、①とは別途の方法を講ずる必要が生じていること、③九〇年代に入って、アメリカ経済の成長率に回復や上昇の動きが目立つようになっているが、今のところ、それは実質賃金の上昇にはつながっていないこと、などである。

〔イギリスやフランスの場合〕　次にイギリスやフランスでは、勤労者が「第二次世界大戦」勝利への「最大の貢献者」としてその地位や存在感を高め、また政府も、①一方で、経済成長＝完全雇用政策を実施して、年々生産される「フロー」の増加に努力しながら、②他方で、所得政策・最低賃金制、年金・社会保障、社会福祉サービスなどの諸制度を築き上げ、③総じて「福祉国家の成長体制」と表現できる経済・社会システムを構築して、国民経済の発展にともなって勤労者の個人消費関連市場も比例して成長するという経済・社会構造を作り出していったことはよく知られている。

ただし、イギリスやフランスにおける「福祉国家の成長体制」の成立という場合、とくにイギリスを意識していうと、当初から以下のような問題点をもっていた。すなわち、①戦時期に産業設備の老朽化が進んで、戦後は国民経済の「自立と安定」を課題に抜本的な産業政策を立案・確立して、国際競争力の強化を急ぐ必要があったが、ビッグ・ビジネス救済を目的に、老朽・非能率設備の買収＝国有化を内容とする重要産業「国有化」政策を実施して、(a)国民経済への負担を大きくし、抜本的な産業政策や成長促進といった政策課題への取り組みも先送りしていること、(b)「技術革新」という点でも、労働者の「仕事の縄張り」などが温存されて、古いタイプの「単能工」的な労働内容からの脱皮もおくれたこと、②またイギリス「福祉国家」の経済・社会システムの構築にあたっても、ビッグ・ビジネスから勤労者への所得再配分を基礎に実施したというよりは、旧中間層や労働者上層部分からの労働者下層部分への勤労者間の所得再配分という形で行われて、結果として「イギリス病」といわれるような勤労者の労働意欲の減退を引き起こしたこと、③戦後も「軍事国家」的な体質を存続させて、兵器開発や植民地支配→「新植民地主義」に固執して、「福祉国家の成長体制」が脅かされたこと、などが指摘される。

さらに、敗戦国のドイツを含めたヨーロッパ諸国では、④五〇〜六〇年代の成長期に、いわゆる三K職場（＝「仕事がきつい」「汚い」「危険な」職場）などを主体に低賃金の外国人労働を積極的に導入する傾向が進んだが、これは、(a)中長期的にみるとロボットに象徴される「省力化」への取り組みや「省力機器」の開発・利用を遅らせる一誘因となって、八〇年代以降、日本やアメリカにたいするハイテク業種・ハイテク商品分野での国際競争力の弱さにつながることになったこと、(b)また七〇年代以降の不況と停滞期に、外国人労働者の本国送還措置を実施したりして、社会的摩擦や緊張状況をいっそう激しくしていること、も付記しておこう。

以上からも明らかなように、二〇世紀後半、なかでも五〇～六〇年代についてイギリスやフランスの勤労者の状況と日本の場合とを比較すると、①イギリスやフランスでは「福祉国家体制」が成立して、系統的・制度的に「国民生活の最低限保障」＝ナショナル・ミニマムを確保して、勤労者が「衣食住」に苦しむという「古いタイプの貧困」を大きく除去することに成功したが、他方で、経済成長への「活性」は意外に小さかったこと、②反面、日本では、(a)五五年までの戦後復興期にインフレ政策や「ドッジ」合理化などが実施されて、勤労者の一方的な「負担や犠牲」で戦後復興が達成されていくことになって、「一億総飢餓・総窮乏」という深刻な状況がみられたこと、(b)また戦後憲法の生存権保障についても、日本政府は戦後を一貫してあくまでプログラム規定＝したがって努力目標と曲解・強弁しながら、他の先進諸国に比べて相対的に低い労働分配率、勤労者諸階層の間の大きな内部格差の構造、労働者下層部分の低賃金・「半失業」状況などを政策的に推進・実現してきたこと、(c)とはいえ、日本の「戦後改革」を通じて、勤労者の社会的な地位が向上し、とくに高度成長期には実質賃金が目立って増加し、勤労者の個人消費関連市場を大きく発展させるとともに、勤労者に「一億総中流意識」を生み出す余地をつくり出したこと、などが指摘される。

〔勤労者の生活水準上昇のメカニズム〕　前節から本節にかけて、①二〇世紀はほぼ一貫して、技術・生産力水準が目立って上昇し、これが牽引力となって勤労者の生活様式が変わり、また生活水準も上昇してきたこと、②また勤労者には密度の高い高度な労働が求められるようになって、労働者の高学歴化やホワイトカラー化が広範に進展したことを指摘しておいた。そこで、ここでは勤労者の「生活様式や生活水準の変化や上昇」に主眼をおいて、「変化や上昇」を可能にし、あるいはそれを推進することになった四つのケースを検討しておこう。なお、七〇年代以降の実質賃金の停滞に関しては、問題が重要なので次節で分析する。

第一のケースは、経済成長が順調に進んで、生産によって作り出される「富」＝フローが増加し、また実質賃金も安定的に上昇している場合である。こういう時期には、労働者や労働組合の「交渉力」も強まるし、資本の側でも「賃上げ」を認めて譲歩しても、利潤を目立って増加させることができる。次いで、第二のケースは、国民経済の成長の問題とはさしあたり無関係に、たとえばヨーロッパ諸国での「福祉国家体制」の成立とか、あるいは日本の「戦後改革」という形で勤労者に有利な「改革」・「改良」が実施された場合である。このケースでも、中長期的に実質賃金が上昇したり、あるいは社会保障や社会福祉サービスからの給付の増加という形で「間接賃金」部分が増加して、勤労者の生活様式や生活水準の変化や上昇が促され、また勤労者の個人消費関連市場の拡大を基礎に、安定的な国民経済の成長力が作り出されていくことになる。第一のケースでのキーワードは経済成長と労働組合の交渉力であり、第二のケースでは勤労者の利益を第一義的に重視した「政治と政策」であることにも注目しておいて頂きたい。

さらに、第三のケースは、現在われわれの目の前で起こっていることだが、実質賃金の動きが長期・構造的に停滞しても、「ハイテク」「マルチメディア」「IT」という形で技術・生産力水準が目立って上昇しているため、種々の「新商品」「新サービス」の誕生とも関連して、勤労者の消費欲望が「ニーズ」化して、勤労者の生活様式や生活水準の変化・上昇が強制的、かつ奇型的に進行している場合である。このケースでは、たとえば、一方で「ニワトリ小屋」と酷評される狭いスペースの住宅に各種の耐久消費財が所狭しと並び、また他方で、「夫婦共働き（=主婦パート）」「子供のアルバイト」、さらには夜の短時間「追加就業（=ムーン・アルバイト）」のような形で家族収入の増加を図ったり、あるいは「子供の数を減らしたり（=少子化）」しなければならなくなる。関連して、ラーメンをすすって、バイトに励みながらマイカーを買う大学生、生活を切り詰めて海外旅行する若者たちが少なくないこと、も付記しておこう。

いうまでもなく、このケースの場合には、経済成長の成果は勤労者には配分されず、また労働組合の交渉力も実質的に消滅し、さらに勤労者のための「政治と政策」も欠落してしまっていることになる。こうなると、勤労者の勤労意欲、あるいは資質・能力そのものも低下し、経済・社会から活性が失われることになるばかりか、極端に自己中心主義の人々が増え、横領・収賄・殺人などの犯罪も多発する。少年の非行・いじめ・自殺まで多発し、最悪のケースといってよい。

最後に第四のケースとして、「消費者信用」が「所得の先使い」という形で、生活様式・生活水準の上昇促進機能をもっていることに注意しておく必要がある。二〇世紀の「大量消費社会」においては、最近になればなるほど勤労者にたいする「消費者信用」の制度が発達し、住宅・耐久消費財の購入、あるいは「パチンコの軍資金」などをめぐって、中・長・短期性のローンの利用が勤労者の生活様式のなかに深く溶け込んでいる。この消費者ローンの利用が第一のケースや第二のケースと並行して生じている場合は比較的問題が少ないが、前述の第三のケース下に進んだ場合には、事態が破局的になる場合が多い。

この点で、もともと勤労者の「信用力」は小さいため、政府などの「政策金融」の場合は別として、銀行などの民間金融機関を利用すると一般に金利は高く、また中下層の勤労者になればなるほど金利・与信額など借入条件が悪くなり、普通の民間金融機関の融資制度そのものを利用できなくなる。高利の「サラ金」「街金融」がはびこるのはこのためである。

したがって、第三のケースの下で、「消費者信用」への依存度が上昇すると、①「消費者信用」の生活水準「上昇促進」機能は一般に一時・瞬間的なものにとどまり、直ちに生活水準「下落促進」機能へと逆転していくだけでなく、②リストラ「合理化」による失業・「賃下げ」、あるいは病気・入院といった突発的だが普通よくある「事件」が生じた場合には、「多重債務」「借金地獄」「個人破産」などにつながって、「生活崩壊」を引き起こす。九七年度の橋本「行革」以降、現在まで急激に本格化した「金融ビッグバン（＝金融再編促進のための規制緩和政策）」などは、「サラ金」「街金融」などを温存することにつながって、勤労者の生活崩壊をさらに広範にしたとみておいてよい。

（注4）　敗戦直後期に、勤労者の「政治的・経済的・社会的」地位や発言力が高まったことは戦勝国側でも同様で、やはり勤労者に有利な「改革」が数多く行われている。

（注5）　財団法人　矢野恒太記念会編『世界国勢図会《ずえ》二〇〇〇／二〇〇一年版』国勢社、三五三—三五四ページの表から引用。

第四節　いい資本主義と悪い資本主義

〔一九七〇年代以降の実質賃金の停滞〕　表四七は、勤労者の生活問題にかかわって、一九七〇年代以降、先進諸国で実質賃金が停滞傾向に転じたことの「意味するところ」をグローバルに把握するため、主要諸国の実質国民総生産（または国内総生産）、実質賃金、完全失業率の動きを見たものである。この表を一見して明らかなことは、第一には、先進諸国に共通する現象として、①七〇年代以降、経済成長率が低下し、また反面で完全失業率が上昇して、雇用・失業問題が重要な問題になっていること、②七三年の第一次石油危機と七四〜七五年の第一次石油危機不況を画期に、実質賃金が停滞傾向を見せるようになって、三〇年間にわたる長期・構造的な問題として、実質経済成長率と実質賃金上昇率の「乖離《かいり》」が進んで、「経済成長の成果が勤労者には配分されない」という問題が発生していることである。

第二に、一口に先進諸国で七〇年代以降、経済成長率が低下し、また七五年以後、実質賃金が停滞傾向に転じているといっても、国別にかなり違った特徴がみられ、そこから幾つかの興味ある論点が出てくることである。その際、アメリカだけが実質賃金の下落傾向をみせて、一方の極に位置するこ

表 47　主要先進諸国の実質賃金などの推移（1975-99 年）

（上段は 75 年＝ 100，下段は 85 年＝ 100）

	1975	1980	1985	1990	1995	1999
日本						
実質ＧＤＰ	100.0	127.6	155.1	195.2	208.3	217.0
			(100.0)	(125.8)	(134.3)	(139.9)
実質賃金	100.0	100.6	105.9	118.5	132.4	137.4
			(100.0)	(111.9)	(125.0)	(129.8)
完全失業率％	1.9	2.0	2.6	2.1	3.2	4.7
アメリカ						
実質ＧＤＰ	100.0	118.2	134.2	154.4	168.8	198.6
			(100.0)	(115.1)	(125.8)	(148.0)
実質賃金	100.0	98.8	99.5	95.9	90.9	93.4
			(100.0)	(96.4)	(91.4)	(94.0)
完全失業率％	8.3	7.0	7.2	5.6	5.6	4.2
ドイツ						
実質ＧＤＰ	100.0	118.1	125.4	148.4	175.9*	186.3
			(100.0)	(118.4)	(140.3)	(148.6)
実質賃金	100.0	111.5	113.3	131.0	143.1	149.8
			(100.0)	(115.6)	(126.4)	(132.3)
完全失業率％	4.7	3.8	9.3	6.4	9.4	10.5
イギリス						
実質ＧＤＰ	100.0	108.0	119.5	140.4	150.0	166.9
			(100.0)	(117.4)	(125.5)	(139.6)
実質賃金	100.0	99.0	104.1	111.5	118.8	126.6
			(100.0)	(107.1)	(114.2)	(121.7)
完全失業率％	3.9	6.8	11.8	5.8	8.3	4.3
フランス						
実質ＧＤＰ	100.0	116.7	125.8	…	…	…
			(100.0*)	(117.1*)	(123.7*)	(135.5)
実質賃金	100.0	115.7	121.8	125.3	129.9	137.4
			(100.0)	(102.9)	(106.7)	(112.6)
完全失業率％	3.9	6.7	10.2	8.9	11.6	11.2

資料）日銀国際局『日本経済を中心とする国際比較統計』から作成

とになる。すなわち、アメリカでは、七五〜九九年の二四年間に実質GDPは九八・六％、年率にして二・九％上昇したが、逆に実質賃金は六・六％下落している。したがって、アメリカの場合、①前述しておいたように、「軍拡経済」への固執、海外からの国債購入に依存した政府赤字財政、勤労者による政府行財政費用の負担、規制緩和→労働保護廃止という形での賃金抑制政策の強化、福祉国家システムへの拒絶・アレルギー反応といった状況下に、着実に勤労者の地位や状態は低下し・悪化しているだけでなく、②アメリカの政策展開からの必然的な帰結として、国内でのインフレと海外でのドル安が同時進行するという経済環境・経済体質も生じて、実質賃金の下落が勤労者の生活水準低下へとストレートに直結するという状況に陥っていること、が指摘される。

こうしたアメリカの状況は「悲惨」の一語につきる。アメリカの勤労者は、自国通貨が相手国通貨に対して割安（＝ドル安）になっている日本やEU諸国などに海外旅行・海外バカンスに出かけた折に、自らの所得・生活水準の低下をもっとも実感することになる。また、①インフレによる老後生活危機や老後不安、②福祉国家システムが欠落していることから生じる失業・賃下げ、病気・入院などに際しての生活危機・生活不安が極度に高まって、③広く勤労者の勤労意欲が失われ、いわば無気力症候群とでも表現すべき現象が蔓延しているであろうことは容易に想像できる。

以上のようなアメリカの実質賃金下落について、さらに新たな論点を二つ指摘しておきたい。一つは、アメリカの国内次元の問題として、①労働組合が賃金・労働条件の防衛や向上に寄与できないでいること、②また民主党や共和党の「政治や政策」に関していえば、消費者としての側面から勤労者の利益が語られることはあっても、勤労者の労働や生活という側面では勤労者は一顧だにされていないこと、③九〇年代に入って、経済成長率の回復・上昇が目立つようになったが、それでも実質賃金に関する限り、せいぜい九〇年代後半になって従来の低下基調から横ばい基調に転ずる兆しがあるといった程度の消極的な評価しかできないこと、などである。いま一つは、世界経済・世界経済秩序という次元での問題として、経済成長と実質賃金下落の同時進行という現象が先進国の中ではアメリカだけにみられる現象であり、明らかにアメリカが長期にわたって先進国間の競争秩序や世界経済秩序の撹乱者として機能していることである。アメリカのこうした蓄積方式は、国内要因から自動的に解消していくことが期待しにくいだけに、外から世界世論として、この点でのアメリカ批判を推進する必要がある。

次に、EU諸国の場合、①先進国が新たな戦略産業・戦略商品と位置づけているハイテクなどの先端的な分野での国際競争力が弱く、それが経済成長や雇用・失業にかかわる問題をとくに深刻な問題にしていること、②それにもかかわらず、経済成長率と実質賃金上昇率の密接な連動関係を維持するのに「涙ぐましい」といってもオーバーではない努力を続けて、福祉国家システムを維持しようとしていること（とくにドイツ、フランス）、③国民経済の厳しい現実に直面して、国有産業の解体・民営化、派遣労働者・パートなどの低賃金労働力利用の推進、労働保護政策の緩和など、福祉国家システムの基盤を危うくするような矛盾した政策が実施されて、「どこへ行く西欧の〝高福祉〟」という問題が全ヨーロッパ的に生じていること、などが特徴である。

こうしたEU諸国の動きからの論点とし、第一には、これまでに福祉国家システムを作りだしてきた勤労者の成熟した階級的力量が実感されることである。EU諸国では、福祉国家システムはすでに勤労者の生活・生活設計の中に深く溶け込んでいるし、また勤労者の意識や要求に相反した「政治や政策」の実行は不可能というのがヨーロッパ的特徴の一つである。第二には、とくにヨーロッパの社会民主主義と福祉国家システムへの批判点ということでもあるが、経済・社会政策への発想が改良主義・漸進主義・妥協主義の範囲にとどまって、ビッグ・ビジネスとの対決の姿勢が弱く、またその行動規制の必要性への認識が希薄なことである。このため、福祉国家システムが勤労者間の保険＝相互扶助原理や階層内所得再配分というスケールの小さい範囲で構想されることになって、国民経済の成長性へのプラスの影響力もあまり大きくなりえないことは先に述べておいた。さらに第三に、世界経済・世界経済秩序という次元での問題であるが、いまではEU諸国の経済力が低下し、その政治的・経済的地位も地盤沈下しているため、ヨーロッパの「良識」も世界経済システムや世界経済秩序づくりという面では影響力を行使できなくなっている点も重要である。

〔日本の位置と役割〕　先進主要諸国における七〇年代以降の実質賃金の停滞という場合、日本がアメリカとは違った意味で他方の極に位置し、アメリカと並んで、「賃金抑制」を目指してチャンピオン的な役割を果たしていることに特別の注意をはらっておく必要がある。日本については、前掲表四七を見たかぎりでは、①九九年までの二四年間では、実質成長率は、五カ国のなかで日本がもっとも高いが、九〇年代に入ってからは成長が頭打ちしていること、②他方、実質賃金の上昇率という点では、ドイツに次いで、フランスとともに第二位グループを形成していること、③したがって、七五〜九九年の二四年間の通算では、実質成長率が年率で三・二八％、同じく実質賃金が一・三三％と、一見したところヨーロッパ諸国とは量的な違いにとどまっているかのようである。

そこで、日本の場合、ヨーロッパ諸国の状況や対応とは量的な違いではなく、質的な差異があることを鮮明にするため、この時期の日本経済や日本の経済・社会政策にかかわって、以下の三点を挙げておきたい。すなわち、第一には、この時期、日本は、ハイテク型経済構造への転換をいち早く実現し、日本経済の国際競争力優位の基盤をハイテク分野での「品質・技術・労働生産性」面での強さに移して、他の先進諸国と比較しても競争力をいっそう強化することに成功し、①巨額の貿易・国際収支黒字を出し続けたばかりでなく、②「円高・ドル安」をはじめとして、世界各国のどの通貨と比較しても円が高くなるという「円独歩高」を引き起こしていること、③したがって、各国の経済成長率比較をそれぞれ自国通貨基準ではなく、ドル換算・ドル表示で行うと、日本の成長率は突出した高さを見せることになる。

また第二に、世界各国から要求された内需拡大政策についても、①「日本版」内需拡大政策で糊塗的に対応し、勤労者に対する直接的な所得政策や個人消費拡大のための具体的な措置を実施しなかったこと、②また「製品一単位当たりの賃金コスト」の安さの維持に固執して、一方で、省力投資を推進するとともに、他方で、七〇年代後半の人減らし「減量経営」から九〇年代のリストラ「合理化」まで、一貫して賃金抑制政策を推進していることも重要である。さらに第三に、政府行財政の面で、間接賃金給付や生活・福祉サービス、社会保障費用の政府負担を一貫して回避し続けているという点も重要である。

以上から明らかなように、日本は、競争力優位を確立して、世界各国から内需拡大政策を求められるようになったその時期に、かえって勤労者への所得抑制政策を強化し、また社会保障や社会福祉サービスにかかわる勤労者の費用負担も増加させるという時代逆行的な政策をここ二〇年実施し続けているといってよい。

したがって、七〇年代以降の実質賃金の停滞をめぐって先進諸国間の動きを単純化して構図に描くと、①競争力の強い日本は、ビッグ・ビジネス本位の内需拡大政策に固執して、勤労者の所得抑制＝賃金抑制政策を強化し、他の諸国の賃上げに上からプレッシャーをかけていること、②アメリカは、徹底した規制緩和＝労働保護廃止と賃金抑制政策を実施して、長期にわたって実質賃金を引き下げ、他の諸国の賃上げを下から牽制していること、③ＥＵ諸国は、日米両国のそれぞれ上と下での動きの間でサンドイッチの状態になって、右往左往していること、というように整理できよう。日米両国はそれぞれ違った意味で『悪役』を演じている。

〔ベターな資本主義とワーストの資本主義〕　ここで、「資本主義をどうする」というタイトルにした最終章で、筆者がとくに鮮明にしておきたかった点を二つ挙げておきたい。一つは、資本主義の本来的な矛盾といってもいい生産と消費にかかわる問題である。さきに指摘したように、とくに二〇世紀に入ってからは生産と消費の問題が資本主義に大きくのしかかってきて、生産が順調に伸びて、経済・社会が比較的問題なく発展できたのはわずか三〇年間にすぎない。残りの七〇年間、資本主義は「過少消費」の問題に悩み、設備と労働力の構造的な過剰という問題に泣かされ続けてきたと言っていい。この問題を基本的に解決しようとすれば、勤労者本位という立場から、勤労者に対する直接的な所得政策を実施したり（経済成長の後に所得がついてくるというのではなく、所得の先行的な上昇が先という意味）、あるいは「間接賃金」給付の拡大が必要不可欠になる。これが筆者の指摘したかった第一点である。

第二点は、一口に資本主義と言っても、ベターな資本主義とワーストの資本主義の間で、さまざまな資本主義が存在して、その国の経済・社会が具体的にどのような資本主義の下にあるかによって、勤労者の状態も大きく変わってくることである。この点で、資本主義は長い歴史をもち、①一方で、さまざまな勤労者本位の改革や改良が実施されて、その地位や状況が向上し・改善されてきたということと同時に、②他方で、幾多の戦争や勤労者抑圧政策を通じて、勤労者の生活が崩壊したり、悪化したりしてきたことを強く意識しておく必要がある。

二一世紀政策論の本来的な課題は、その国の経済・社会のおかれているそのときそのときの時代状況の下で、勤労者がもっとも必要としている「改革や改良」上のテーマを最小のエネルギーで、しかも摩擦最小で達成するかを検討し、明らかにしていくことである。「勤労者状態の安定的向上」と逆行する政策や政策上の措置は、「改革や改良」という表現に値しない。

第五章　財政破綻をどう克服するか

第六章　トリプル不況をどう克服するか

最終章　資本主義をどうする
——いい資本主義と悪い資本主義

第三章　消費不況から消費萎縮へ
――九〇年代の失敗から何を学ぶか，その二

第四章　個人消費拡大による内需拡大への道筋
――勤労者状態の分析を通じて

掲載統計表一覧

第一章　日本経済の現状をどう見るか
――目立つ強さと弱さ

第二章　平成不況から緩やかな回復へ
――九〇年代の失敗から何を学ぶか，その一

省庁再編一覧図

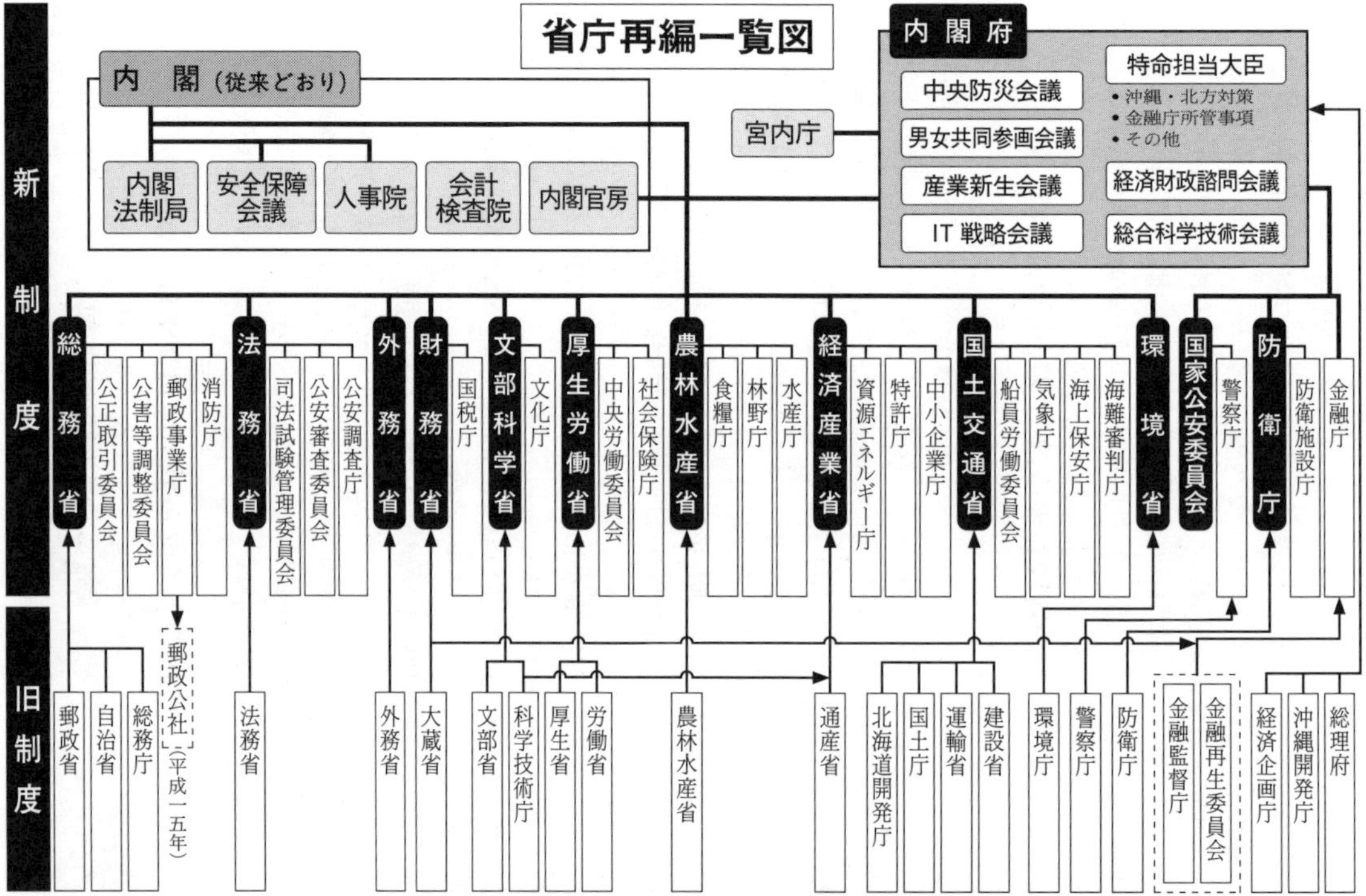
新制度
旧制度
内閣（従来どおり）
内閣法制局
安全保障会議
人事院
会計検査院
内閣官房
宮内庁
内閣府
中央防災会議
男女共同参画会議
産業新生会議
IT 戦略会議
特命担当大臣
・沖縄・北方対策
・金融庁所管事項
・その他
経済財政諮問会議
総合科学技術会議
総務省
公正取引委員会
公害等調整委員会
郵政事業庁
消防庁
法務省
司法試験管理委員会
公安審査委員会
公安調査庁
外務省
財務省
国税庁
文部科学省
文化庁
厚生労働省
中央労働委員会
社会保険庁
農林水産省
食糧庁
林野庁
水産庁
経済産業省
資源エネルギー庁
特許庁
中小企業庁
国土交通省
船員労働委員会
気象庁
海上保安庁
海難審判庁
環境省
国家公安委員会
警察庁
防衛庁
防衛施設庁
金融庁
郵政省
自治省
総務庁
郵政公社（平成一五年）
法務省
外務省
大蔵省
文部省
科学技術庁
厚生省
労働省
農林水産省
通産省
北海道開発庁
国土庁
運輸省
建設省
環境庁
警察庁
防衛庁
金融監督庁
金融再生委員会
経済企画庁
沖縄開発庁
総理府

著　者

清山　卓郎（せいやま　たくろう）

1933年福岡市に生まれる，福岡市在住

現在　近畿大学九州工学部経営情報学科教授・大分大学名誉教授

学歴　九州大学経済学部卒・同大学院博士課程修了（1961年）

略歴　九州大学経済学部助手，九州国際大学法経学部講師・助教授・教授，大分大学経済学部教授を経て現在にいたる

専門　日本経済論，経済政策論，経営管理論

著書　『日本経済を読む――〔生活優先社会〕の条件』1994年，労働旬報社

編著　『日本経済の構造と展開』1976年，ミネルヴァ書房

『戦後日本の労働問題』1980年，ミネルヴァ書房（共編）

『現代日本経済の構造と政策』1989年，ミネルヴァ書房（共編）

“JAPANESE CAPITALISM since 1945 : CRITICAL PERSPECTIVES”, 1989年，M. E. Sharpe, New York, co-ed.

その他多数

日本経済の復活と再生

二〇〇二年二月二〇日　第一版第一刷発行

著　者　清山卓郎

発行者　田中千津子

発行所　株式会社　学文社

〒一五三―〇〇六四　東京都目黒区下目黒三―六―一

電　話　〇三（三七一五）一五〇一（代）

FAX　〇三（三七一五）二〇一二

振　替　〇〇一三〇―九―九八八四二

印刷　株式会社亨有堂印刷所

乱丁・落丁の場合は本社でお取替します。

定価はカバー・売上カードに表示してあります。

●検印省略

ISBN4-7620-1103-7